深耕零售的资本企业家

翁怡诺

修炼，
实践私募股权投资的每一个阶段

　　翁怡诺第一次知道有风险投资这个行业，是在1998年《IT经理世界》上的一篇介绍美国硅谷风险投资的文章。那个时候他刚刚成为《计算机世界》报刊的一名记者，对经济变化非常敏感的他开始期待有机会能够进入股权投资的领域。

　　1999年上海刚刚起步了几家风险投资机构，翁怡诺抓住了机会进入这个领域。2000年年末，美国互联网泡沫破灭，投资环境受到很大冲击，而当时中国资本市场还处于萌芽状态。2002年，他决定出国系统地学习金融投资知识，选择到英国伦敦城市大学攻读金融投资管理专业的硕士学位。2004年年初，翁怡诺学成回国后加入菱日罗斯福泛亚基金担任投资董事，负责中国大陆的投资业务。2006年年底，翁怡诺放弃外资基金的业绩分成诱惑，毅然加入中国国际金融有限公司，担任直接投资部执行总经理，亲历了投资部从筹备到成长的全过程。

　　几次异常果敢的华丽转身，翁怡诺几乎完整地实践了私募股权投资的所有阶段，从初创期投资、成长性投资，到成熟期和并购阶段投资。他的职业生涯的投资业绩也相当耀眼，先后投出十多个在美国、中国香港与内地A股上市的公司。

未来

专注，
在快时代追求"慢、极致"

2012年年初，翁怡诺又做出了一个令很多人感到惊讶的决定，离开当时风头正劲的中国国际金融有限公司，创办了专注于大消费领域的弘章资本。那个时候的投资圈流行做综合类基金或是专门投资互联网TMT领域，对零售和消费这种相对传统的领域的关注度较低。但是，翁怡诺却一心想做大消费领域深度垂直的小而美的基金，未来专注做成长型的控股并购型基金。

在大多数人都在追求"快、极致"的互联网投资逻辑时，弘章资本却追求"慢、极致"的投资状态，显得有些特立独行。但翁怡诺相信，专注是一种能力，可以帮助弘章发现那些能够穿越商业周期而依然变化不大的行业领域，发现那些不依赖于"烧钱建立壁垒"，而用较少的资本性支出就可以获得不错回报的行业领域。

5年多的时间里，翁怡诺与弘章资本的同事用了大量时间进行研究与分析，他们能够细分研究每一个潜力品类、每一个创新业态，并且准确预判未来的大机会。这些耗费大量时间的基础性研究工作，最终为他们带来了丰厚的回报，他们先后投出为大家所熟知的山东最大的零售上市公司家家悦、洗衣液龙头蓝月亮、好享家等优秀的消费类企业。

共建，
实践企业家创业精神的资本企业家

优秀的投资人不仅需要掌握与投资相关的技术，更重要的是拥有和企业家一样的深度市场洞见。

翁怡诺的内心有很强的企业家精神，希望带领团队构建一份多元、创新、宏大的事业。他正在学着放弃看太多所谓的投资机会，转而思考企业运营的很多流程和细节。他致力于用长线资本去改造新时代的商业结构，提升运营效率，最终创造出价值。弘章资本的企业文化可以归纳为：简单、正直、自律、坚忍、务实、多元、好奇、拥抱变化、自由进化的生态学习型组织。始自微小，终致伟大。

对翁怡诺来说，深刻理解这些行业的长期内在发展规律和业务逻辑，从而准确把握行业与市场的变革要素和时点，把握商业的大周期，研究预先判断未来变化趋势，创造运营价值，借力金融杠杆和证券化的力量，用实业精神做金融投资，是值得用一生去实践的目标。对于弘章资本而言，"用企业家精神思考，用合伙人方式共建"，正在成为它的核心理念，以及创造价值的源泉。

作者演讲洽谈，请联系
speech@cheerspublishing.com

更多相关资讯，请关注

湛庐文化微信订阅号

湛庐 CHEERS 特别制作

THE FUTURE
OF NEW RETAIL

新零售的▷未来

翁怡诺◎著

北京联合出版公司
Beijing United Publishing Co.,Ltd.

用实业精神做金融投资

张磊

高瓴资本创始人兼首席执行官

很多人认为投资家和企业家是两种完全不同的"物种",投资人往往被认为是"做短线"和"赚快钱"的代名词,而实业家又仿佛是踏实、赚长期钱的。但实际上,投资家和企业家之间的界限现在已经变得非常模糊,甚至是一种融合的状态。今天能够被市场所认可的成功投资家往往也是创业者,也是长期运营的实业家,只是用了"投资的方式"在做企业。

零售业是世上最辛苦、最基础的商业模式之一。零售皆细节(Retail is detail)。在过去十多年的中国市场上,零售业已经走过了多种业态的更新迭代,从农村市集到大卖场,从综合标准超市到便利店,从百货业发展到 B2C 电商巨头,从杂货小店到超级购物中心,林林总总,起起伏伏。但零售的本质,即商品满足消费者变化的需求和供应链效率这两个核心要素,从来也不曾改变。即使是在新零售概念广为流传的今天,我们依然要探索事物背后的逻辑和道理,寻找零售业最本源的要素。而怡诺的这本《新零售的未来》恰恰是在最好的时机给了大家一个阶段性的归纳总结。特别在本书下篇对国际零售连锁上市公司的诸多案例研究分析中，我们能够找到很多中国零售连锁企业家未来可能要走的发展路径。

早在 2006 年我就认识了怡诺，后来他作为创始团队加入中国国际金融公司直接投资部后，我们有了很多深入交流消费行业和投资的机会。特别是在消费品和零售领域，怡诺找到了他所热爱并擅长的能力圈。他的专注专心、独立思考、对投资的热爱、对企业的长期投入精神，都是非常珍贵的品质。我常说，"think big, think long"（想得大，想得远），但是还有更重要的一句，"start small"（小处着手）。五年前，怡诺找我探讨未来的创业方向，要做大消费领域深度垂直的小而美的基金，还要专注做小型的控股并购，用实业精神做金融投资，创造正向的价值，这些也同样是高瓴资本在不断实践的核心精神。

与当今很多浮躁的投资人不同，怡诺不仅具有创新和创业的精神，而且在控股投资这样一个非常复杂的投资体系中，拥有和企业家共同奋斗的落地能力和长期定力。实业和投资的双向融合将在未来创造出一个新物种——"资本企业家"，即用长期资本来运营管理企业，共同创造价值的新模式。中国零售的未来也同样需要这样的"资本企业家"。

是以为序，与诸君共勉。

探索零售新模式，抓住未来消费者

郭戈平
中国连锁经营协会会长

自 20 世纪 90 年代中期以来，伴随着中国经济的崛起和市场经济的深化，零售行业也经历了波澜壮阔的变化，比如超市渠道买单、百货几起几落、电商全面铺开、购物中心兴起，以及便利店的异军突起。

过去 20 年，在国民经济迅速成长和消费者消费习惯快速变化的双重影响下，中国零售业从业人员最熟悉的场景也许是：一种业态或模式还来不及深耕细作，就因为外部环境的剧变必须开启下一段征程。在这个全世界绝无仅有的发展环境里，中国零售行业从业者在攻城略地的过程中，为快速适应市场环境的变化，大多数时候已无暇打造零售的基本功；与此同时，在市场机会不断涌现之时，将大部分精力投放在跑马圈地，也是业内企业家相对理性的选择。毕竟，对零售企业的精雕细琢理应出现在经济相对平稳、竞争格局大致确定的环境之中，但是过去 20 年，市场并没有给予中国零售行业这样的机会。

当时间跨越 20 年来到 2017 年，随着一二线城市商业面积趋于饱和，以及电商全面介入消费者生活的方方面面，中国零售行业又面临新的挑战。这种挑战一方面来自经济发展相对减缓带来的外部发展红利减少，另一方面也来自资本大举进入对零售行业的深远影响，以及数字化技术对于行业的全新塑造。

外部环境的变化，让中国零售行业面临更多挑战，但同时也相应获得了更多的机会。在当前的市场格局下，零售行业的决策者或许需要考虑三方面的平衡。

首先是商品和服务之间的平衡。

零售业的本质是为消费者提供适合的商品。因此为消费者找到性价比高的商品，并通过供应链的梳理让商品的流转效率提升是企业必须关注的焦点。但是随着中国人均 GDP 突破 8 000 美元迈向 10 000 美元，顾客消费中服务性消费的占比将持续走高。如何将服务性消费融入企业的经营，是零售高管必须关注的趋势。超市餐饮化和大量即食食品的出现是商品服务化的体现之一，我们还可以挖掘更多服务融入商品的方式，并将服务理应获得的价值体现在商品价格之中。

其次是体验和效率之间的平衡。

如今，消费者的良好体验已被越来越多的零售企业所重视。线下企业对消费场景的塑造，对数字化和支付便利的推进，以及线上企业在配送时效和搜索效率方面的投入，都让消费者的体验越来越好。但是消费者体验如何与零售企业最核心的效率之间保持平衡，也是一个不容忽视的地方。按理说，更好的客户体验，能为企业带来更高的盈利和平效，或是为企业创造更多的获利途径。体验和效率，偏废任何一个方面，都难以持久。

最后我们要关注零售企业数字化和物理特性之间的平衡。

很长时间以来，零售门店的物理特性是很多零售理论的基点，从选址、营销到门店运营和顾客服务都基于此，而门店的物理属性决定了企业的做法是以我为主，精选商品和服务为特定的消费群服务。但是随着近年来数字经济的崛起，以及中国零售企业在这个领域的超前探索，让零售商有机会精确认识自己服务的顾客是谁，理论上也可以做到站在顾客的角度重塑门店和商品组合。如何在坚持传统零售理论与投入大量资金发展数字化之间找到平衡，也考验着零售行业决策者的智慧和勇气。

在零售行业迈向数字化的今天，《新零售的未来》为我们带来了大量成功案例，让我们在关注科技、关注数字化的同时，也不忘记零售的本源和基本运行法则。同时，翁怡诺先生也从资本的视角，试图挖掘这些企业成功背后的规律，对大家应该有所启发。

我们期待，中国零售商在自身努力的同时，借助科技和资本的力量，为消费者创造更美好的生活。

新零售时代的思考

蓦然回首，我作为职业投资人已有 18 年了，而距离我离开中国国际金融公司直接投资部，创建弘章资本也已有 5 年。这期间我见证了 2000 年第一次互联网泡沫从疯狂到一地鸡毛的悲惨结局，也亲身经历了 2008 年金融危机中金融从业者的恐惧和无助，体味了 2015 年年中中国 A 股市场可怕的千股跌停。经历了多个经济周期之后，我理解了成熟投资人应该具有的一种相对超然的境界。而创建弘章资本最重要的原因是，我的创业初心非常简单和朴实，无关市场波动，无关周期起落。专注是一种长期理想化的生存状态，有创新格局的企业家，会推动商业模式的不断创新，为消费者提供优质产品，创造有长线价值的企业生命体。在长期的研究思考中，我也常常有一种冲动，希望记录下一些有价值的思想火花，但往往疲于应付日常业务，总没有时间落笔。

过去 5 年，弘章资本的同事们花了大量时间学习和研究全球商业巨头的成长路径，在这个过程中，对中国消费领域也进行了一些思考。这些有价值的思想如果不能得到有效的传播，会非常可惜。基于弘章资本积累的大量全球商业研究初步成果，加上我个人对中国市场中每个业态的一些思考，最终形成了这本书的雏形。尤其是新零售概念火爆的 2017 年，零售连锁正变得日益复杂，各种业态相互杂糅，新的商业场景不断涌现，线上和线下流量不断被分化，这是一个不断颠覆、迭代的痛苦时代，也是一个不断创新、重生的充满希望的时代。我们也借机把对新零售的综合理解梳理出来，综合国际零售连锁的案例研究，一起呈现给大家。

不可否认，今天的商业世界经历了多年的进化，已进入竞争更加激烈、更加极致化的阶段。过去长周期的规律正在进化为短周期，长线思考已变得越来越困难，大量资本正在催化商业模式的进化过程，通过积累而形成逐步竞争再到垄断的过程被打破，这使得投资这一行业变得更加困难，要在不确定性中寻找确定性的压力更大。**处在商业模式变局中的企业家们也必须具有更加宏大的格局和坚韧的性格，在无助时回到商业最本质的价值创造中去。回到原点，也许是我们面对不确定性的最佳方式。**

今天的地球更像是一个大的村落，不同的村落里生活着处于不同商业阶段的"村民"（消费者），幸运的投资人可以在这个巨大村落里自由穿行，帮助"村民"提升商业效率和便利性。从这个意义上看，帮助中国企业家去更高级的村落里"了解和拜访村民"，将是一件非常有价值的事情，这也成为我写作此书的主要驱动力。我们从投资者的角度，深度解析了全球最新的一些成功商业巨人的发展模式，不仅仅是告诉大家这些商业巨人的今天是多么辉煌，更重要的是展示它们的成长路径和历史背景。脱离历史背景和环境，简单地模仿这些巨人今天的模式是不可能获得成功的。

在分析这些商业巨人的成长轨迹时，我们发现它们之间存在许多非常相似的商业逻辑和特征。这些逻辑和特征往往反映了某些深层次的商业本质，也是最值得今天的中国企业家借鉴和学习的要点。在这些案例中，我们发现，一方面商业进化是一个痛苦的蜕变过程，很多创新都是九死一生的博弈。特别有趣的是，成长曲线中往往会出现一个拐点，而这个拐点往往又是高成长的起点。作为机构投资人，一个重要工作就是不断探寻"投资性价比最高的拐点"。另一方面，绝大部分成功者在竞争初期都是不折不扣的"创新者和颠覆者"，但当他们构建了一个庞大复杂的组织和结构时，创新往往又成了他们进一步进化的障碍。所以，敢于持续变革的企业家实在是极少数。

我们今天谈论商业成功，都只是从某一个时间窗口来观察我们的商业世界，每一个企业都有自身的生命轨迹，我们当然期望能够发展得更长久一些，更稳健一些。但历史一次次告诉人们，市场的循环故事是多么相似，只是人们大多主观觉得这次我会和别人不同。2012年我创建专注大消费领域投资的弘章资本，初心是作为一个职业化的机构投资者，不能仅仅通过两三个月的临时研究就决定一个投资行为。优秀的投资人不仅需要掌握投资结构设计和调研的技术，更重要的是也需要拥有一种和企业家一样的深度市场洞见。

随着中国中产阶层规模的扩大，新品类、新业态快速迭代老商业，中国将出现系统性的黄金消费十年。由俭入奢易，由奢入俭难。只有了解了各个细分领域的长期驱动力和成长轨迹，我们才具有相对的竞争力。某种程度上，一个研究驱动的长期价值投资者应该具有比绝大多数企业家更广泛的商业信息和更完整的商业逻辑，虽然研究的资源往往来自于企业家，但需要在宏观上高于企业家。所以，优秀的股权投资者和优秀的企业家是互补的，二者结合能够催化出一种特别巨大的力量。这种深度结合往往是资本结构上的结合，双方寻找到一种稳定、相互依存、共同驱动的顶层设计，因为同向的激励和对未来市场的战略共识是长期发展的基础。面对商业变局的巨大不确定性，无论多么优秀的企业家或投资人，都是在做一个合乎商业判断的抉择，谁都没有绝对的把握和结论。此时我们能够做的就是不沉溺于宏大的愿景中，否则会使泡沫膨胀。拥有改变世界之雄心的人通常需要更加谦逊，小幅度渐进的试错式成长才是安全前进的唯一道路。

在今天这个快速进化的世界里，从0到1的创新和创造并不是唯一的选择，特别在中国，产业的快速整合是绝对的未来趋势，这时中小型的成长并购将逐渐成为主流。这种基于企业家基因的成长性并购在于创造出富有创意的垄断者，垄断创造的利润能给予规划长远未来的资本。所以，并购投资要寻找到伟大格局的坚定实践者，投资者和管理者要形成新的稳定的顶层股权激励模式，双方要对未来的竞争格局有预判。未来的很多生意需要用钱烧到新格局出现，这种模式非常残酷，对任何竞争者来说都是极致的煎熬，但通往阶段性成功的道路本身就是充满荆棘的。这本书中精选的众多消费案例，都说明并购成长几乎是大企业的不二法门。这不仅是业务经营挑战，更加结合了与资本对接股权层面的制度设计，对于大多数新一代企业家来说是更大的课题。企业家很难既有格局观，又有执行力，还保持一种对变化的强烈敏感性，以及对事物本质的理解。大部分企业家都是在某一时期对某一方面很在行，但是需要与好的战略伙伴进行持续的开放交流来提升自己。"用企业家精神思考，用合伙人方式共建"（Think as entrepreneur, Work as partner），正日益成为弘章资本的核心理念，也是我们创造价值的源泉。

离开机构去创业的过程是非常艰苦的，但又是非常幸福的。我觉得自己内心也有很强的企业家精神，希望带领团队去构建一份多元、创新、宏大的事业。我正在学着放弃看太多所谓的投资机会，转而思考企业运营的很多流程和细节。**我深信，用长线资本去改造商业结构，提升运营效率，最终创造出价值，是值得用一生去实践的理想。深刻理解这些行业的长期内在发展规律和业务逻辑，从而准确把握行业与市场的变革要素和时点，把握商业的大周期，研究判断未来变化趋势，创造运营价值，借力金融杠杆和证券化的力量，用实业精神做金融投资，将是我用一生去实践的目标。**

有人说投资应该是人生中最后一份职业，我深以为是。其实投资是一次人生智慧的修炼，投资往往就是在体味生活本身。特别是作为专注于大消费领域的投资者，投资于商业创新，探索新业态、新品类、新渠道、新服务、新文化，需要保持对生活的高度热情，保持好奇心，保持宁静与平和。投资也是一次人生的长跑，千万不用在意别人的一次抢跑或某一时刻超越了你。侵掠如火，不动如山，当出现高度符合价值观和潜力的项目时又需要敢于下大注。投资更是一场有时间节点的金钱游戏，里面设置了各种场景和角色，让我们放下对金钱的执念，开阔心胸，接纳一切人，对这个商业世界保持好奇，保持勇敢，保持乐观。

我要感谢高瓴资本创始人张磊先生，从 2005 年初识，十多年来与他不断交流，受益良多。张磊先生对基础研究的重视，对市场变化的敏感性，以及主张与企业家共同创造的价值观，都在很大程度上影响了我。

同时也要感谢我的家人和弘章资本的投资团队，特别是安翔、李梦冲、张宇凡、方智琦、苏晶晶、阮凯越等同事，本书中的许多内容都是基于他们的研究。在我创业最初期，他们的加入使得弘章资本能够逐步完成机构化，成为一个有理想、有洞察力的投资机构，未来我们还会有更宏大的目标一起去完成。

最后我想用这本书致敬我在天国的父亲，他是我生命中最重要的榜样。父亲是一个十分热爱生活和家庭的人，他帮我诠释了这样一种人生：在一个周期内，从一个低起点开始，每天进步一点点，不需要暴富和大起，但保持没有大败和大落，为自己画出一个持续向上的人生轨迹。甚至在生命的最后，他依然保持学习态度，与病魔对抗。昔时常聆教诲以修身，今日方秉宽直而处世。

目录

上 篇
新零售时代的未来已来

01　这是一个全新的零售世界　　/ 003

新零售，快速崛起的第二条 S 曲线

实体店地位依旧，功能不变

让双向流量成为可能，回归商业的本源

扫码下载"湛庐阅读"App，
搜索"新零售的未来"，
查看作者解读新零售的精彩视频！

The
Future
of
New Retail

新零售时代的未来已来

The

Future

of

New Retail

01

这是一个全新的零售世界

2016 年 10 月，马云在一场著名的演讲中提出："纯电商时代很快会结束，未来 10 年、20 年，将没有电子商务这一说，只有新零售这一说。也就是说，线上线下和物流必须结合在一起，才能诞生真正的新零售。"马云提出"新零售"口号，是向全球的消费品和零售行业发出了一颗重要的信号弹。

新零售，快速崛起的第二条 S 曲线

传统零售的模式是数量型的线性增长，已越来越接近持续增长的边际。我们认为，通过新零售技术和适合消费者变化的商业模式转型创新，才可能实现效率型的指数型增长，而这个变化往往需要非连续性的突变才能够真正迭代。根据混沌大学创始人李善友老师所讲的非连续性理论，在认知革命中，最重要的理论就是非连续性。现象世界的本质是不连续的，连续性只是假设。这是人类思维的一大窘境。企业大多是单曲线模型，它的使命在于坚守，即对原有产品、业务、员工、市场以及过去能力的坚守。跨进第二条曲线，意味着伤害了第一条曲线。所以，**如果想成为基业长青的公司，秘密只有一个：像市场破坏企业一样去破坏自己，从单 S 曲线模型转向双 S 曲线模型**。也就是说，大公司的技术会越来越复杂、产品会越来越贵、利润也会越来越高，开始出现性能过度。此时新公司若能从低端进入，重新杀入高端，就会有机会成功。然而现

实中，新公司都愿意跟大公司正面竞争，因为这个市场已经被验证是可行的。人对未知的恐惧，已经超过了对竞争对手的恐惧。新零售正是这快速崛起的第二条曲线。

新零售这条 S 曲线如何抓住非连续性的断层机会点，也就是创业的最佳切入点？在这条 S 曲线中，有两个关键点：一个是破局点，就是进入之后，可以大胆执行关键路径；另一个是极限点，任何指数的发展都有极限，盛极必衰。创业公司切入的时机就在第一条曲线的极限点和第二条曲线的破局点之间。当旧的动能增长乏力时，新的动能异军突起，就能够支撑起新的发展。种种迹象表明，创新零售正在驱动新发展，中国零售业正在经历一场脱胎换骨的质变。如果第二条曲线是对的，那么是谁在推动它呢？正是本书提到的创新企业家们。这些拥有改变世界之雄心的人能否发展起来，决定了中国零售业的创新力量能否跨越过去。

实体店地位依旧，功能不变

过去 10 年，B2C 电商在不断吃掉实体零售的蛋糕，2016 年中国网上零售交易规模达 4.97 万亿元，占中国消费品零售总额的 14.95%。中国电商行业的两极分化十分严重，其中巨头垄断了大部分利润，剩下 90% 的电商企业还在苦苦挣扎。但目前来看，B2C 电商已成为传统产业，在经历了疯狂增长之后也开始触到天花板，增速大大放缓，用户增长速度也正在逐步下降，移动购物人口的红利基本耗尽。电商市场正逐步进入发展成熟期，处于第一梯队的电商平台优势明显，各主流电商市场份额基本维持稳定，新进入者门槛大大提高。各种品类的垂直电商、跨境电商、农村电商、社交电商、微商、网红电商、直播电商等也只能查漏补缺。可以说，电商已进入战场打扫阶段。

我们认为，实体店仍然是主要消费场景。虽然现在的市场发生了巨大转

变，但我们需要重新认识实体店的价值。实体店仍然占据中国社会消费品零售总额的 85%，并且有自己独特的价值，是消费者情感宣泄和情感连接的一个重要线下消费场景。经过 B2C 电商的侵袭后，实体店反而将再次成为兵家必争之地。但未来的实体店不再是简单的售货中心，而是商品的自提中心和配送中心，是顾客的社交中心和体验中心，实体零售的内在逻辑将发生本质变化。然而，过去业绩优秀的实体连锁企业正在经历一次非连续性的下滑。2017 年美国已发生 9 起零售店破产事件，运动用品零售商 Sports Authority 和连锁平价鞋店 Payless 已申请破产保护。这些数据的背后，代表了一个旧时代的结束。零售战争、转型、关店潮、倒闭潮、裁员潮、资金链断裂、股价暴跌，甚至破产等故事正在全球零售业的舞台上不断上演，但我们看到新零售正在向我们走来。

让双向流量成为可能，回归商业的本源

2016 年新零售概念在业内引起了很多争论，叫好和看衰的都大有人在。我们认为，新零售的崛起有一个重要的时代背景。移动互联网经历了 5 年的高速发展，流量红利期已经过去，移动电商和线下零售已形成竞争平衡期。某些电商品类，如 3C、服装等，已经成为绝对优势区。某些极其复杂、非标准化的品类，如生鲜电商，则在烧了大量资金后几乎没有成功的案例，而线下零售小业态正在以杂草般强大的生命力逆袭生鲜电商的运营效率。大家终于不再坚持唯电商论，不再简单地相信电商将完全统治零售。

其实无论是 B2C 老电商，还是线下新业态连锁零售，都要看流量成本以及转化率这两大商业进化的核心要素。过去零售连锁业是典型的"人去找物"的逻辑，而 B2C 电商是虚拟化的交易场景，实现了"货去找人"的逻辑。随着线上流量成本越来越高，双向流量成为可能，特别是如何从线下获得流量，并将之引导到线上。消费者既可以为了某些体验去实体店，也可以通过 APP

实现门店端的商品配送到家里。当然，不是所有品类都可以简单实现这种双向流量，特别是将线下流量导入线上，这其中有非常重要的品类逻辑和品牌认知力量。过去，传统零售始终无法做到将到店顾客数据化，形成有价值的消费者持续沟通的场景。**新零售则实现了从客户、物流到支付等环节的全链条数字化，帮助品牌围绕产品策划和研发，实现柔性化产品设计和生产。这是一个全新的零售世界。**

The

Future

of

New Retail

02

新零售的背后，
社区商业价值的重塑

最近消费零售业出现了很多风口，从便利店热潮到无人售货的突然兴起，以及超市加餐饮这一新零售业态的出现，一时间可谓群雄并起，逐鹿中原。不过，如果从市场总容量和总需求来看，大消费领域还有一个超级大概念没被深度挖掘，这就是社区商业价值重塑。

购物中心、主题 Mall 固然是一个城市的形象和名片，但真正令市民经常产生消费的地方还是家门口的社区型市场。能否用最便利、最高效的方式解决日常消费问题，是决定一个市场是否具备生活品质和人气的很重要的方面。从成熟市场看，社区商业消费占到了整体商业构成的 60% ~ 70%。**现在传统商业竞争加剧，城市级商业风险增大。社区商业反潮流已经兴起，所有社区住户都跳不出"生活最后一公里"的圈子，商家与顾客拥有无缝对接的近距离优势，会使社区商业更易衍生出符合主流趋势的一站式消费模式。**中国基本已经形成了封闭小区形式的房地产居住格局，从而形成了非常独特的社区商业的基础环境。

社区商业的 3 大特征

从传统意义上说，社区商业是以地域内和周边居民为主要服务对象的零售商业形态，以提供日常生活用品和服务为主的属地型商业。城市商业服务人口一般在 5 万人以下，服务半径一般在 2 ~ 3 公里以内。这一商业属性决定了社区总规模一般应控制在 2 万 ~ 3 万平方米，商业业态的设置也应有较强的针对性。与其他商业项目对比，社区商业具有 3 大特征：

- 商业功能是便民消费，离消费者近是一个重要诉求。
- 社区商业的消费对象偏重家庭、学生、儿童，以中档的家庭消费为主。
- 在服务业态的配置上突出消费的便捷性，服务业态的配置上偏重家庭消费的组合。

根据承载社区商业主体的集散程度及整体布局不同，社区商业的具体物业形式主要有社区底商、社区商业街、社区商业中心。社区底商的表现形式比较低级，属于标准配置，而后两种形式需要综合规划，属于比较高级的形态。

社区商业的 5 大关键业态

我们总结了社区商业的 5 大关键业态：

- 社区生鲜零售
- 生活方式杂货
- 家庭娱乐
- 健康美容
- 轻餐饮和休闲餐饮

在这 5 大关键业态中，最核心的是社区生鲜零售和生活方式杂货（精品小百货）。生鲜经营一直都是零售业皇冠上的明珠，连锁经营的难度非常大。但基于社区人群高频需求的生鲜专业店或生鲜社区超市，是拥有巨大市场容量的最具复制性的超级生意。而且社区生鲜零售满足社区的核心需求，具有高度垄断的潜力，甚至对便利店都可以形成挤出效应。有一份很有趣的数据，原本一家生意很好的标准便利店，日营业收入接近 1 万元。而当街对面出现了一家

200平方米的生鲜小超市后，便利店的日营业收入跌到只有4 000元。从我们观察到的商业案例来看，生鲜零售主要分为两个典型流派，一个是以合肥生鲜零售为代表的"生鲜传奇"，另一个是以广州生鲜专门店为代表的"钱大妈"。

生鲜传奇的核心商业逻辑是软折扣模式。何为折扣店模式？折扣店是一种限定销售品种，并以有限的经营面积、简单的店铺装修、有限的服务和低廉的经营成本，向消费者提供"物有所值"商品的零售业态。通俗来讲，折扣店的经营商品数为800～4 000种，营业面积为500～1 500平方米，通过大规模采购、简单装修、简化服务来降低成本、提高效率，最终以超低价提供商品。折扣店有三种形式：

- 硬折扣，代表企业有德国的Aldi、Lidl。
- 软折扣，代表企业有西班牙的Mercadona、波兰的瓢虫超市。
- 均价店，代表企业有美国10元店Dollar General。

生鲜传奇的目标是打造中国版本的软折扣模式，可以独立在社区成店，不依赖其他业态组合，而且具有一定的吸引其他业态的复合能力，比如把餐饮和一些服务业态都融合到零售门店中。生鲜则集中在蔬菜岛、水果岛、肉岛三个板块中，这样门店日常管理的三大要点也就出来了。其他的零食类、调味品、包装食品等都是精选SKU[①]，满足社区人群的绝大部分日常需求。

钱大妈是品类更集中的专门店形式，突出精选肉类，以不卖隔夜肉的品牌定位来获得高流量。这种专门店具有很强的攻击性，便于快速复制。

生活方式杂货零售是最近5年崛起的最大的业态之一。特别是很有设计感的高性价比零售10元店，也可以看作是精品小百货，其中大量的家居品类符合社区人群的日常需求。一般来说，生活方式业态包含时尚数码、生活家居、

[①] 库存量单位（Stock Keeping Unit），即库存进出计量的基本单元，现在引申为产品统一编号的简称，每种产品均对应有唯一的SKU号，便于大型连锁超市配送中心的物流管理。

时尚美容日化、休闲食品、配饰、儿童玩具等细分品类。商品价格可以和电商相比，自有品牌商具有控制上游的能力。所以，把生活方式零售和生鲜社区组合后，最核心的社区需求就基本满足了。

此外，对于适合社区商业的餐饮业态，我们也有一些初步的看法。首先，适合社区的餐饮一定具备外卖特质，这往往是满足社区人群基本餐饮需求的解决方案，比如比萨、炸鸡门店都有这个特质。其次，社区餐饮往往是非常本地化的生意，比如在上海地区，苏式面条和馄饨等特色餐饮都是很稳定的需求；在北方地区，则可能是饺子和面食；在广州地区，平价粤式点心的外卖生意都很不错。最后，社区餐饮也可以有休闲餐和轻餐饮业态组合，这些轻业态都是适合标准化、连锁化复制的，比如适合高端社区白领人群社交的咖啡门店、茶饮门店。

社区商业的 5 大趋势

近年，复合型的社区商业产品正成为发展的趋势。

- 趋势 1：商业体量小规模化。小体量社区商业运营便利，风险可控，投资风险相对较小。
- 趋势 2：空间主题鲜明化。为了体现生活理念，整体外部空间呈现出绿色、生态或艺术主题。
- 趋势 3：业态组合趋向于"全业态"，以便利为核心。社区商业既需要满足客群的传统衣、食、住、行需要，又需要满足新型消费需求，实现融购物、餐饮、娱乐、服务为一体，趋向于"全业态"发展。
- 趋势 4：商业趋向互动体验型。比如消费者既可以在餐馆中享受美食，又可以在互动中娱乐、在交流中学习，餐馆成了具有家的特色的公共交流互动空间。

● 趋势 5：业态功能趋向于功能细化。社区居民人数众多、结构复杂，按
年龄、性别、收入水平、文化修养、价值观念等各特征可以细分为不同
的消费群体。各消费群体的消费结构、消费需求、消费动机和消费心理
等决定了社区商业的相应业态组合，因此社区商业应趋向于功能细化。

从投资角度看，社区商业中有诸多可复制的连锁业态，都具备很好的增长
前景。从市场容量看，最好的零售基础生意是生鲜社区零售。核心是如何形成
供应链能力，做大自有品牌，形成中国版本的新型零售业态。这是超级生意，
也是最后一块未现王者的兵家必争之地。

The

Future

of

New Retail

03

新零售，新物种

随着 GDP 和人均可支配收入的不断提升，零售业态在迅速的进化中。从最早期的邮购和农村流行的赶集，到大卖场形态、百货店模式崛起，接下来品类专门店开始蚕食百货，购物中心全面升级，最后 B2C 电商给予百货致命一击，零售形态在不断地自我迭代和进化。纵观国际上的零售业态，也正在发生很多新兴的变革，总体上的特点是零售业态大融合，各种模式混合在一起，形成了多功能、多目的、多流量的全新零售物种。我们接下来将逐步介绍过去一年中在中国创新实践的各种新零售、新物种。

盒马模式，仓店一体的双向流量零售杀手

传统超市的动线设计就是为了增加顾客在门店的停留时间，接触更多的商品，相应的 O2O 店内分拣效率就非常低。而且生鲜运营的最大难点是物流成本高、损耗率高，采购共享、仓储系统共享、客流订单共享是降低成本的主要手段。早在生鲜电商兴起之时，在烧掉巨大的资本投入后，单纯的生鲜 B2C 电商模式已逐渐被证明不可持续，一方面原因在于冷链物流成本很高，像牛奶、蔬菜、面包、水果这些居民日常高频所需的低价和短保质期的商品，B2C 生鲜电商很难做，因为流量成本非常高，客单价低，很难覆盖物流成本，这是这个商业模式天然的缺陷；另一方面，B2C 生鲜电商短保质期的商品损耗无

法有效控制，导致最后品类越做越窄，只能够卖一些高价商品，而无法解决消费者日常消费的痛点。所以，新零售的原始模型，一家叫"盒马鲜生"的"怪物"，从出生开始，基因里面就有一种顶层设计的思维，致力于解决 B2C 生鲜电商的核心问题。

盒马鲜生像一家超市，但在超过 4 000 平方米的购物场景中，还设置了30%～40% 的餐饮体验区，可以生熟联动。表面上看，盒马鲜生是一家门店，但店面之后还"隐藏"着一个物流配送中心，支持线上销售。其核心逻辑就是"仓店一体"，既是一个门店，也是一个仓库。所以毫无疑问，这是一家线下的物理门店，但是实时更新的电子价签保证了与线上价格统一，透露出这是一家有着强烈互联网基因的企业。门店内的餐饮区可以给消费者增加到店的体验感，消费者产生信任后，门店又能将多数快消品类通过 APP 实现电商销售。所以，新零售就是看上去似像非像却从来没见过的商业形态。2016 年 1月，自营生鲜类商超，支付宝会员店盒马鲜生在上海金桥广场开设了第一家门店，面积达 4 500 平方米，很快实现了年平效 5 万元。经过 1 年多的发展，上海的门店数量迅速增加，并已经扩张至宁波、北京、深圳等城市。

新零售的核心在于线上线下融合，更好地抓住了年轻消费者的痛点，并以此来构建整个商业体系。因为无论对新零售做出怎样的定义，不可回避的一点是，新零售面向的目标群体是"80 后""90 后"，他们身上展现出的是不同于上一代人的生活场景，而这一点又决定了他们的消费习性。比如做饭已经不再是"80 后""90 后"群体每天的必做事项，因此提供给他们的生鲜食品就应该是小包装，新鲜方便、便于烹饪、一次性消费完。一家传统的零售企业曾对自己的目标受众做过分析，发现 10 年前客户的平均年龄是 35 岁，而现在是 45岁。客群老龄化是传统零售商避无可避的问题，客户多数对价格敏感将不利于零售商做出消费升级的战略布局。而随着顾客消费能力的减弱，商超传统的收入来源，比如店铺租金也会随之缩减。而大规模的缩减成本，将意味着服务体验和购物环境全面老化。

盒马鲜生设计的关键业绩指标有三条：

- 线上销售单数一定要超过线下单数，因为再造一家传统超市是没有意义的。
- 3公里内的线上订单量要实现每天5 000单以上。
- 线下要为线上引流。

这家以"吃"品类为主的全渠道体验店，实现了线上和线下的双向流量整合。物流仓储作业前置到门店，和门店共享库存和物流基础设施，店内部署了自动化物流设备，可进行自动分拣，效率极高，基本能达到3公里内30分钟送达的及时配送承诺。

盒马鲜生顶层设计的目标之一就是降低配送到家的冷链物流成本，提供生鲜全品类的商品服务。盒马鲜生门店的上方铺设了全自动悬挂链物流系统，这样能够第一时间分拣店中陈列的商品，快速送到后场出货。门店的后场更是一个交织的传送系统，传送线上的保温袋在各自的轨道上行进，把会员线上选购的商品传送到集中的分拣台进行统一配送。门店里有冷藏库、冰库等冷链，以切实践行"新鲜每一刻"的品牌理念。盒马鲜生有3 000多种商品，包括肉类、水产、水果、南北干货、米面油粮、烘焙、熟食、烧烤以及日式料理等。为了配合精品超市的定位，店内还设有精品百货、鲜花等商品区，以满足人们的生活需求。

体验为王，而餐饮是最好的低成本流量入口。餐饮是一个天然的社交场景，为了得到好的餐饮体验，消费者会去门店消费。在体验方面，盒马鲜生借鉴了意大利的Eataly超市和中国台湾上引水产模式。门店内设有多个餐饮品类和餐饮区，消费者在店内选购了海鲜等食材之后，可以即买即烹，直接加工，现场制作。这个模式不仅深受消费者欢迎，提升了到店客流的转化率和线下体验，而且通过生鲜品类和餐饮制作深度结合，解决了生鲜经营中最难的损耗问题。

"强制"要求消费者下载盒马鲜生 APP 成为一个"撒手锏"，到店客户通过绑定支付宝即成为会员，通过支付宝的实名认证信息，盒马鲜生构建了一个更加立体的客户数据库，这使得实体店也能够变成大数据。APP 主营生鲜、食品配送，但是基于本地门店发货。盒马鲜生通过电子价签等新技术手段，可以保证线上与线下同品同价，通过自动化物流设备保证门店分拣效率，最终实现顾客通过 APP 下单后 30 分钟送达。盒马鲜生也在不断完善品类，未来将会在平台上推出 SOS（日常急救）商品频道、C2B 预购频道以及更多的自有品牌。

新零售是顶层设计，需要一整套零售体系的重构，比如商品规划、服务与体验、物流、支付、信息系统和团队等，这并不是能在短期内模仿的。所以盒马鲜生不是要开一个传统的以销售为导向的线下超市，而是要做到线上线下一体化运营。统一会员，统一库存，统一价格，统一营销，最终实现双向导流的封闭循环。

总之，可以将盒马鲜生模式看作阿里提出新零售的基础实验，它是一个不断自我迭代的零售创新进化的超级物种。2017 年 3 月，阿里研究院给出了新零售的定义：以消费者体验为中心的数据驱动的泛零售形态。零售的本质是无时无刻为消费者提供超出期望的"内容"。按照阿里报告的表述，**新零售将区别于以往任何一次零售变革，它将通过数据与商业逻辑的深度结合，真正实现消费方式逆向牵引生产变革。它将为传统零售业态插上数据的翅膀，优化资产配置，孵化新型零售物种，重塑价值链，创造高效企业，引领消费升级，催生新型服务商，并形成零售新业态。**

根据阿里的研究报告，新零售具有三大特征：

- 以心为本，即数字技术创造力千变万化，无限逼近消费者内心需求，最终实现"以消费者体验为中心"，即掌握数据就是掌握消费者需求。

- 零售二重性，即借助数字技术，物流业、大文化娱乐业、餐饮业等多元业态均能延伸出零售形态，更多零售物种即将孵化产生，这被称为二维思考下的理想零售。

- 零售物种大爆发，即任何零售主体、任何消费者、任何商品既是物理的，也是数字化的。新零售将孵化多元零售新形态和新物种。企业内部与企业间流通损耗最终可达到无限逼近于零的理想状态。在这种数字化技术提升下，更高效率、更好体验的业态和新物种将大量涌现，颠覆过去的标准化零售形态。

根据以上定义，盒马鲜生采用的是"线上电商＋线下门店"的经营模式，门店承载的功能较传统零售门店进一步增加，集"生鲜超市、餐饮体验、线上业务仓储"三大功能于一身，该模式做了两个维度的创新：

- 将零售与餐饮结合起来，让消费者购买的生鲜可在餐饮区直接加工，提升了转化率以及线下体验。
- 线上订单通过门店的自动化物流体系实现配送。门店配送的难点在于店内分拣，传统超市要推行这一业务难度较大，因为传统超市动线设计就是为了增加顾客门店停留时间，相应的店内分拣效率就很低。而盒马鲜生通过电子标签、自动化合流区等新技术解决了这一难题。由于电商业务共享了线下门店仓储配送体系，仓储成本更低，且通过门店配送周边客户，时效性也更强。经营特征上实现了控货和数据获取（仅支持支付宝支付），采用了新技术提升效率，属于典型的新零售公司。

关于新零售，我们认为核心的落脚点是通过新的技术手段去实现商品（控货）、交付方式（渠道）、用户体验的改造，更高效、更友好地完成消费流程。盒马鲜生的自动化分拣及智能物流是零售业的一个新技术应用。目前盒马鲜生上海金桥店共有30人负责拣货，一部分在零售区域，另一部分在仓储区域。线上订单会发送至拣货员的移动手持终端（PDA），拣货员携带盒马鲜生购物袋在店内找到相应商品，用手持终端扫码之后装袋，然后将打包好的购物袋挂上传送带，由此传输到合流区进行配送。手持终端上有收货、退货、上架、盘点、移库、打包、复核等多项功能，涵盖了从存货管理、拣货到配送的方方面面。接到订单后，手持终端上会显示订单中每一个物品的货位、名称、编号、应拣数量、待拣数量等信息。拣货员平均每单拣货时间为 56 秒，配拣好的商品从挂上传送带开始至后方合流区仅需 2～3 分钟，在零售区域总耗时约 4 分钟。

新技术应用还包括全面应用电子价签，实现后台实时改价，扫码加入 APP 购物车。盒马鲜生的所有商品几乎都已使用电子价签，价签上主要提供品名、价格、单位、规格、等级、产地等传统纸质价签提供的商品信息及对应的条形码，消费者还可以通过 APP 扫码了解产品信息并加入移动端购物车。电子价签主要应用于消费品、零售、仓储物流等领域，主要功能为价格管理与高效陈列等。盒马鲜生使用的电子价签技术由汉朔科技提供。生鲜是一个价格变动相对频繁的品类，使用电子价签之后，店员只需在后台更新价格，便能完成 APP 和实体店内商品的同时变价。

盒马鲜生第一家门店金桥店的面积共 4 500 平方米，其中零售区域约 1 200～1 400 平方米，餐饮体验区 400～500 平方米，配送合流区 300 平方米。盒马鲜生在超市内引入餐饮区域，一方面为顾客提供了就餐方便，延长了顾客在店内的停留时间，增强了顾客黏性；另一方面，餐饮的高毛利率也可改善零售的盈利结构（餐饮通常的毛利水平可以达到 50%～65%）。

生鲜产品作为盒马鲜生的主打，自然也配备了海鲜代加工服务，这也提升了转化率。店内可加工品类为扇贝、生蚝、龙虾、长脚蟹、帝王蟹、大闸蟹。消费者到店消费时，服务员会指导首次消费者安装盒马 APP，注册成为会员，最后通过 APP 或支付宝完成付款。通过支付宝收款为盒马鲜生创造了掌握线下消费数据以及线下向线上引流的机会：

- 掌控线下数据：传统零售过程中，顾客通过现金结账，其消费偏好、交易行为等难以形成大数据供零售商分析。而盒马鲜生通过 APP 或支付宝收款，用户的每一项购买行为都会与账号关联，便于企业整合分析。

- 全渠道营销机会：每位到店顾客下载盒马鲜生 APP 并成为会员，方便公司打造全渠道的消费体验。

盒马鲜生计划推出 F2（Fast & Fresh）便利店业态，第一家店将位于上海北外滩，面积 800 平方米左右。F2 将主打餐饮，SKU 占比 50% 以上。F2 基于场景定位，围绕"吃"构建商品品类。盒马便利店还将纳入水果、现烤烘焙、现做奶茶等传统零售店没有的业态，集合成为"西式简餐店 + 星巴克 + 大食代 + 便利店"。盒马还将通过流程升级实现店内"无人"。新零售是对消费人群的精准定位、精准运营。

超级物种，餐饮自营集合店为零售赋能

2017 年 1 月 1 日，永辉超市的新业态"超级物种"在大本营福州开业，这已是永辉继红标店、绿标店、精标店、会员店之后的第 5 个业态。超级物种的意思就是未来超市 + 餐饮，让消费者更能寻味未来生活。

第一家永辉会员电商超级物种体验店，营业面积虽只有 500 平方米，但作为多重餐厅的结合模式，致力于为消费者提供新鲜、安全、高性价比的全球优质食材，打造超级美食梦工场。这其中融合了永辉目前孵化的 8 个产物：鲑鱼工坊、波龙工坊、盒牛工坊、麦子工坊、咏悦汇、生活厨房、健康生活有机馆、静候花开花艺馆。

鲑鱼工坊是一家以三文鱼为主线的体验店。波龙工坊则主要进口来自加拿大和美国的波士顿龙虾，除此之外，还有帝王蟹、面包蟹、虾菇、生蚝、鲍鱼等海产。盒牛工坊同样依托永辉全球供应链资源经营进口牛肉，提供现切现煎服务，让消费者体验原汁原味的牛排。麦子工坊主打手感烘焙，提供健康自然的软欧面包系列，以及下午茶产品。超级物种中的咏悦汇、生活厨房、健康生活有机馆、静候花开花艺馆则是把红酒、饮食辅料、有机产品和鲜花等与消费者生活密切相关的产品，进行品类集中陈列销售。整个门店单品数量在 1 000 个左右，消费者在结算时可以任意选择支付方式。

超级物种是永辉打造的"高端超市＋食材餐饮＋永辉生活 APP"全新品牌，也是一个基于电商平台及高端体验店的新零售业态。万象生活城店面积有所增加，店内面积扩至 650 平方米，外摆区面积达 300 平方米，该店内还增加了全新物种"择物工坊"和"超级外卖"。择物工坊集合了具有代表性的舒适性产品，小而精致，择舒适之物，感受生活之美。超级外卖则是为万象生活城店周边 3 公里范围内的消费者提供外送服务。超级物种选址主要在写字楼密集区、高端住宅区及时尚购物中心。超级物种二代店融入了更多线上元素，通过永辉生活 APP 将线下消费者引流至线上，实现线上业绩释放。

综合来看，超级物种的特点主要有：

- 餐饮＋零售：消费者很难分辨这是餐厅还是超市。超级物种占地 500 平方米，消费者既可在店内直接选购食材，也可享受烹调服务，在店内享用。

- 爆款＋自有 SKU：第一家超级物种餐饮部分的 SKU 都是经过合伙人计划竞争而出。每个 SKU 都是永辉的白有品牌，并且属于不同合伙人，单独结算。零售部分 SKU 为 1 000 多个，只选取复购率最高、最具性价比的 SKU，并且做到源头采购，提升毛利率。

- 性价比高＋体验好：超级物种的食材均不过夜，价格也极其实惠。同时，超级物种的购物体验也好于一般的餐饮／零售。

- 流量便宜：通过线下的品牌调性和偏大的餐饮比重变成自带客流的业态。相较于纯生鲜电商，流量成本更便宜，再加上配送及时和服务周到，黏度相对更高。

- 线下配送：相较于传统生鲜卖场，O2O 模式能够汇集会员信息，线上订单能够延展门店客群边际，使得单店平效提高。

- 服务拓展：品牌打造和物流体系建设完全后，能够向外卖等其他服务端延伸。

- 永辉合伙人制度：早在 2012 年 12 月，永辉率先在福建试点门店合伙人制度，2015 年正式发布合伙人方案，2016 年年中全面试行。合伙人制度实行"复盘 + 赛马"机制，激发了内部创新，同时也增加了淘汰机制，使得超级物种能够自我迭代。复盘机制是按月组织合伙人复盘，制定不同序列的赛马方案，践行高标准、高激励、高淘汰的机制，实现独立核算、自主经营、自主管理、自主决策。赛马机制是将员工拆分为"6+1"人一组，选一人为组长，进行赛马制，这样依次到柜组、部门、门店、区域，再到大区平台。以门店为考核单位，从运营到后勤，全员参与。

RISO 未来店，融合模式还原生活本味

RISO 未来店项目是百联集团构建"线下场景化 + 体验化 + 产业生态链 + 高效供应链"的新型零售探索样本。2017 年 6 月 26 日，百联麾下的 RISO 首店在上海正式开业，该店主打"餐饮 + 生鲜 + 书店"融合模式，是百联集团对新零售业态的率先探索。

RISO 意在还原生活的本来味道，在意大利语中是"米"的意思。这个概念店最大的特点是"融"，表现为空间与场景的融合，轻食与品质的融合，线上与线下的全渠道融合，美食与购物的多业态融合。RISO 融合了超市、餐饮、书籍和音乐等元素，整体模式类似于"大店套小店"，定位是一家"快捷、时尚的美食饮生鲜精品生活市集"。

百联的首家 RISO 店设有两层，面积合计为 3 200 平方米。体验区的面积非常大，能给予顾客一个比较轻松的环境。一层基本都是生鲜食品，可以请厨

师现场加工，也可半加工带走。二层则是餐饮区和书店区结合。RISO 设有早餐、午餐、下午茶和深夜食堂待选。目标客户为 25 岁至 45 岁、收入中上等、追求个人乐趣和生活舒适的人群，细分之下，也就是有较高消费能力的白领阶层。RISO 实行的中高端商品为主的组合结构，既能顺应消费升级的趋势，又能有效提升门店客单价。商品的分类大约是 50% 餐饮、25% 生鲜、20% 食品饮料以及 5% 日用品，全店 60% 的产品为进口的中高档产品。这不仅跟上海普通商超卖场拉大了差距，而且跟 city's uper、Ole' 等高端超市定位大不相同。

RISO 的优势在于，可以根据每一类商品或服务的受欢迎程度，在未来开设的门店中进行微调，利用大数据做到"千店千面"。这种尝试犹如百联的一块"试验田"，为今后全渠道的新零售模式探路。

餐饮是 RISO 的一大特色，RISO 所有餐饮档口和团队均为自建自营。餐饮自建，核心点在于提升开发产品的能力。RISO 会按照不同节气进行相应菜品的研发，围绕用户的口味不断进行调整。

RISO 将空间与场景融合，门店减少货架，增加体验区的面积。当顾客进入店内，看到的不是传统商超货架和走廊式的设计，而是一个个片区。RISO 也开发了 APP，消费者可以从 APP 上下单，享受 1 小时外送速达或定时送达以及代加工服务。

RISO 大部分产品的陈列摆脱了货架式的风格，采用场景模式，以贴近生活。作为百联在新零售发展道路中寻觅和探索的阶段性成果，RISO 总体上的设计逻辑是围绕着多个生活场景去搭建的，意在打造一种全新的生活方式，让消费者更能够贴近场景，形成购买欲望。从业态发展上看也是不拘一格，多种形式都融合在一起。当然，未来还需要不断迭代商品，进行业态更新，才能形成更长久的竞争力。

海物会，生猛海鲜的超级航母店

新华都创建了"海物会"，致力于打造一种以餐饮为主、售卖绿色无公害食材为辅，集海鲜集市、美食集市、主题餐饮、超市、空间美学于一体的"餐饮＋超市"业态。海物会由新华都和福州新界餐饮公司合资组建，结合餐饮与商超模式，为顾客带来全新的消费体验。

海物会的海鲜池控温控水，消费者自选鲜活海鲜，营造"食材区就像水族馆"般的用餐体验。店内一区一景的就餐区域，拥有法国香榭丽舍、日本樱花大道、英国贝克街等特色风光，给消费者提供不同的视觉体验。通过自营批发、产地直送等模式，达到价格与质量的合理透明化。

海物会以海鲜集市、美食集市为出发点，突出菜系，菜品丰富，主打粤菜、闽菜、川湘菜、日本料理等。同时，根据消费者的需求，组合、调配出可以独立开店的新业态。海物会还与新华都大卖场、百货、购物中心等业态携同、组合发展，是能对后者起到"引流效应"的新零售业态。

与超级物种和盒马鲜生的"超市＋餐饮"模式不同，海物会把海鲜餐饮作为经营的重头戏。尽管这两年新模式层出不穷，但线下经营能力依然是核心。而新界餐饮公司在海鲜商品的采购、运输、养殖、经营和加工的每个环节都有成熟的经验，好的经营才能确保价格优势和品质。

海物会也有独特的科技支持。首先，设立了两条传送轨道：一条传送带由卖场通往加工间，消费者选好商品后，由卖场服务人员通过传送带送至相关厨师加工；另一条传送带则由加工间通往餐饮区，菜品做好后通过传送带送至消费者就餐区，全程减少人员走动服务，提升了效率，减少了风险。其次，提供线上下单、提前预定服务，通过关注新华都海物会APP，注册特权不同的会员，用户可以线上下单，提前预定，APP提供送餐到家服务。"餐饮＋超市"的全新业态，以餐饮为主，售卖食材为辅。以打造美食集市与食材集市为宗旨，致力于为消费者提供高性价比的美食。

sp@ce，服务新消费世代的都会生活超市

2017年1月21日，天虹全新超市品牌sp@ce第一家店在深圳华强北开张营业，天虹战略转型在超市业务板块的创新也迎来落地开花。sp@ce是天虹在国内首创的"都会生活超市"，立意是与追求品质生活的顾客分享都会生活的内涵，共创自然的生活方式。目标受众定位在"80后"及中高端家庭（Young & Family）。"Young & Family"也被定义为"新消费世代"，他们追求的是美丽、新鲜、便利、智能、精致的都会型生活。

天虹认为，"大美食、大生鲜、精生活"是超市发展的趋势和未来。结合天虹超市基于顾客的生活方式，sp@ce业态提供一个简单、智能和生活的空间，在这个空间里分享家庭文化、家庭烹饪、健康和自然理念，以及咖啡、酒、烘焙、旅行、科技文化生活。从行业视角来看，sp@ce业态在零售逻辑上是在改变超市行业以"商品群"为导向的售卖思维，聚焦"生活区块场景"，设计顾客的合理动线，比如冰箱→厨房→餐桌→客厅→浴室→卧室，即食食品（Ready-to-eat）→半成品（Ready-to-cook）→新鲜食材（Whole fresh），柴、米、油、盐、酱、醋、茶→咖啡、红酒、烘焙、旅行、文创等主题专区，都在以顾客生活方式的需求为导向打造都会生活空间。sp@ce配置了6 000余种进口商品和500余种有机商品，店内每个区域设置了融合产品试吃、产品故事和使用方法介绍的体验区以及产品提案。"体验厨房"还提供美食课堂培训和食材加工服务。

依托天虹APP"虹领巾"，线上线下紧密融合。线上"天虹到家"满足顾客的线上购买需求，支持门店商品超市直送，2小时内送达。线下sp@ce支持"手机自助买单"功能，顾客用手机扫描商品即可轻松完成在线支付。

总之，天虹模式作为一种新物种也是在不断进化之中，不同于过去以商品群为导向的售卖思路，更多采用生活区块场景塑造，并且突出线上线下的双向流量紧密融合，让消费者享受购物便利。

简 24，打造中国版的 Amazon Go

位于上海虹桥商圈的第一家简 24 无人便利店正式落地。不同于其他无人店，该店采用"视觉识别"的运营模式，让用户实现"拿了就走"。

简 24 是第一家融合计算机视觉识别、复合传感器和深度学习等前沿科技的无人便利店。用户需下载安装 APP 或通过小程序扫码进入店内，挑选完商品后就可以直接离开，省去了扫码支付、过收银台的环节，购物体验更自由。不同于此前阿里的淘咖啡和京东推出的无人便利店，简 24 占地面积约 100 平方米，商品、货架布局等都更类似传统便利店。店内 SKU 数达到两三千个。在选品方面，从鲜食（包括盒饭）到普通零食，再到日常生活用品，简 24 应有尽有，甚至还有一些传统便利店没有的新奇商品，包括一些进口商品和网红产品。

目前用户进入店内，可以任意选择商品，并无品类和数量的限制，但和 Amazon Go 类似，需要将未选中的商品放回原位；而在人流方面，现阶段为了保证视觉识别的准确率达到 80% 以上，简 24 限制最多不超过 10 个人同时进店。但随着门店落地后技术的不断迭代，预计 2018 年识别准确率能达到 90%。

根据目前已有的几种技术，可以将无人零售大致分为三个流派。一是人工智能流派，以 Amazon Go、阿里淘咖啡、简 24 等为代表，主要采用机器视觉、深度学习算法、传感器融合技术、卷积神经网络、生物识别等技术。二是物联网流派，以缤果盒子、EATBOX 为代表，主要采用 RFID 技术。三是互联网流派，以便利蜂、小 e 微店等为代表，主要利用二维码来完成对货物的识别。无论采用的是哪一种技术解决方案，无人零售都需要回归商业本质，将零售电商化，用数字化等技术手段推动零售行业的变革，真正实现效率、成本、体验上的提升。

长期来看，无人技术确实能提升终端零售的经营能力，但无人零售的价值是服务于有人零售，而不是要革命有人零售。既有无人技术，又有一两个店员进行理货、卫生维护、协助消费者等工作，才是一种更为合理的状态。

以上是我们对多个新零售、新物种做的初步分析，从中可以看到一些共性的创新点：

- 第一，都是多业态的融合，重点突出高频的业态，如做大餐饮区域，突出餐饮品类的超级性价比。

- 第二，都设计了线上和线下融合的方案，主要是通过线下获取流量，导流到线上。其中盒马鲜生把线上效率作为一个非常重要的关键绩效考核（KPI）指标，具有更强的互联网思维。

- 第三，都试图把生活场景和零售结合起来，塑造多个体验场景来吸引消费者。如百联模式和天虹模式都非常重视多场景塑造，构造多种零售模块。

- 第四，都大量采用了各种新技术，如 RFID 技术、人脸识别等，整体上将过去传统零售无法解决的门店数据数字化收集和处理提升了一个新高度，实现了线下流量的精细化运营。

The

Future

of

New Retail

04

新零售的本质

亚马逊的创始人杰夫·贝佐斯认为，在未来 20 年、30 年，甚至 50 年，零售行业有三点是不会发生变化的：一是顾客喜欢低价的东西；二是顾客喜欢送货速度更快；三是顾客希望有更多更快的选择。在明白了这三点本质之后，你会发现几乎所有的零售行业投资都是围绕这三点进行的。送货快和更低价格本质上都是供应链效率的问题。而消费者希望有更多的商品选择是因为消费者永远都是不断变化的。人们不会满足于某种生活方式，不会终止于某一种欲望的达成。

根据杰夫·贝佐斯描述的零售要点，我们进一步归纳了零售业的本质，就是为了满足消费者不断变化的需求，供应链效率不断提升的商品经营。所以零售的核心要素有两个：一是消费者需求始终变化，二是供应链效率需要不断提升。新零售其实并没有改变零售本质的要素，但有了更多的模式和技术创新，使得两大要素有了更紧密的对接，提供了更好的消费者体验。为了进一步找到新零售背后的原理，我们依然从零售本质的逻辑出发，来看一下这些新物种面临哪些问题。

新零售的 5 大核心问题

问题一：新零售业态中高频的餐饮品类的供应链，完全没有与零售商品品类形成真正互补，从而降低损耗。

无论是盒马鲜生还是超级物种，都采用了大店集客的模式，是对传统大卖场的一种分流，并进而融合了多种吸引流量的业态，特别是餐饮逻辑。但目前这两家典型新零售都是零售商做餐饮，基因还都是零售。虽然在形式上，零售＋餐饮的逻辑很清晰，引流效果也不错，但是本质上，都只是物理上的餐饮和零售融合，没有真正形成供应链上的餐饮＋零售，而供应链上的融合意义会更大。比如盒马鲜生的餐饮部分，将海鲜零售和加工予以融合的概念来自中国台湾著名的"上引水产"，但在餐饮区动线设计上问题比较多，流程复杂，而且餐饮座位设计也不合理，无法承受高强度午餐人流的冲击，导致家庭型的消费体验不够好。海鲜品类一直被国人认为是溢价较高的产品，所以主打超级性价比是正确的逻辑。但除了便宜以外，吃海鲜往往是良好的社交场景，所以对餐饮体验有一定的要求。盒马鲜生实行的一次性碗筷吃海鲜，加上有时还要让顾客站着吃，这种体验是很难有消费复购率的。相比较，超级物种在这方面更有餐饮逻辑，一代店餐饮区比较拥挤，二代店的餐饮动线设计就比较合理，消费体验也更舒服。所以，餐饮品类的选择对新零售的长期成功有着非常关键的作用。

我们看到，零售场景的设计并没有内嵌到餐饮供应链中，两者还是完全独立的。所谓的生鲜损耗率通过餐饮来下降只是一个美好的愿望，我们观察到，盒马鲜生的生鲜损耗非常严重，有些顾客喜欢用手去挑海鲜，这将会导致更高的海鲜死亡率。所以，餐饮品类的供应链如何与零售品类形成真正的互补，实现真正降低损耗，是新零售未来演化的重要逻辑。

问题二：餐饮的品类逻辑是成败的关键，新零售目前的品类组合都没有真正差异化。

比如超级物种的盒牛工坊，虽然食材以澳大利亚进口的优质安格斯牛肉为主，但口味和目前流行的现烤牛肉模式没有很大的差异，缺乏长期的口味忠诚和差异化特点。盒马鲜生在店内设置了大量的分享、DIY、交流等活动，希望让吃这件事情变成娱乐、变得快乐，从而增强消费者黏性。初衷很好，但是这些复杂的设计使得餐饮的效率大大下降了。如何平衡餐饮效率和娱乐是一个巨大的难题，有时复杂流程反而使得最基本的餐饮体验都下降了。从我们的研究看，适合新零售的餐饮品类主要是日料和西餐，消费者主观上会将之定位为高端消费，并愿意支付溢价。特别是日料对海鲜运用比较多，对新鲜度要求高。

问题三：目前新零售模式都具有区域扩张复制的问题。

目前新零售设计的场景主要适用于人口密集的一线城市，而且对选址要求非常高，最好是商住合一的位置。而这样的位置做各种生意实际上都不会差。因此，挑战在于新零售模式能否到社区，能否到低线级城市。号称要复制几百家这种模式是非常困难的。特别是盒马鲜生的核心指标是线上订单要大于线下交易单数，这个目标在低线级城市是难以实现的。原因一方面是互联网人群的使用习惯需要花很长时间培养，另一方面人口密度低的地方，配送成本高，配送效率比较低。

问题四：成本和效率的平衡问题。

目前新零售成本控制并没有形成绝对优势，无论是对线下体验店的技术化改造，包括店内物流动线创新，还是对 APP 的开发，都要投入大量人力、财力、物力。新零售整体逻辑上缺乏对成本的控制，长期难以实现商业的本质，即在效率前提下提供物美价廉的商品。当然，凡是新事物都有适应和发展阶段，不能因为初期线上流量不够而否定它。从新零售的实现难度上看，互联网技术对线下门店的智能化改造是一个难点。线上的每一件商品、每一个交易，实际上都是在云端的交互过程，是实时在线的交互体验；线下则不同，比如 POS 机和整个结算体系等数据无法同步，若要将这些大规模的线下门店变成一个在线的体系，是对整个系统和架构的一个巨大挑战。还有人才的储备，这都是跟商业相关的事情。

问题五：零售技术手段的效率目前还不能很好地商业化。

按照阿里研究院的定义，新零售是指以消费者体验为中心的数据驱动的泛零售形态，核心是把物流业、批发业、餐饮、零售进行数据化。但目前我们看到，技术发展水平还较低，投资成本比较高，缺乏规模效应。未来零售的核心能力是商品实现随时变价，无论是有明确需求的生鲜品变价，还是其他快消品，都可能根据不同时间的大数据统计进行促销变价。目前的新零售还远远达不到随时变价的基础能力。我们期待新零售能够实现消费者走出商店时自动结算，对店内消费者进行实时、全面分析，以提升消费者体验，减少库存，根据消费者地点、过往消费记录定向推送，基于自动货架和库存监控补货。

从目前市面上已经公开的技术来看，无人超市的物体识别方式主要有两种，一种是标签（二维码、RFID），一种是机器视觉。结合目前 AI 发展的趋势来看，机器视觉无疑会成为未来的主流发展方向。但是，缺点是研发成本高、技术还不稳定。缤果盒子是目前市面上采用 RFID 技术的典型代表。但 RFID 非亲和介质非常多，不能适用于金属、液体、内敷铝箔的包装，遇到液体也因为吸波而误读严重，而且极易遭屏蔽，标签粘贴麻烦，易被撕毁，尺寸和感应距离都不容易协调。

2016 年以来零售新物种层出不穷，阿里的盒马鲜生率先尝试，永辉、百联、高鑫等零售巨头也相继跟进，借助数字技术，物流业、大文化娱乐业、餐饮业等多元业态均与零售业态产生融合，多元零售的新形态和新物种不断被孵化出来，新零售战局愈演愈烈。从调研结果来看，盒马鲜生表现出了典型新零售公司的强大竞争力，其"餐饮体验＋超市零售＋基于门店电商配送"的商业模式在国内也属首创，具备先发优势，消费者对其品牌的认可度较强，线上收入占比也较高。RISO 是百联集团在零售新业态方面做的积极尝试，目前投入运营时间不久，运营效果尚未达到理想状态。从战略上来看，盒马鲜生是一个全新的颠覆式的新物种，运营逻辑大胆创新，投入巨大并且坚决，不断地快速迭代创新。

新零售的 3 大发展趋势

　　第一，进一步突出高频消费的品类占比。比如超高的生鲜品类占比，并通过"生鲜＋餐饮"组合进一步吸引客户。生鲜属于典型的非标品类，且物流损耗率高，不适合在线上售卖，是线下零售一道坚实的壁垒。通过提供生鲜加工业务，一方面能对产品品质起到很好的宣传作用，另一方面能给消费者更多的选择，进一步吸引客流。未来生鲜品类会成为超市业态发展的重点。高频消费品类属于线下流量导入的关键，也是新零售模式成立的基石。当然，选择生鲜突出，实质上为标准化经营、可复制性带来了很大的挑战，大多数生鲜品类是非标产品，操作流程也很复杂。所以说，"得生鲜者得天下"。

　　第二，进一步突出线上业务经营，提升整体零售效率。获得线下流量后要进一步转到线上，本质上就是会员服务和会员经营。盒马鲜生之前对外宣称线上业务占比达到60%，线上业务提供的增量收入能明显提升门店的人效和平效，同时产生的大数据资源也有助于市场分析和精准营销。未来零售的线上线下融合也是必然趋势，线上线下对接的物流配送团队建设也将成为一个重点。会员经营是新零售未来发展中的核心要素，实现类似于电商的日活跃用户、月活跃用户、复购率、流失率等核心 KPI。国外的零售巨头如亚马逊也非常重视会员服务和会员体验。甚至目前广受欢迎的好市多（Costco）模式中非常重要的一个环节就是重点经营会员用户，提供给用户最超值的额外优惠，逐步通过收取会员费实现规模效应下的盈利能力。

　　第三，进一步整合软硬件技术方案，塑造更好的消费场景，特别是无人零售这种新场景。我们认为无人零售目前的技术方案还只是非常初步的尝试，并没有塑造出合适的消费场景，供应链逻辑几乎没有真正形成。其实无人便利店能解决的问题，自动售货机都能解决。

- 自动售货机效率更高。
- 自动售货机更容易维护。

- 自动售货机的平效更高，每台机器仅占地一二平方米，平均下来平效比较高。
- 自动售货机更易防盗，并且投入更低。
- 手机 APP 应用可以更好地解决支付问题。

当顾客需求一致时，"效率"是决定性因素。正因如此，自动售货机的研发与推广比无人便利店更能顺应潮流和需求。一台占地仅 2～10 平方米的机器，包含了高温、常温、冷藏等多种组合，解决了很多问题。除此之外，自动售货机同样也可以挖掘广告等附加值。而无人便利店需要 RFID，嵌入 IC 标签（平均每个成本增加 0.4～1.1 元），对于低值易耗的快速消费品而言，这一项成本是较高的。综合来看，自动售货机在提高效率、降低成本方面的表现要胜过无人便利店。

新零售的 4 大商业逻辑

重构人、货、场

传统零售是人找货，B2C 电商则是货找人。便利店、大卖场都是有型的场，让人能快速找到货，电商平台是无形的场，让人在移动终端就可以完成对商品的选择。新技术的不断出现是对"场"的重要改造，使得人和货之间的信息传递发生了重要变化。支付技术、大数据、互联互通移动交互、新媒体营销技术等应用导致"场"发生了重大变化，提升了商品流通和人的需求满足效率。价值链从商品制造端转移到人这一端，导致商品更个性化和小众化。移动的场景塑造，使得商品和营销可以分离，特别适用于进行新品营销和数据测试。娱乐和体验是"场"的要素，"货"可以虚拟化后变成虚拟产品或某种服务，如电影、电子竞技、KTV 唱歌，即人通过场去寻找服务或娱乐，最终满足各种需求（见图 4-1）。

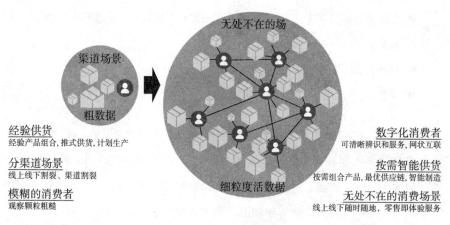

图 4-1　人、货、场重构

精准零售的进化之路：从万货商店到每个人的商店

从单品经营到单客经营，从万货商店到每个人的商店（from everything store to everyone store），从长尾商品到头部商品再到个人化商品，如今已进入精准商业时代。精准零售就是从单品经营到单客经营，提供满足每个客户个性化需求的商品和服务，引发消费者内心强烈的惊喜和共鸣，从而提升每个顾客的用户体验值（EC）和年度消费贡献值（ARPU）；场景也从单一场景变成丰富的多元场景，跨越地面店、网店，多面一体。过去的零售商并不了解消费者的准确信息，无法知道谁在何时形成了购买行为。为了便于快速复制，连锁企业往往以标准化为主要逻辑，实行千店一面，品类逻辑也往往以精简为标准，最后形成区域垄断，使得消费者无法满足个性化需求。精准零售的进化方向则是以消费者需求的变化为目标，颠覆千店一面的标准化逻辑，形成"千店千面"，最终让每个消费者都有一个"场景商店"，变成千人千面的终极消费场景。大数据将使得系统比消费者自己更了解自己。从时间维度看，现代商业的竞争是对消费者时间占据的竞争，打破常规时间限制，在任意时刻都能提供服务。

精准零售的核心是效率提升，当然也包括体验升级。效率不仅是内部的投入产出效率，也包括外部服务效率，如快捷与便利。如今的商业服务，如果离开了可接近性、可阅读性、可透视性、可到达性，换言之就是方便、快捷、明确，就谈不上进化。所以，外部效率常常就是顾客体验，体验好了也能转化为内部效率。因此，如何将外部效率转化为内部效率，便成为零售进化的关键。

餐饮＋零售，实现体验升级和流量密度增加

适合新零售的餐饮业态一定具备一部分外卖的特质。新零售餐饮本质上都具有送餐特点，满足周围社区人群的基本餐饮需求。餐饮也可以有休闲餐和轻餐饮业态组合。这些轻业态都是适合标准化和连锁化复制的，如适合高端社区白领人群社交的咖啡门店、茶饮门店。

目前"超市＋餐饮"主要有三种合作模式。第一，以店中店形式对餐饮企业进行招租，以弥补实体店体验性不足。第二，与成熟餐饮品牌合资合作，或将中央厨房外包，选择合适餐饮企业为门店配送半成品。第三，"零售企业控股＋合伙人运营"的品牌孵化模式，将餐饮业态塑造为企业的独特竞争力。永辉超市孵化工坊系列即为第三种模式，充分利用了规模优势及供应链资源优势。餐饮业态的组合使得线下流量大大增加，体验升级则使得线下流量的重复购买可持续。

门店数据化提升经营效率

盒马鲜生这一类新零售业态，基本蹚出了这样一条路：线下购物体验—产生信任—安装 APP—线上下单—店面快速送货＋未来中心仓配货—大数据 C2B 管理。不管是新零售还是旧零售，客户数量、客户数量增长率、频次、客单价、交易转化率、流程效率、客户自发分享率、营收增长率、库存周转率、现金流周转率、人效、平效、毛利等指标，都是最关键的指标。其中线下流量转到线上，是需要新技术来具体实施的。最后在供应链和 ERP 端打通线上

线下，利用大数据实现 C2B 模式。线下零售结合技术，可以像电商平台一样，精准监测关注人数、到店人数、体验人数、交易人数、分享人数，然后反馈到零售经营层面。重构的背后，是客流、商品、订单、支付和会员 5 个核心商业要素的数据化，这也是数字化的"5 个支柱"。

我们也可以把以上 4 个逻辑作为新零售的基石假设，有了这 4 大商业逻辑，新零售将可以再进一步不断演化和迭代。零售行业瞬息万变，不变的是零售业者对专业化经营管理的追求。零售业者需要的是独立思考的精神，不随意预见未来，但要有前瞻性，凭借对零售业的深刻理解，能够独立准确研判行业发展的趋势。

在消费升级的大背景下，坚持技术创新与设计创新相结合十分重要。国内零售行业的发展一直都瞬息万变，而未来几年必将是零售行业新的"战国时代"。对于零售行业的企业家们来说，谁能保持独立清醒的头脑，高度专业化地研判整个行业未来的发展趋势，并且扎扎实实投入自己深入理解的领域去做企业，谁就能牢牢掌握这个行业发展的方向。顺势而为，方为正途。

The

Future

of

New Retail

05

零售连锁进化模式的
全球趋势

我们做国际零售连锁的案例研究是开始于对研究方法论的总结，国际对标是一种非常有效的思维模式，通常在不同的市场里面能看到另外一个相似的"自己"。我们希望能够"代客读书"，把国际上有研究价值的经典案例更好地展现给大家。而且和生物进化很类似，商业中也具有非常明显的进化特征，我们称之为成长路径。国际零售连锁大量案例和趋势将给我们带来一个全新的视野。

国际零售连锁市场的"时光机现象"

软银创始人孙正义曾提出"时间机器"理论。所谓"时间机器"，就是指美国、日本、中国这些国家的行业发展阶段不同，在日本、中国这些国家的发展还不成熟时，先在比较发达的市场，比如美国开展业务，然后等时机成熟后再杀回日本或中国，就仿佛坐上了时间机器，回到几年前的美国。

从发展的整体趋势上看，各国零售发展的路径总体上是趋同的。业态迭代和发展的逻辑也很相似，但由于人口规模、经济发展不平衡等原因，各国零售又往往出现本地化的明显特征。发达国家出现了百货业态的全面衰落，零售普遍出现小型化连锁的趋势，便利店、社区连锁发展比较好，比如席卷日本的7-11 连锁便利店。

自有品牌的商品占比在发达国家越来越高，欧洲很多超市的自有品牌占比超过 60%。零售商从简单的商品买卖平台逐步转向了制造型零售，如美国知名仓储式超市好市多的自有品牌体系非常完善，形成了一个帮助消费者做最佳选择的品牌形象。好市多在数量与效率上的把握非常到位，虽然 SKU 少，但是选择精准，消费者来店之后不必纠结应该买哪个品牌。好市多有庞大的采购部门，所有上架的商品都必须经过层层审核，才会出现在消费者面前。消费者无须在卖场花费过多时间就可以选到优质商品，结账后迅速离场，卖场可以吸引更多的人进场，创造更多的业绩。雷军在 2016 年曾多次称赞好市多为小米学习的对象，小米供应链模式有很多要点和好市多模式非常相似。2017 年快速崛起的另一个精品电商网易严选，也可以看作好市多模式的另一个翻版，但由于中国互联网电商基础非常坚实，这类高性价比的严选商品模式在中国演绎出了另类的线上版本。

折扣店模式在全球大行其道，各地出现了不同品类、不同定位的超级折扣店杀手。比如美国折扣店代表企业 TJX 以独特的买手能力和供应链效率提升，以及"寻宝式"的购物体验带来流量。顾客来 TJX 大多是寻找惊喜，寻找特别又便宜东西，TJX 称之为"惊艳"元素。在低端 10 元店模式中，美国的 Dollar General 等常青零售店被誉为宏观经济的反向指标。中国的生活方式品牌"名创优品"作为过去 3 年中的一个现象级零售商，也是紧紧抓住高性价比的折扣逻辑。名创优品的基础门店定位很像日本零售公司大创（DAISO），品类结构和定价都很相似，但在模式上又有很多基于中国消费者市场环境的创新之处。

整体来看，第一个全球化零售发展趋势是，存在不同时空中的商业模式"跃迁"现象。不同市场中有大量共性的模式和趋势，但在不同时间和空间中演绎着各自的版本。

零售业和餐饮业跨界融合

忽如一夜春风来，在 2017 年的新零售风暴里，"超市＋餐饮"模式站在了此次创新突破的风口浪尖，无论是传统零售商还是零售电商，均对此概念青睐有加。我们看到最具代表性的是意大利的 Eataly 和美国的全食超市。

第一家 Eataly 超市餐厅于 2007 年在意大利都灵开张，并逐步扩展到欧洲、美洲及亚洲，带给众多中国零售者极大的震撼，也由此坚定了实行"超市＋餐饮"模式的信心。《纽约时报》评价 Eataly："这是一个集合了欧洲集市、全食超市、高端美食广场以及新型学习中心的超级商店。"Eataly 的第一个核心标签其实是"Italy"（意大利）。也就是说，"意大利"因素才是人们选择它的缘由，不论是比萨还是提拉米苏，都能在 Eataly 找到正宗的意大利体验。Eataly 的第二个核心标签应该是"集市"，集市的意义在于氛围、沟通、发现、学习，是一个超级体验场景。

全食超市售卖的食品已经成为美国消费者公认的安全健康好食物。全食超市不仅商品品类全、营养全，服务也很全。这里的快餐食品和餐饮区非常红火，两者的完美结合满足了都市白领高品质快速餐饮的需求。快餐食品与方便食品不同，它主要是指与快餐店提供的成品饭菜相类似的一些食品。全食的顾客按照在自选商场购物的习惯，自己挑选并搭配出一顿简单的快餐，结账之后还可以在店内就餐区里享用。快餐食品既有主食也有副食，以副食为主。副食包括沙拉、热菜、甜品、汤等，主食有面包、面条、比萨、寿司等，有的超市还提供奶酪、咖啡等食品。除此之外，全食还将星巴克等品牌餐饮与快餐区融为一体，以满足不同顾客的美食需要。

生鲜电商仍是全球性难题

美国的 Webvan 是生鲜电商的一个传奇和悲剧。它成立于互联网刚刚兴起之时，当时网购概念还处于萌芽状态，Webvan 希望抓住互联网流量红利实现快速增长，于是快速跑马圈地成了发展主线。从 1997 年成立伊始就似火箭发射式成长，初期便斩获高盛、红杉、软银、雅虎 1.2 亿美元投资，风光一时后最终在 2001 年 3 月宣布破产。简单梳理一下 Webvan 花 1.2 亿美元得出的经验教训：由于快速进入大量城市，单个城市的订单密度无法覆盖成本，距离盈亏平衡点还非常遥远，持续亏损拖垮了 Webvan。

因此从这一点而言，生鲜电商切入低价格带的模式再加上宅配成本，对比线下零售巨头，没有优势可言。即便电商不受货架和商品供给限制，收入规模理论可以做到无限大，但从盈利角度来看，这笔账并不划算。所以欧美发展至今的生鲜电商，基本是深耕某一区域，再渐进式跨区域扩张。限制配送半径，在某一区域达到一定的订单密度，来覆盖宅配成本。

国内的生鲜电商赛道里从来都不缺新选手，但能够成功的寥寥无几。生鲜电商的难做有目共睹。根据 2016 年中国农业生鲜电商发展论坛发布的数据显示，在全国 4 000 多家生鲜电商中，只有 1% 实现了盈利，4% 持平，88% 亏损，剩下的 7% 则是巨额亏损。生鲜电商的倒闭潮一波接一波，可谓触目惊心。然而，生鲜高频、刚需、高毛利、电商渗透率低的特点，都在持续吸引着资本市场对这个行业的追逐。

生鲜的难度在于链条太长，从采购到总仓、前置仓再到配送、售后，物理环节会造成非常多的损耗。生鲜电商从非标准化属性开始，需要解决产品易腐易损、客单价低、保质期短等难题，这又需要在技术、效率以及模式等方面输出复合的解决方案。无论是线上还是线下，生鲜市场都处于高速成长期。

生鲜品类需要有线下体验，纯线上经营并不能满足现有消费者的需求。线下经营并不是单纯经营一家实体店，对商品结构、业态组织也要有创新，特别是要对用户体验进行创新，包括与用户的互动方式以及结算方式。围绕消费需求来看零售要素，它就是一个全场景的消费体验。新零售很有可能就是线上加线下生鲜的破局点。

高性价比生活和家居零售具有爆发力

卖生活用品、开主题酒店和书店，以一种品牌理念来做关于生活和家居的生意，听上去是不是很熟悉？没错，无印良品（MUJI）就是这么做的。和无印良品类似的网易严选是 2017 年最值得关注的商业模式。它简约、文艺的风格和所传达的"节制"的消费态度，让消费者最容易联想到无印良品。

网易严选的崛起与无印良品的发展背景也有一定相似之处。两者同样起步于本土市场，都定位为高性价比产品，满足消费观回归理性的趋势。此外，网易严选的崛起还有两个宏观优势：一是中国制造业在过去 10 年里从代工生产（OEM）升级为贴牌生产（ODM）；二是世界工厂转向东南亚，中国的产能，尤其是优质产能开始出现过剩现象，被迫接受小批量订单。

生活方式零售商的护城河的建立涉及几大关键环节的能力：

● 选品能力，即洞察市场之后的产品打造能力；

● SKU 不断扩充、又面临激烈竞争时的供应链管理能力；

● 原创设计和风格定位能力；

● 品牌价值和客户黏性提升的品牌能力。

同样具有极致客户体验的无印良品在中国扩展迅速，该品牌将自然、简约、质朴的设计理念，通过丰富的产品线和精致的品牌文化传达给中国年轻人，以很快的速度培养出了庞大的"MUJI 粉"用户群。当无印良品的品牌文化和消费理念潜移默化地渗透到粉丝用户的消费行为中，用户的消费习惯也就被培养出来了，它所倡导的"生活方式"就会深深嵌入到用户的骨子里。

宜得利（NITORI）被誉为"精华版的宜家"，无论是沙发、餐桌、橱柜等大型家具，还是窗帘、地毯、床上用品，这个家居连锁品牌不仅价格优惠，在产品细节的处理上也值得称道。从其发展来看，宜得利做对了两件事：优化产品和降低成本。真正让消费者选择宜得利的原因在于，该品牌对于产品功能和细节的把握。无论是生活用品还是大型家具，宜得利会把产品规格、零件、使用方法等详细列出，供顾客全面了解。2014 年宜得利进军中国大陆，陆续在武汉、上海、杭州等地开店。现在，宜得利在中国大陆已有 11 家门店。

具有设计感、高性价比的家居用品和家具是中国零售的一个超级机会。

休闲餐饮连锁成长性良好

中国的餐饮行业飞速发展，行业整体市场价值已超过万亿元。西式快餐在中国经历了 20 多年地毯式高速发展后，已进入平稳发展阶段，而连锁性的中式餐饮在近 10 年表现十分突出，市场份额每年都在提高，其中中档餐厅发展最快。品牌餐饮企业对于消费者具有非常强的吸引力，同时连锁化经营也为公司带来了规模经济优势，进而实现节约成本和快速成长。

休闲餐厅指环境休闲且供应价格适中食品的餐饮店，通常提供较少的餐桌服务。与正餐比，其营业时间较长，供餐时间更有弹性。分类包括茶餐厅、西式休闲餐厅、咖啡屋等。社交聚会和对休闲餐饮气氛的青睐，是休闲餐饮快速增长的动力。比如日本家庭每户人口数在不断减少，所以外食规模逐渐增大。对于中国而言，随着家庭越来越小，也有类似的外出就餐趋势。此外，工作压力带来的社交需求使得休闲聚餐成为一种非常重要的消费行为，而且客单不高也使得这种消费具有一定的可持续性。

快休闲餐厅满足了人们对健康卫生、营养均衡、食材品质的需求。美国人均 GDP 达到 1 万美元之后，是快休闲业态开始发展的时期。快休闲既有着快餐的供应速度，也有着低成本服务的优势，还提供多样化菜单选择，符合美国消费者对健康食物越来越关注这一趋势。

以麦当劳为代表的传统快餐和以 Chipotle 为代表的快速休闲餐厅，在商业模式上有很多地方完全相反。麦当劳代表着标准化、流程化、全球化，满足人们吃饱的需求，而 Chipotle 代表着个性化、多样化、本土化，满足人们吃好的需求。Chipotle 一类的快速休闲餐厅在食品营养均衡上的优势十分明显，没有传统快餐的高热量、高脂肪。20 世纪 90 年代之后，伴随着女性就业热潮和经济繁荣，家庭外出就餐需求旺盛。她们收入较高，对食物品质的要求自然就高，但缺乏消费时间，快休闲正好符合她们的需求。

中国的餐饮发展趋势也具有这种特征，随着购物中心大量增加，休闲餐饮已经成为购物中心揽客的重要业态。休闲餐饮兼顾了成本和成长速度之间的平衡问题。从 Chipotle 发展路径可以看出连锁餐饮的高成长逻辑。第一步是在某个区域内高密度地发展 30 ~ 50 家店，形成区域密集的连锁体系；第二步是跨区域快速复制，发展到 200 ~ 500 家店，形成跨区域的管理体系；第三步是区域城市下沉和密集开店。前期发展总部费用占比较高，出现门店盈利、公司整体亏损的局面。随着门店和销售规模扩大，经营杠杆不断提升，费用率逐渐趋于平稳，净利润率平稳后逐步提升。

餐饮和快消品，对供应链能力提出新要求

Sysco 是美国一家为饭店、医院、学校和宾馆供应食品的公司，总部位于得克萨斯州的休斯敦市。Sysco 分销的主要食品有速冻食品、罐头、干类食物、新鲜时蔬、肉类、海鲜、乳制品和其他饮品等，同时还分销多种餐具和厨具。从 1988 年开始，Sysco 通过连续且十分凶猛的横向和纵向并购，迅速在高收益的市场中站稳了脚跟，通过建立自有品牌取得高利润，公司体量为其创造了规模经济优势。

Sysco 的供应链实力非常雄厚。从原材料供应商开始到终端消费者，Sysco

的 200 个分销场地和 10 000 多个销售代表为供应链的每一个环节提供支持，每年运送的食品箱有 13 亿个之多。Sysco 在过去 10 年不断投资完善供应链体系以降低成本，稳居市场领导地位。

推动中国餐饮行业发展的一个重要动因是国内消费者最关注的食品安全问题。目前对于食材的采购，仅有极少数餐饮公司采用产地直采供应模式，大多数中小餐饮企业采用的还是传统的批发市场自采模式。这一模式尽管成本可控，但食品安全和品质保障问题仍然无法解决。

由此看来，无论是规模性的连锁餐饮，还是本地的中小餐饮门店，似乎都非常需要像 Sysco 这样的第三方食品供应公司为其助力。餐饮企业期待的是一站式服务，然而不同于西式快餐，中式餐饮类型相当分散，对特定的食材选择和烹饪技术有更高的要求，第三方食品供应商的服务就变成了具备技术壁垒的生意。

批发行业在美国已有百年历史，2015 年批发行业的交易额为 5.35 万亿美元，并有 590 万名从业者。批发行业在美国经济体系中扮演着重要的角色，2015 年贡献了全美 GDP 的 6%。该业态在美国大致经历了三个发展阶段：由最初交易各类商品的共同市场，发展到交易一定种类商品的专业批发市场，再发展为办理展示和交易已分级的产品。SuperValu 成立于 1925 年，是美国最主要的商品批发分销商之一，同时还经营连锁折扣店和零售店业态。

SuperValu 在发展历程中，以批发分销商的身份来主导供应链的整合，这在零售行业中是不多见的。在与下游零售商合作时，它通过不断创新来提升批发分销的效率。同时还为下游客户提供物流以外的增值服务。SuperValu 另外一个更为简单粗暴的方式便是通过跨区域并购连锁零售商，来进一步提升对下游的掌控和整合能力。

对比 Sysco 和 SuperValu 这两个美国标杆企业，中国却吹出了快速消费品 B2B 的大风，传统产业的互联网意识似乎在一夜之间被唤醒。B2B 平台、

SaaS（Software-as-a-Service，软件即服务）企业数量迅速增长，各种新模式纷纷涌现。B2B 似乎是批发业务中一个新的本地化名词。快速消费品 B2B 平台之所以存在，初衷便是改善信息的不对称——两头越分散，价值越大。比如农产品交易平台，由于上游的土地天然分散，下游的消费群体也不可能集中，所以它的价值就较大。还有很重要的一点是，不但要看上下游现在的集中度，还要看未来的发展趋势。如果上下游呈集中的趋势，这样的平台长远来看就没有价值。有些平台虽然上游集中、下游散，但是有不可替代的服务价值。所以除了看集中度，还需要看 B2B 平台能否提供一些不可替代的服务价值。一般情况下，物流服务会是一个很重要的内容。

整体上，中国的 B2B 模式正在快速变化中，餐饮行业亟需强化餐饮供应链能力。

我们应该借鉴什么

通过研究梳理大量案例，我们试图帮助企业家和商业研究者找到一些线索和思路。由于国内外信息的差异，国内对于很多海外企业的认识往往有偏差。有些报道往往断章取义，读者很难了解真正的商业发展曲线。我们所做的案例研究，基本上选取的是海外上市零售连锁企业的公开资料，从它们的招股书和年报中帮助大家比较准确地分析几大主题：公司的基本信息、创业历程、成长路径、行业发展、业务模式和竞争、财务信息、股价和估值，最终得出对中国企业的启示。这些分析大致可以勾勒出一个顶尖零售连锁企业所经历的起起伏伏，通过对其商业模式和核心逻辑进行梳理，试图给读者一个比较清晰准确的画像。同时基于我们多年来对中国零售连锁的研究，希望给读者一些启发，即这些国际巨头的经验是否能够给中国企业家一些借鉴，中国企业可以从哪些角度对这些经验进行"模仿"，而哪些经验无法被简单复制。

在下篇的国际案例中，我们发现，全球零售连锁的整体趋势有很多相似的地方，但中国在互联网应用和零售创新模式方面一点儿也不落后，甚至在如今的新零售时代，在无人支付、电子标签等技术的运用方面，中国已走在世界的前沿。但在品类管理和自有品牌建设等方面，中国对比国际巨头还有很大的差距。

我们重点介绍了几个典型的零售类企业：小米科技创始人雷军最佩服的美国仓储式会员零售模式好市多、被电商巨头亚马逊以巨资收购的有机生鲜食品超市全食、俄罗斯最大的农村零售商 Magnit，以及日本便利店经营之神 7-11。我们也介绍了美国生鲜电商领域最大的一个失败案例 Webvan，以试图与国内新零售线上线下的实践进行对照研究。

除了零售类案例，我们也花了较大篇幅来介绍国际餐饮领域的最新变化，因为餐饮也是目前新零售业态发展的一个重要组成部分。例如，美国休闲餐饮连锁巨头达登（Darden）、高速成长的快休闲餐饮连锁代表企业 Chipotle、咖啡连锁之王星巴克、比萨外卖品牌达美乐、日本餐饮的杰出代表企业泉盛（ZENSHO）、日本餐饮并购创新之王创造餐饮集团（Create Restaurants Holdings）等。

在供应链和分销领域，我们介绍了美国食品杂货分销商 SuperValu、特色食品分销商 Chef's Warehouse、餐饮供应链巨头 Sysco。这些企业的成长经历对中国巨变中的供应链外包崛起和 B2B 业务快速发展具有很好的借鉴意义。

最后，在生活、家居、家具零售连锁领域，我们介绍了几个有代表性的巨头。例如韩国化妆品巨头爱茉莉太平洋集团、美国最大的美容生活产品连锁零售商 Ulta Beauty、全球最大的建材家装零售商家得宝（Home Depot）、日本生活方式零售商无印良品、日本最大的家具连锁零售商宜得利、美国高端家居用品连锁零售商威廉姆斯 - 索诺玛（Williams-Sonoma），以及美国最大的平价折扣百货 TJX 集团。

　　总之，这些国际零售连锁巨头的变化以及成长路径都是我们最愿意研究的对象。历史往往惊人的相似，但历史往往又不会简单地重复。洞悉这些商业故事和发展史，可以最大程度上判断我们的未来。

　　未来已来，唯变不变。

The
Future
of
New Retail

The

Future

of

New Retail

06

超市零售创新

仓储式会员店好市多

好市多是美国目前最大的连锁会员制仓储量贩超市。公司成立于 1983 年，1985 年登陆纳斯达克，1993 年与老牌仓储超市 Price Club 合并成 Price Costco，1997 年公司更名为好市多股份有限公司。截至 2016 年 8 月，好市多已在全球 9 个国家设有 715 家分店，拥有 21.1 万名员工和 8 670 万名持卡会员，成为全球第二大零售商。好市多的全球企业总部设于华盛顿州的伊萨夸，并在邻近的西雅图设有旗舰店。

过去几年来，好市多逐渐扩展产品种类和服务。过去它只偏向贩售盒装或箱装的产品，拆开包装就能上架；最近开始贩卖其他不好处理的产品，如蔬果、肉类、乳制品、海鲜、烘焙食物、花、服饰、书籍、软件、家用电器、珠宝、艺术、酒类和家具。许多分店还设置汽车维修服务店、药妆店、眼科诊所、照片冲洗店和加油站。

2015 年 8 月到 2016 年 8 月，好市多营业收入 1 187 亿美元，净利润为 23.5 亿美元（见表 6-1-1①）。2016 年 12 月 14 日市值 698.5 亿美元。

---

① 由于本书图表过多，为方便读者阅读，第 6 章开始，图序和表序根据案例顺序编排。——编者注

表 6-1-1	好市多主要财务指标概览			单位：百万美元
指标	2013	2014	2015	2016
营业收入	105 156	112 640	116 199	118 719
营业收入增长率		7.1%	3.2%	2.2%
会员费收入	2 286	2 428	2 533	2 646
会员费收入增长率		6.2%	4.3%	4.5%
会员费收入占比	2.2%	2.2%	2.2%	2.2%
净利润	2 039	2 058	2 377	2 350
净利润增长率		0.9%	15.5%	−1.1%
毛利率	12.6%	12.6%	13.0%	13.3%
净利率	1.9%	1.8%	2.0%	2.0%
总资产	30 283	33 024	33 017	33 163
净资产	11 012	12 515	101 843	12 332
资本回报率（ROE）	17.5%	17.7%	20.6%	20.5%
资产回报率（ROA）	6.6%	6.4%	6.9%	6.9%
总资产 / 净资产	2.75	2.64	3.05	2.69
营业收入 / 总资产	3.47	3.41	3.52	3.58

资料来源：Capital IQ。

好市多的成长路径

第一家好市多门店是由吉姆·西内格（Jim Sinegal）和杰弗里·布罗特曼（Jeffrey Brotman）于 1983 年在西雅图开设的。其实，在合伙创业之前两人并不认识。当时西内格是 Price Club 的一位高管，而 Price Club 是由 Sol Price 公司于 1976 年在美国加州圣迭戈创立的，这家公司的经营特色就在于以低价提供高质的商品，以及与同业相比更少的品类，并向会员收取小额年费。布罗特曼当时是一名刚从法国游历回来的律师，在法国的时候，他发现当地有很多超级超市（Hypermarkets），它们更像是一种折扣超市和百货商店的结合体。布罗特曼觉得，这样的商业模式或许可以搬到美国来。于是他开始到处联系美国零售行业的高管。一天，布罗特曼通过陌生电访联系上了西内格，并直接飞赴加州和他会面。两人相见恨晚，探讨后决定把超级超市的模式复制到美国西北地区，因为那里是竞争最少的地方。

早期创业通常都是非常艰苦的。在创业初期，两人以不留退路的态度投入到这场事业中，完全靠自有资金和信用卡来维持企业的日常运转。1983年，他们参加了拉斯维加斯的一场硬件展销会，靠信用卡雇用了一些买手去参会，但他们的信用卡在展会期间不幸被银行注销，结果大家连会场都无法进入。幸运的是，那几位买手并没有因为这个挫折而离去，反而一直支持这两位创始人。最终，布罗特曼和西内格通过亲朋好友的帮助，在那一年募集了750万美元，让企业发展得以步入正轨。

公司在成立当年发展比较顺利，在前10个星期就实现了周营业收入达140万美元。另外一个有意思的现象是，公司刚成立时，70%的客户都是中小型企业（现在的比例是55%），它们为了采购办公用品、电器设备和食品饮料通常需要跑好几家店，而好市多为它们提供了一站式解决的可能。1983年下半年，好市多在俄勒冈州开设了第二家和第三家门店。

好市多刚成立时，两位创始人最初的想法是把公司最终做到12家门店（主要在西北部），并实现8 000万美元的单门店收入。但公司的发展实际上好于预期，到1984年年底，已经在全美5个州拥有9个门店和20多万名会员。而随着沃尔玛旗下的山姆会员商店也在1983年开设了第一家门店，好市多的两位创始人感受到了巨大的竞争压力，他们必须通过进入资本市场和快速的扩张来抗衡山姆会员商店。

1985年对于好市多来说是非常关键的一年，公司在这一年的12月5日顺利公开上市。同年，公司开始销售1.5美元的热狗＋苏打水套餐，该套餐至今都是好市多最经典的标志性产品。公司在这一年还开设了加拿大的第一家门店。上市后的第二年，公司继续加快扩张的步伐，在1986年年底共拥有17家门店、130 万名会员和 3 740 名员工，市值也突破了 10 亿美元。而当时的 Price Club 有 22 家门店和 320 万名会员，可见它们之间的差距已经并不遥远。到 1989 年，好市多已在全美拥有 46 家门店，而这一数字在 1992 年正式突破 100 家。

1993 年又是一个重要的里程碑，好市多和竞争对手 Price Club 进行了合并，而此前 Price Club 曾拒绝过沃尔玛提议的和山姆合并的方案。合并后的新名字为 Price Costco。同年，Price Costco 进军英国市场。

1994 年，Price Costco 开设了韩国首尔的第一家门店，这也是它在亚洲的第一家门店。同年公司分拆了旗下的 Price 业务，Price 兄弟离开 Price Costco，成立了独立公司 Price Enterprises。1995 年公司又有大动作，推出了自有品牌 Kirkland Signature。同年，Price Costco 在华盛顿州开设了第 200 家门店，并在亚利桑那州开设了第一个加油站。

1997 年，公司又把 Price Costco 的名字改回好市多，并在中国台湾高雄开设了一家门店，正式进军中国市场。到 1999 年，公司单个门店的年营业收入已达到 1 亿美元。同年 8 月，公司正式更名为 Costco Wholesale Corporation。

到 2002 年，好市多已在全球拥有 4 050 万名会员和 9.8 万名员工。之后继续稳步扩张，2008 年已在全球拥有 5 350 万名会员，成为全美第五大和全球第八大零售商，并在亚洲拥有 8 家门店。

2008 年金融危机之后，公司步入黄金发展时期。受经济低迷和消费者信心下滑的影响，沃尔玛、塔吉特等老牌卖场在 2008 年后经历了增速下滑，2008—2015 年沃尔玛的复合增速已经降至 2.5% 左右，而好市多仍然保持 7% 的复合增速。截至 2015 年，好市多已在全球 7 个国家设有 686 家分店，收入规模 1 180 亿美元，净利润 23.8 亿美元。

资本市场对好市多在这一时期的表现非常认可，好市多的市值从 2010 年的 243 亿美元上涨到了 2015 年的 613 亿美元。

仓储超市行业分析

高度发达的商业零售业是美国经济的特色之一。当前美国商业零售业态主要包括大型购物中心、厂家直销中心、百货商店、综合超市、量贩式仓储会员店和专业超市等。而好市多则属于典型的量贩式仓储会员店业态，并且是该类业态的领跑者。

在美国乃至整个北美及中美地区，量贩式仓储店主要有三大品牌，分别是山姆会员商店、好市多以及 BJ's Wholesale Club（见表 6-1-2）。

BJ's Wholesale Club 规模最小，成立于 1984 年，总部位于马萨诸塞州的韦斯特伯鲁市，旗下有 210 多家门店，均位于美国东岸的 15 个州，2011 年被私募股权基金 Leonard Green & Partners 和 CVC Capital Partners 收购。

山姆会员商店是沃尔玛旗下子公司。它和好市多同样成立于 1983 年，截至 2016 年 9 月 30 日，山姆会员商店在全美 47 个州和波多黎各拥有 655 家门店。此外，在墨西哥、巴西和中国分别拥有 160 家、27 家和 13 家门店。

表 6-1-2　　　　　　　　　　美国三大会员仓储超市对比

公司	成立时间	会员规模（万人）	自有品牌	门店数（家）	会员收费标准（美元/年）
好市多	1983 年	8 670	Kirkland Signature	715	55（普通会员）110（执行会员）
BJ's Wholesale Club	1984 年	900	Berkley & Jensen, Executive Choice, Wellsley Farms	210	90
山姆会员商店	1983 年	5 000	Member's Mark, Bakers & Chefs	855	45

资料来源：好市多公司年报，公开资料。

在中国市场，沃尔玛则走在了好市多的前面。1996 年，沃尔玛将仓储式购物这种业态首次引入中国，但当时中国的消费者对"超市"概念很模糊，所以山姆会员商店在当时显然是过于超前了。到 2011 年，山姆会员商店在中国仅开设 6 家门店，相比之下，各类大卖场品牌则已跑马圈地开设了数百家。一直到 2013 年，山姆会员商店才逐渐在中国市场发展起来，开设在苏州、杭州、福州等地的门店都出现了很火爆的消费现象。而好市多目前仅在天猫开设了海外旗舰店，售卖一些自有品牌产品，还没有在中国实现真正意义上的落脚。

好市多的竞争优势

以会员制 + 深仓储为核心的商业模式

好市多拥有一套成熟的付费会员制度。每个进入好市多进行购物的消费者需要持有会员卡，或者同伴持有会员卡。执行会员需要每年交 110 美元的费用，非执行会员的年费则在 55 美元。执行会员通常享有 2% 的额外折扣，一年封顶折扣额度为 750 美元。截至 2016 年 8 月，公司共拥有 8 670 万名付费会员，涵盖个人消费者和中小企业主，这一数字大约占了美国 3.2 亿人口的 1/4。公司向会员提供比竞争对手有极大价格优势的折扣商品和优质会员服务，来形成会员的忠诚度和购物黏性。

为了实现低价策略，好市多围绕中产阶级，在精选的爆款商品上实现巨大规模销售，从而针对供应商获得强大的议价能力。在服务端，公司有完善的售后服务保证，并推出了广受欢迎的"不满意 90 天内退货"政策。

2016 年，好市多的会费收入为 26.4 亿美元，在只占营业收入 2% 的前提下，占了毛利润（GP）的 17% 和息税前利润（EBIT）的 72%。可见会费收入对公司盈利贡献之重要（见图 6-1-1）。

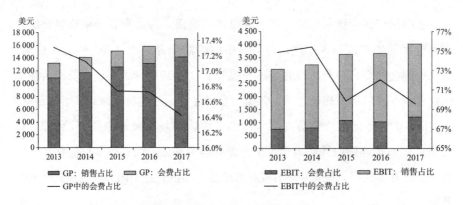

图 6-1-1　好市多的会费收入持续对公司盈利产生巨大贡献

资料来源：好市多公司年报，美国富国银行。

图 6-1-2 反映了好市多在美国市场常年保持超高的续费率，海外市场表现稍逊一筹。

除了会员制，深仓储模式也是好市多的一大特色。由于创始人来自美国仓储会员超市的先驱者 Price Club，公司在创立时便带有深仓储模式的基因。仓储卖场和大型储货仓库完全融合，商品多以大包装的形式摆放在超级屋顶下的钢制货架上，通过储销一体减少了中间存放和二次运输的费用，同时也鼓励会员大批量购买。

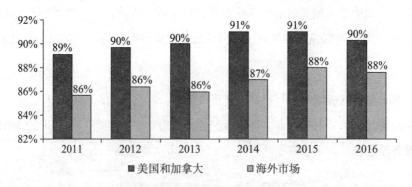

图 6-1-2　好市多会员续费率情况

资料来源：好市多公司年报，美国富国银行。

好市多对物流体系的建设也非常重视，所有门店都配有仓储面积以加深仓库面积，并在网点扩张过程中严格跟进相应的物流中转仓库的配设。截至 2016 年 8 月，好市多共有 24 个大型物流中转仓库以支持 715 家门店的运作，中转仓库数量 / 网点数量的比率稳定在 30 左右，营业面积 / 物流仓库面积比率稳定在 10.5 左右。

精选 SKU，形成周转优势并加深供应链管控

在会员制的商业模式下，毛利率会有严格的上限。好市多的总毛利率常年在 13% 左右，扣除会员费后的毛利率约为 12%，远低于沃尔玛等传统零售商。能保持低毛利的核心原因，一是会费对盈利有巨大贡献，二是公司对 SKU 的独特管理体系。

好市多的 SKU 只有 3 700 个左右，这意味着每个小的细分品类在好市多只有一到两种选择，好市多会选择自认为有"爆款"潜质的商品上架。低SKU 带来了两个好处。

一是库存周转天数远超同行。好市多的库存周转天数比沃尔玛少了 14 天左右，极低的库存周转率带来了资金运转效率的提升，降低了经营成本（见图 6-1-3）。

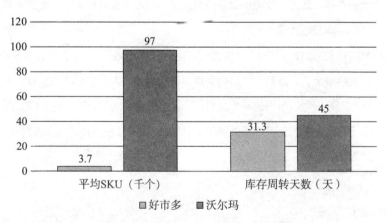

图 6-1-3 精选 SKU 策略使好市多的库存周转天数优于同行

资料来源：Bloomberg。

二是可加强对供应链的把控。好市多实行按市场需要进行分批生产，并不会一次订货，这有效降低了库存水平。如果某产品销量超出预期，公司会让下面的供应链企业快速完成。为了维持供应链体系的良好运转，好市多有专门的验厂团队。由于供应链体系非常庞大，好市多也把部分验厂工作外包给 SGS、BV 等企业进行监管。而流程链条中利润较高的环节，例如产品设计都由好市多自己掌控。虽然 SKU 很少，但好市多实现了全品类覆盖，会员能够在其中轻松、便捷地选购到生活所需的绝大多数商品。在好市多的营业收入中，食品收入占比约 60%。

强大的成本控制

为了实现毛利率目标，好市多对成本的管控极为严苛，整体费用率不到10%，几乎是所有同行的一半，这主要得益于：

- 供应链端的优势。

- 公司很少做广告宣传，这方面的成本几乎可以忽略不计。对于好市多而言，优质低价的商品和会员口碑就是最好的广告，节省的费用最终让利于消费者。此外，公司还会采用饥饿营销的方法来吸引顾客，许多畅销产品、季节商品只进一次。

- 好市多于 2002 年推行"精简员工、高薪激励"策略，将员工总数从 8.6万名精简至 5.5 万名。伴随着销售规模的增长，人员数量不增反降。单店员工数仅为沃尔玛的一半左右，而人效几乎是沃尔玛的 5 倍。同时由于 SKU 数量少，避免了长尾商品对经营面积的无效占用，平效显著提升，约为沃尔玛的 2 倍。

成功的自有品牌引流

好市多在 1995 年创立了自有品牌 Kirkland Signature，主打产品包括休闲食品如果脯、坚果，以及保健补剂等，也包括冷冻食品、生鲜肉品、清洁用品等。目前 Kirkland 已成为全美销量第一的健康品牌，是好市多吸引顾客的重要法宝。2014 年 Kirkland 试水天猫"双 11"大促，当日销售了 10 万罐 Kirkland 坚果和 14 万包蔓越莓干。

Kirkland 的商品普遍以"大包装、高品质"为特色，定位中高端，设计上迎合中产阶级会员的消费习惯。Kirkland 目前已经推出 200 多款明星商品，尤其是旗下的保健品在市场上颇受欢迎，且均通过了美国 USP（美国药典 / 国家处方集）认证。尽管 Kirkland 在 SKU 中占比不到 7%，但收入贡献率高达 25%。

好市多的价值评估

营业收入

2013—2016 年，好市多的营业收入分别为 1 052 亿美元、1 126 亿美元、1 162 亿美元和 1 187 亿美元，同时期沃尔玛的营业收入为 4 687 亿美元、4 763 亿美元、4 857 亿美元和 4 821 亿美元。尽管在绝对数值上低于沃尔玛，但好市多的营收增长率过去 4 年来全面超过沃尔玛。

金融危机后，受宏观经济影响，好市多和沃尔玛的开店节奏都有所放缓，好市多甚至比沃尔玛更为谨慎。但好市多的同店增长能力比沃尔玛强大很多，并和营收增长率曲线有一定吻合度。因此可以判断，好市多更优秀的营收增长率主要是由同店增长能力驱动的（见图 6-1-4）。

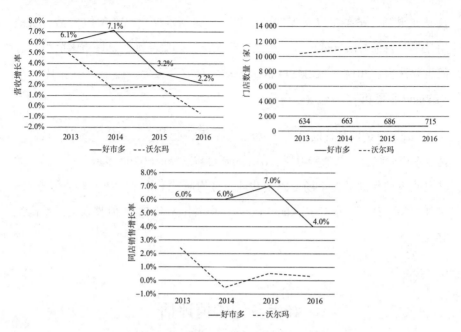

图 6-1-4　好市多和沃尔玛的营业收入比较分析

资料来源：Capital IQ。

盈利能力

正如上文所述，由于采用了极致低价的策略，好市多的毛利率远低于沃尔玛。但基于出色的供应链管理和运营能力，好市多拥有极强的费用管控能力，销售、综合及行政费用（SG&A）比率常年控制在 10% 以内，只有沃尔玛的一半。因此，在净利率和 ROE 方面，好市多是优于沃尔玛的。

与沃尔玛净利率逐年下滑相比，好市多的净利率在稳步上升，和沃尔玛的差距也只有 1% 左右。在 ROE 方面，相比于沃尔玛不断下滑的颓势，好市多实现了逐年攀升，并在最近两年超过了沃尔玛（见图 6-1-5）。

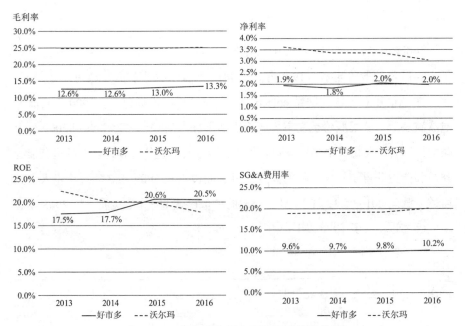

图 6-1-5　好市多和沃尔玛的盈利情况比较

资料来源：Capital IQ。

好市多的经营性现金流比较稳健，过去几年来基本控制在 32 亿美元到 42 亿美元之间，息税前利润（EBITDA）比率也保持在 3.7% ~ 4.2% 之间（见图 6-1-6）。

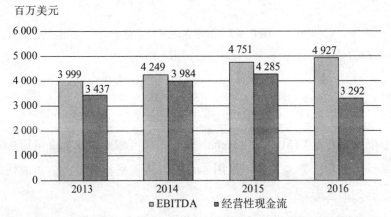

图 6-1-6　好市多 2013—2016 年的 EBITDA 和经营性现金流状况

资料来源：Capital IQ。

股价

好市多于 1985 年 12 月顺利实现公开上市。图 6-1-7 显示了好市多从 1994 年 1 月以来的股价走势。1998 年，公司的单店年营业收入已超过 1 亿美元，而且在当年建立了购物网站 costco.com，深受资本市场追捧。2000 年互联网泡沫破裂后，公司股价也受市场影响剧烈下挫。另一个关键节点是 2009 年金融危机以后，公司在众多零售同业业绩下滑之时，逆势上扬，稳健的运营能力和盈利能力获得了资本市场的高度认可，股价也在 2009 年之后持续步入上升通道。截至 2016 年 12 月 14 日，公司的市值已达 698.5 亿美元，比 2008 年金融危机之时，涨了 10 倍以上。

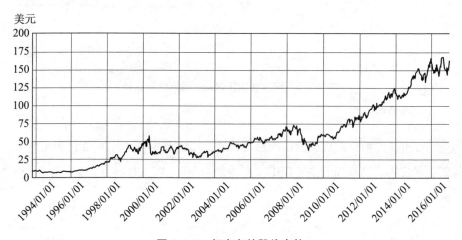

图 6-1-7　好市多的股价走势

资料来源：Capital IQ。

估值

好市多的 TEV/LTM Total Revenue 在过去 10 年以来，在 0.22 倍到 0.64 倍之间波动，平均倍数是 0.42（见图 6-1-8）。从该指标来看，公司的估值处在比较合理的区间。

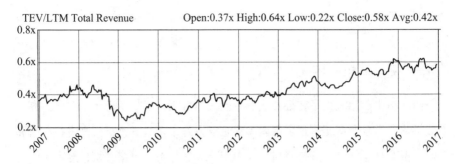

图 6-1-8　好市多的 TEV/LTM Total Revenue 走势

资料来源：Capital IQ。

好市多的市盈率（P/E）倍数的估值区间在 14 倍到 32 倍。10 年以来的平均值为 25 倍左右（见图 6-1-9）。

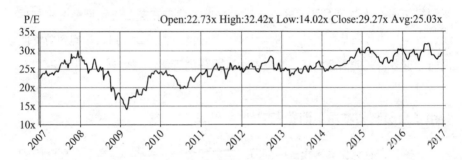

图 6-1-9　好市多的 P/E 走势

资料来源：Capital IQ。

The Future of New Retail
新零售启示：好市多模式

零售企业主要通过优异的供应链管控能力和合适的销售策略，实现低成本、高客流量、高购买率、高顾客忠诚度。好市多表面上的低价策略，本质上体现的是强大的供应链管理能力，从而实现了对毛利率几乎苛刻至极的管控，把成本省下来部分让利给消费者，再凭借良好的会籍管理体系和销售策略实现极高的顾客忠诚度（高续费率）和高购买率（爆款产品）。

由于小米创始人雷军在公开演讲中的大力推崇，好市多近年来在国内商业界成了热门话题，甚至有很多国内零售企业以好市多模式为标杆来进行创新和试验。但有意思的是，好市多自身在中国市场的拓展却异常谨慎，至今也没有在中国大陆正式开设一家实体门店，而它的竞争对手山姆会员商店却在中国市场上走在了前面。

关于好市多模式在中国的可复制性，是一个非常复杂的问题。大部分模仿者可以复制它的一部分商品策略和门店模式，但更复杂的问题在于，只是简单复制好市多今天的产品和模式，缺乏对好市多业态在美国进化历程的深刻理解，以及与中国市场本地化情况的结合，并不能取得成功。所以，回到前文所说的好市多模式的商业本质，来看在中国操作的可能性。

好市多会员制的本质是消费者信任

很多人在研究会员制模式的细节，但其实会员制的核心恰恰是需要时间积淀消费者对平台的高度信任。消费者能够认知到零售商为他所做的商品选择，他才愿意认同会员的价值，并愿意支付现金成为会员。这种信任是零售平台通过长期运营所构建起来的。其实过去几年，中国对会员制做过很多有意义的尝试，如母婴零售平台"孩子王"拥有非常独特的会员管理体系，而且这个体系具备互联网基础。在快消品类中，奶粉公司合生元所推行的会员管理系统也一度成为大家模仿学习的对象。

再看今天新零售的典型代表盒马鲜生，它的官方名称其实是支付宝会员店，也是通过线下门店的低成本本地流量，利用互联网会员制，把线下流量引至线上的手机端APP，进行更加数据化、简单化的互联网管理。再加上阿里长期构建的大数据基础，消费者能够被更好地画像，使得盒马鲜生模式变成比传统 B2C 电商效率更高的新零售、新电商模式。所以，我们认为会员制的核心是能够为会员精选商品，能够让消费者感知到价值，用互联网工具进行会员管理。其实在中国，这类商业尝试已经比美国更先进。

好市多模式的供应链端能力在中国需要长时间的构建

好市多的成功和它在供应链端的能力密不可分，如果仅仅模拟它的会员制而忽略了供应链端的建设，往往会画虎不成反类犬。美国新兴电商网站 Jet.com 所实施的会员制模式和好市多很像，创立之初的发展势头也很猛，但后来由于供应链端的能力无法跟上公司的扩张规模，最终没有成长为预期的规模。

对于复制好市多模式的中国企业来说，规模效应不足和前期投资较大这两大难题难以跨越。

规模效应缺乏，导致议价能力较低，这是一个结果，而不是原因。如今好市多由于销量巨大，面对供应商具备无比强大的议价能力，这是它通过 40 多年的积累形成的能力壁垒。20 世纪 80 年代公司刚成立时，很多供应商并不配合，好市多通过与它们沟通，并凭借自己的实际表现，获取了供应商的信任。

中国绝大部分零售商缺乏产品基因和品牌基因。目前中国大多数零售商的经营思路比较陈旧，缺乏对产品的深度研究和对供应链品质管理的经验，还在摸爬滚打的前期阶段，无论是人才储备还是管理经验都有明显的短板。从长期看，零售商需要构建一个非常强大而且庞大的商品筹划营销团队，用于和供应链制造商高度紧密对接。自有品牌的建设也比较重要，并不是简单换个包装即可。自有品牌构建对零售商的思维提出了根本性的挑战，比如如何利用自有品牌的流量支持，帮助消费者对某一高性价比的品类实现品牌认知，这会使自有品牌和第一品牌的品类之间形成巨大的定位差异，两者"合谋"把竞争者赶出去。所以，好市多的高比例自有品牌也是一个不断进化的结果，这需要和本地消费者不断沟通，并且不断去试错，最后把自有品牌比例提升到一定高度。从这个角度看，小米科技学习好市多模式的确有非常强大的产品基因和互联网基因，粉丝营销其实也是高效率会员管理的一种形式。

好市多模式在中国落地容易，但快速发展难，消费者培养需要合适的时机

要在中国开设一家类似好市多的门店并不算难事，但这是一个长期的过程，需要投资者和运营者有足够的耐心。因为中国各城市群之间的消费者差异非常大，好市多模式需要消费者从对品牌的迷信中走出来，走向对高性价比的追求，这在一线城市可以找到合适的受众率，但目前还很难成为一种广泛的认知。从好市多的成长路径中我们可以看到，金融危机反而带来了消费者对性价比的高度认同，从可比的历史来分析，这类走高性价比路线的零售商都在危机中壮大成为最主流的平台型公司。而且，它们的供应链优势正在不断增强。

美国高端有机超市全食超市

全食超市创立于 1980 年，时年 27 岁的约翰·麦基（John Mackey）在得克萨斯州的奥斯汀市设立了第一家门店。如今全食超市已发展成为全美最大的天然食品和有机食品零售商，截至 2016 年 9 月 25 日，在美国、加拿大、英国共拥有 456 家门店，平均单店面积为 3 600 平方米，每周有超过 800 万消费者光顾。公司拥有 1 个大型采购中心、3 个海鲜加工和配送中心、1 个物资供应厨房、4 个烘焙工厂和 11 个区域型的配送中心。2016 年年末公司共有 87 000 名员工，并连续 19 年登上了《财富》杂志"全美 100 最佳雇主"排行榜。

2015 年 9 月到 2016 年 9 月，全食超市营业收入 157.24 亿美元，净利润为 5.07 亿美元（见表 6-2-1）。2016 年 12 月 22 日市值 101.4 亿美元。

表 6-2-1	全食超市主要财务指标概览			单位：百万美元
指标	2013	2014	2015	2016
营业收入	12 917	14 194	15 389	15 724
营业收入增长率	10.4%	9.9%	8.4%	2.2%
毛利润	4 629	5 044	5 416	5 411
毛利润增长率	11.4%	9.0%	7.4%	−0.1%
净利润	551	579	536	507
净利润增长率	18.2%	5.1%	−7.4%	−5.4%
毛利率	35.8%	35.5%	35.2%	34.4%
净利率	4.3%	4.1%	3.5%	3.2%

续表

指标	2013	2014	2015	2016
总资产	5 538	5 744	5 741	6 341
净资产	3 878	3 813	3 769	3 224
ROE	14.3%	15.1%	14.1%	14.5%
ROA	10.3%	10.5%	10.4%	9.0%
总资产 / 净资产	1.43	1.51	1.52	1.97
营业收入 / 总资产	2.33	2.47	2.68	2.48

资料来源：Capital IQ。

全食超市的成长路径

1978 年，25 岁的麦基从亲朋好友处借了 45 000 美元，在得克萨斯州的奥斯汀市开办了一家名叫 SaferWay 的小型商店，专门售卖天然食品。早年创业十分艰辛，由于在租住的公寓内存放产品而遭到房东驱逐，后来他索性就住在自己的商店里。

1980 年，SaferWay 和另一家同样销售天然食品的零售店 Clarksville Natural Grocery 进行了合并，形成了全食超市。第一家门店有 140 平方米和 19 名员工，这在当时的商业环境中已经属于非常大的商店。

1981 年 5 月，全食超市所在的奥斯汀市遭遇了 70 年一遇的特大洪水，公司的库存和大部分设备都被损毁，损失金额约有 40 万美元，更不幸的是，当时公司没有购买财产保险。后来公司在员工、客户、供应商、街坊邻居、投资人、债权人的共同帮助下渡过了这一劫难，于 28 天后重新开业。

由于 1980 年美国还没有几家主打有机健康食品概念的零售企业，全食在创立伊始便拥有巨大的差异化优势，在开业头几年发展得比较顺利。

1984 年起，全食通过面向女性受众的市场营销活动开始走出奥斯汀市，到 1988 年，分别在休斯敦市、达拉斯市和新奥尔良市设立了门店。1989 年公司进一步发展，在加州的帕罗奥图市开设了第一家位于西海岸的门店。

全食于 1992 年在美国纳斯达克公开上市，股票代码为 WFM。上市所筹集的大笔资金帮助它在 20 世纪 90 年代开启了收购模式，接连收购了 WellSpring Grocery、Bread & Circus、Mrs. Gooch's Natural Foods Markets、Bread of Life、Fresh Fields Markets 等多家同类型的零售企业。通过连续收购，全食超市进入了不同地区的市场，实现了快速扩张。2002 年以后，公司进入较为平缓的发展期，成长策略由收购转向开办自有大店。2002 年和 2004 年，公司分别进入加拿大市场和英国市场。

2007 年，全食再一次施展并购策略，于 2 月份以 5.65 亿美元的估值收购了竞争对手 Wild Oats Markets。但这笔交易在同年 7 月遭到了美国联邦贸易委员会（FTC）的反垄断诉讼。历经波折后，全食在 2009 年 3 月表示同意出售 Wild Oats，和 FTC 达成和解。

从 2008 年金融危机到 2013 年，全食一直持续扩张并保持业绩增长，股价也随之上涨。由此可见，全食偏高端的品牌定位和较强的定价能力，一定程度上对冲了宏观经济下滑对零售业的负面影响。然而 2013 年之后，由于各大传统零售企业也开始进入天然和有机食品市场，加大了竞争压力，全食的增长遇到了瓶颈，盈利出现了一定程度的下降，股价也随之迅速进入下行通道。尤其是 2015 年，公司发生了一连串利空事件。同年 8 月份，由于一系列定价过高事件，惹出了很多争议，受到了联邦当局的起诉，指控公司高层欺骗股东，并夸大了公司价值。联合 CEO 约翰·麦基和沃尔特·罗伯（Walter Robb）承认了部分超收指控，但否认蓄意或系统性舞弊。公司股价从当年 2 月到 11 月跌了将近 50%，并在 9 月宣布裁员 1 500 人。

有机食品零售行业分析

根据 Nielsen TDLinx 公布的数据，2015 年全美零售业营业收入约为 6 491 亿美元，同比增长 2%。美国的零售行业高度成熟，竞争非常激烈。对于全食而言，广义的竞争对手包括所有出售天然有机食品的零售企业。而比较直接的竞争对手主要有两个：乔氏超市（Trader Joe's）和克罗格超市（Kroger）。

乔氏超市是美国最受欢迎的零售商之一，创立于 1958 年，起初是加州的一家便利店，截至 2016 年 10 月 28 日，在全美 41 个州和华盛顿特区共有 460 家门店，总部位于加州蒙罗维亚市。乔氏超市没有上市，而是在 1979 年被阿尔迪连锁超市收购。

乔氏超市主打高端、自然的有机食品，店内有大约 3 000 个 SKU，并且拥有大量自有品牌。根据调研发现，美国消费者普遍认为，乔氏超市是可支付的价格、创新的自有品牌和自然有机食品的最佳组合。在产品和品牌定位上，乔氏超市是全食最直接的竞争对手。两者的门店规模比较接近，2015 年全食和乔氏超市的营业收入分别为 154 亿美元和 130 亿美元。由于乔氏超市没有上市，其具体的财务数据还无法得知，但《财富》杂志推测乔氏超市的平效为 1 750 美元/平方英尺（1 平方英尺 =0.092 9 平方米），是全食的两倍多。

克罗格超市由美国企业家伯纳德·克罗格（Bernard Kroger）于 1883 年在俄亥俄州的辛辛那提市创立，是美国最大的连锁超市和第二大连锁零售企业。2016 年，克罗格超市在全美 35 个州和哥伦比亚特区共拥有 2 796 家连锁超市和综合百货店，并实现了年营业收入达 1 153 亿美元。

不同于其他大型连锁零售店，克罗格超市的食品占比非常大，且大部分是自有品牌，其中约 40% 的自有品牌食品是由克罗格超市的食品生产基地生产。2016 年，克罗格超市在全美共有 38 个食品生产基地，包含 19 个酸奶生产厂、2 个肉类加工中心、10 个烘焙和熟食厂。

尽管是传统的连锁超市，但在竞争激烈的美国市场，克罗格超市也早已洞察到了年轻消费者对天然有机食品的追捧，并在 2014 年推出了天然和有机食物系列的自有品牌 Simple Truth。近两年来，其门店内的有机天然食品的比重也在直线上升。由于克罗格超市具有非常扎实的食品供应链基础和显著的规模效应，对全食造成的竞争压力非常大。

全食超市的竞争优势

清晰的高端定位和对产品品质的严格把控

全食精准定位于对健康饮食有强烈需求的美国中高端消费群体，尤其是消费观念更为开放的年轻群体，主打"有机、健康"概念，对超市中所销售的产品品质进行非常严格的把控，例如：

- 公司只销售不含人工香精、色素、添加剂、氢化油脂和高果糖玉米糖浆的食品。
- 公司所销售的肉类都不含激素和抗生素，而且公司对动物的成长环境高度关注。
- 所有鱼类都来自于拥有负责任的管理系统和可持续发展的渔场。
- 公司根据相关的健康和环境标准，所销售的护肤类产品中，禁用了 75 种原料。
- 公司根据一些人群的特殊需求，提供非转基因、素食、无麸质、无乳食品。

产品的健康化和高端化带来了两个显而易见的好处：

- 可以帮助公司获得更高定价权，从而获得更高的毛利率。
- 有机健康的概念是一个非常有效的营销点，对美国当代的年轻受众有很大的吸引力，迎合了美国自 20 世纪 90 年代以来消费升级的趋势。

自有品牌是另一条护城河

全食超市旗下拥有 365 Everyday Value、Allegro Coffee、Whole Paws 等自有品牌，总计有 5 300 多个 SKU。这些自有品牌在 2016 财年实现了 23 亿美元的销售收入，占公司该年总营业收入的 14.6%，其中 365 Everyday Value 贡献最大。上述数据表明，公司的自有品牌起到了积极的引流作用，同时也增加了消费者的忠诚度。

另一方面，全食作为一家经营了 30 多年的知名企业，宣扬的有机、自然、健康理念已深入人心，在年轻人主导的社交媒体上有很大的影响力，这也进一步提升了自有品牌在市场上的认可度。

以员工为导向的管理模式

约翰·麦基对公司的管理理念比较特立独行，他认为员工满意就会带来消费者满意，消费者满意就会带来品牌忠诚，这最终符合股东的长期利益。为了让员工满意，麦基实施了几个办法。

首先，付给员工高于行业平均水平的薪资，并且完全公开透明。全食的员工在 2013 年的平均时薪是 18.89 美元，高于行业平均水准。更有意思的是，在全食，每个员工的薪资状况都是公开透明的，这和传统 500 强企业的做法完全相悖。麦基并不认为员工知晓彼此的薪资会影响他们的工作状态，他认为薪资高低靠贡献的价值说话，不服气的员工只要把价值体现出来，一样可以获得高薪。公司的期权政策也十分民主，无论是全职还是兼职员工，只要累积满6 000 服务小时，都有资格获得公司的股票期权。2007 年，麦基宣布只领取象征性的 1 美元年薪，并放弃奖金和股票期权奖励。

其次，充分授权，给员工足够的自由度。例如地区经理可以根据当地风格自行设计新店，也可以根据当地的消费偏好进行采购并决定库存比例。这其实是一把双刃剑，在提升员工满意度的同时，由于降低了标准化和规模化，会降低供应链端的效率。两者之间该如何平衡，是一个非常难的课题。

由于扁平化的管理模式，那些对一线市场有很强敏感性和洞见的员工也能充分参与到一些重要事项的决策中，使公司有能力及时响应市场变化。这一模式在其他传统的大零售企业中很难出现。

全食超市的价值评估

营业收入

2013—2016 财年，全食的营业收入分别为 129 亿美元、142 亿美元、154 亿美元和 157 亿美元。从增长率来看，全食在 2013 年以后增速持续放缓，尤其是 2016 财年遭遇了大滑坡（见图 6-2-1）。很明显，巨头纷纷入场加剧了天然有机食品零售行业的竞争，由于全食的售价偏高，如何留住顾客成了一个十分重要的课题。

由于缺乏克罗格超市同店销售增长的数据，我们将全食与好市多、沃尔玛进行比较。可以发现全食的同店销售增速从 2012 年以来直线下滑，2016 年甚至出现了负增长，和竞争对手相比不忍直视，可见公司的有机增长的确出现了很大问题（见图 6-2-2）。除了上述的定价问题，公司的自有品牌策略与克罗格超市、好市多等老牌零售企业相比，也有一定的差距。

图 6-2-1　2011—2016 年全食的营收情况

图 6-2-2　2011—2016 年全食、好市多和沃尔玛的同店销售增长率情况

资料来源：Capital IQ。

盈利能力

从图 6-2-3 中可以看出，全食的毛利率大幅高于克罗格超市，这主要是由于产品售价远高于竞争对手所致。从趋势上看，全食的毛利率在 2013 年之后持续小幅下滑，克罗格却是在持续小幅攀升，可见克罗格实际上的经营状况好于全食。这一趋势在对比净利率时会更明显，而且双方净利率的差值比毛利率低很多，反映了全食控费能力的不足。

这一点从 SG&A 的比较上可以很清晰地看出，全食的 SG&A 费用率比克罗格高出 10% 以上，这其中主要原因有两点：

- 全食在供应链端的能力比克罗格差很多；
- 全食对员工的民主管理决策制度一定程度上阻碍了公司的标准化运营，从而增加了成本。

全食的 ROE 也大幅低于克罗格，只有克罗格的一半左右。在获客能力、盈利能力和经营效率都显著落后于竞争对手的情况下，全食的 ROE 走弱也就不难理解了。

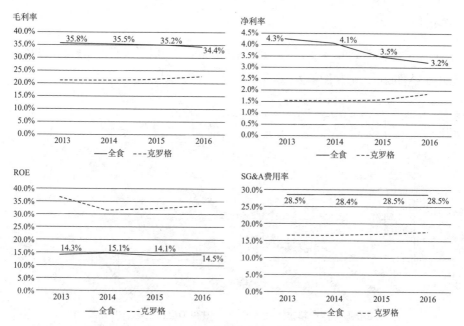

图 6-2-3　2013—2016 年全食与克罗格的盈利能力比较

资料来源: Capital IQ。

全食的经营性现金流过去几年来基本控制在 10 亿美元左右, EBITDA 利润率也保持在 8.7%～9.6% 之间, 总体还算稳健 (见图 6-2-4)。

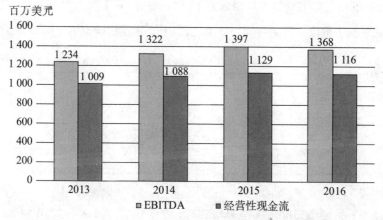

图 6-2-4　2013—2016 年全食的 EBITDA 和经营性现金流状况

资料来源: Capital IQ。

股价

全食超市于 1992 年 1 月 23 日在纳斯达克上市，股票代码为 WFM。1994—2016 年的股价走势如图 6-2-5 所示。

图 6-2-5　全食超市的股价走势（1992/01/23—2016/12/23）

资料来源：Capital IQ。

估值

全食超市自上市以来至 2016 年 12 月 23 日，TEV/LTM EBITDA 在 3.92 倍到 29.16 倍之间波动，平均倍数是 12.52。最近 10 年内，除了金融危机和近几年业绩低迷阶段，其余时间都在 10 倍以上，算是比较贵的（见图 6-2-6）。

图 6-2-6　全食超市的 TEV/LTM EBITDA 走势（1992/01/23—2016/12/23）

资料来源：Capital IQ。

同期 P/E 倍数的估值区间在 9.56 倍到 223.39 倍之间，平均值为 38.63 倍。P/E 的历史峰值出现在 1996 年到 1997 年间，那是由于 1996 财年全食出现了 1 270 万美元的亏损，1997 年又重新实现了 2 660 万美元的盈利。所以 P/E 倍数在扭亏为盈的过程中出现了异常峰值（见图 6-2-7）。

如果从 1998 年开始看，全食 P/E 的历史峰值为 79.7 倍，平均值为 35.55 倍。总体而言，全食的历史 P/E 估值在美股市场还是非常高的（见图 6-2-8）。

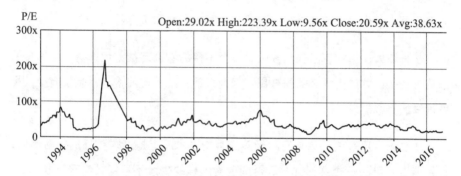

图 6-2-7　全食的 P/E 走势（1992/01/23—2016/12/23）

图 6-2-8　全食的 P/E 走势（1998/01/02—2016/12/23）

资料来源：Capital IQ。

The Future of New Retail

新零售启示：全食模式

在国内中产阶层开始逐渐追捧有机健康的生活方式时，全食作为有机健康理念的"代言人"，最近几年却在美国遭遇了销售增长乏力和盈利能力下降的困境。同样，主打高端、有机概念的超市在北京、上海、广州、深圳等地也都有所发展，我们应如何看待这个模式在中国的潜力和机会？

从长期看，销售有机天然食物是一个不错的零售定位，但这需要足够多的消费者认知，并产生持续的信任感。 目前即使一线城市消费者，也仅有少数具备这样的持续需求。

从需求角度来看，追求有机天然的食物，本质上是追求更好的生活品质，这是消费升级的一个必然部分。否则全食这样的生意不可能持续经营长达30多年，克罗格、好市多等传统零售巨头也没必要花巨资纷纷进入这个细分领域。从供应角度来看，美国、欧洲等西方发达国家市场的农业生产已经实现了高度的精细化和规模化，而且环境保护措施也比较健全，具备持续规模化供应的条件。而目前中国的大部分消费者对于有机和天然的商品并不信任。

全食在模式创新方面，特别是在结合餐饮和零售方面做得非常出色。 全食在商品陈列上，把标准化的餐饮品类和谐地放进了零售区域，使得消费者能够非常自然地享受高品质的餐饮体验，增加了到店的时间长度，以及仔细挑选商品的耐心。

遭遇高性价比的竞争对手，全食近几年发展出现瓶颈。 目前的困境可能来源于自身定位，因为同类型企业乔氏超市这两年的发展就非常顺利。全食的核心问题在于在仓储、物流方面的投入和克罗格等竞争对手相比还是不足。特别是面对消费者的变化，高端的定价策略已不可行。由于过高的产品定价，全食曾被美国群众戏称为"仓薪"（Whole Paycheck）。有机产品固然好，但值不值得花那么多钱去购买又是另外一回事。尤其当克罗格、好市多的货架上也摆满了同样有机、健康、价格实惠的产品时，消费者很容易变心。而 2016 年全食管理层承认了部分商品的定价过高问题，一定程度上也损害了品牌形象。这在提倡高性价比商品经营理念的今天是非常重要的。

全食模式在中国发展有难度，也有机会。以全食为代表的有机天然食品零售行业目前在中国还很难落地，原因在于我国的农业发展还处在比较落后的阶段，规模化种植只在部分地区有零散的实现，更不用提精细化的管理了。如此一来，我们在供应链端就无法做到规模化供应有机天然食物。另外，我国的环境污染问题还相当严重，从产品的角度来讲，也很难真正培育出符合国际通行标准的有机天然食物。

所以结合需求和供给两端来看，目前主打全食模式的高端有机零售商比较有可能在部分发达区域做出小而美的连锁品牌，但可能还未达到大规模爆发式增长的拐点。

2017 年 6 月 16 日，一条震惊零售业的消息：亚马逊和全食超市宣布，双方签署了最终合作协议，包括净负债在内，亚马逊将以每股 42 美元全现金收购全食，较前一日全食超市收盘溢价 27%，交易总额达到 137 亿美元。

我们认为，收购全食超市，标志着亚马逊在线上线下整合扩张方面迈出了巨大的一步。在收购了全食之后，亚马逊终于占领了消费者的冰箱和厨房。截至目前，亚马逊用 Prime 会员体系填满了消费者的网购购物车，用 Echo 音响和 Prime 视频服务占领了消费者的客厅，用 Kindle 电子书占领了消费者的书房，通过收购美捷步占领了消费者的衣柜。

亚马逊可能会将自己的无现金超市 Amazon Go 技术，运用到所有全食超市门店，节约人工成本，使消费品价格下降，提升购物体验。其实在 2016 年 10 月马云提出新零售概念时，亚马逊几乎同时发布了无现金无柜台的

Amazon Go 概念便利店。阿里巴巴也入股多家连锁超市和购物商城，比如三江购物、联华超市、银泰、苏宁。这些都是电商平台主动向线下布局。电商走向线下是看到了电商的局限性，因为消费者需要更快的物流、更多的商品。尤其对于生鲜这类商品，当天送达至关重要，因此电商平台必须在各大城市都有自己更高效的供应链和仓储物流。沃尔玛也在积极布局线上，例如 2016 年，斥资 33 亿美元收购电商平台 Jet.com 就被视为向亚马逊发起的挑战。

俄罗斯村镇超市 Magnit

Magnit 是俄罗斯最大的农村连锁超市，创立于 1994 年，2006 年在莫斯科和伦敦两大交易所挂牌上市。截至 2016 年 9 月 30 日，Magnit 在俄罗斯 2 436 个城镇中拥有超过 26 万名员工，13 364 家门店，以及 33 个配送中心和 5 779 辆配送货车。2015 财年实现营业收入约 156 亿美元，净利润 9.7 亿美元，毛利率 28.1%，净利率 6.2%（见表 6-3-1）。截至 2016 年 12 月 30 日，Magnit 市值约为 170.3 亿美元，从市值角度来看已经是欧洲最大的零售商。

表 6-3-1　　　　　　　Magnit 主要财务指标概览　　　　单位：百万美元

指标	2012	2013	2014	2015	2016
营业收入	14 430	18 202	19 872	15 595	16 033
营业收入增长率		26.1%	9.2%	−21.5%	2.8%
毛利润	3 786	5 128	5 652	4 388	4 412
毛利润增长率		35.5%	10.2%	−22.4%	0.5%
净利润	808	1 118	1 241	969	812
净利润增长率		38.5%	11.0%	−21.9%	−16.2%
毛利率	26.2%	28.2%	28.4%	28.1%	27.5%
净利率	5.6%	6.1%	6.2%	6.2%	5.1%
总资产	7 261	8 194	6 128	5 546	7 500
净资产	3 267	3 855	2 553	2 266	3 233
ROE	28.3%	31.4%	38.7%	40.2%	29.5%
ROA	11.1%	12.5%	15.6%	14.5%	12.4%
总资产 / 净资产	2.22	2.13	2.40	2.45	2.32
营业收入 / 总资产	1.99	2.22	3.24	2.81	2.14

资料来源：Capital IQ。

Magnit 的成长路径

1994 年，Magnit 创始人谢尔盖·加利茨基（Sergey Galitskiy）在克拉斯诺达尔市创立了第一家门店，当时公司名叫 Tander，主要批发香水和化妆品。到 1998 年，Tander 已经成为俄罗斯最主要的香水和化妆品批发商之一。

1998 年到 1999 年期间，Tander 开始涉足食品零售业务，并将零售业务放在"Magnit"品牌下进行运营，旗下第一家便利超市店于 1998 年开业。

2001 年到 2005 年，Magnit 经历了快速的跨省扩张，在 2005 年年底已经拥有 1 500 家门店。在高速扩张的同时，公司也在加强对运营的精细化管理和对财务的管控。

2006 年是一个关键的节点，Magnit 在这一年公开上市。自上市到 2009 年的 3 年里，公司的战略重点从早期的快速扩张转向了提升毛利率和探索多元化业态。公司从 2007 年开始尝试大卖场业态，到 2009 年年底一共开了 24 家大卖场。而传统的便利超市店业态也在继续扩张，截至 2009 年年底，公司共开设了 3 228 家便利超市店。此外，公司在 2009 年成为俄罗斯食品零售行业的龙头企业。

2010 年到 2012 年，Magnit 持续扩张，进入了西伯利亚和乌拉尔地区。2010 年 12 月开设了旗下第一家化妆品专卖店，2011 年开始涉足自营生产西红柿和黄瓜。截至 2012 年年底，Magnit 共拥有 6 046 家便利超市店、126 家大卖场、20 个家庭店和 692 所化妆品店，并且在伦敦交易所的市值超过了 210 亿美元。

2012 年到 2015 年，Magnit 加快了新业态门店的扩张节奏，大卖场从 2012 年的 126 家增加到了 2015 年的 219 家，家庭店则在这 4 年内从 20 家激增至 155 家，药妆店到 2015 年年底已有 2 121 家，是 2012 年的 3 倍左右（见图 6-3-1）。

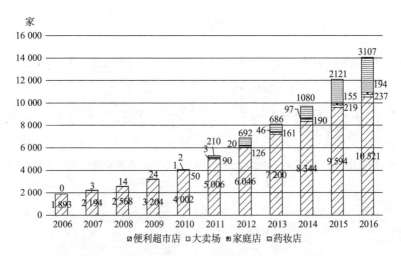

图 6-3-1　2006—2016 年 Magnit 的门店扩张情况

资料来源：Magnit 年报。

俄罗斯零售行业分析

2015 年俄罗斯零售行业的市场规模约为 18 469 亿美元，其中食品零售行业的市场规模为 1 824 亿美元。从市场格局来看，俄罗斯的零售行业分为现代零售商和非现代零售商，其中前者占 65% 市场份额，后者占 35%。

由于俄罗斯地域辽阔且拥有不同的消费阶层，现代零售商的市场集中度是相当分散的，前 7 大连锁零售商占据了 22.5% 的市场份额，Magnit 作为龙头企业只占据了 2015 年 7% 的市场份额。其余小型连锁零售企业拥有 26% 的市场份额，还有 16.5% 的市场份额属于非连锁的小零售企业。而非现代零售商又分为公开集市（7%）和传统贸易商（28%）。

按照 2015 财年的营业收入，俄罗斯前 7 大连锁零售企业从高到低依次为 Magnit、X5 集团、Auchan、Dixy、Lenta、Metro、Okey。市场上基本是 Magnit 和 X5 集团双雄争霸的局面，市场份额分别为 7% 和 6%。但如果对比其他指标，会发现 Magnit 还是领先 X5 一大截：

- 门店数量：2016 年 Magnit 依旧以 14 059 家门店独领风骚，而 X5 集团在当年只有 9 185 家门店。
- 市值：2016 年年底 Magnit 市值为 170.3 亿美元，而 X5 市值约为 80 亿美元。
- 销售面积：2016 年 Magnit 拥有 507 万平方米销售面积，而 X5 为 430 万平方米。

Magnit 的竞争优势

深耕农村市场

Magnit 自创立以来就依靠低价策略主攻俄罗斯农村地区，目前大约 2/3 的门店位于人口小于 50 万的小村镇中，大约能服务 1 500 ~ 1 600 户家庭。Magnit 战略上对农村市场高度重视，主要有两个原因：

- 创始人的背景。Magnit 创始人加利茨基出身于俄罗斯南部索契市的一个小镇，而 Magnit 又成立于西南部城市克拉斯诺达尔，因此他对俄罗斯的中小城市和农村市场有着非常深入的了解。有一次在接受采访时加利茨基表示，很多人都劝他去莫斯科和圣彼得堡这样的大城市做生意，但他觉得小城市一样有广阔的市场前景，自己甚至都没有去过圣彼得堡。
- 差异化竞争。一方面，俄罗斯大城市的零售业竞争十分激烈，尤其是 2012 年俄罗斯加入 WTO 以来，以 Auchan、Metro 为代表的外资巨头纷纷入场，加剧了大城市的竞争环境。另一方面，俄罗斯大量农村地区到 2000 年左右几乎还没有超市，往农村下沉将有效规避大城市的惨烈竞争，并且能利用先发优势建立较强的用户忠诚度。但是农村市场也并不是一块好啃的骨头，低收入、低人口密度以及物流基础设施缺乏都是非常显著的阻碍因素。所以不得不佩服加利茨基的胆识和长远眼光，他敢于花巨资投入到公司的供应链建设中，逐步打通农村地区。

强大供应链能力

Magnit 在 21 世纪初发力连锁零售业务时，俄罗斯农村地区的交通和物流基础设施都非常落后，仓储设施严重匮乏。为了实现走入农村的战略，Magnit 投入巨资推动农村地区的供应链建设。

- 不同于竞争对手，Magnit 将供应链完全掌控在自己手里，从而削减了大量中间环节。目前 Magnit 在俄罗斯（主要是中西部）共有 33 个物流配送中心和 5 779 辆配送货车，仓储面积达 133.5 万平方米。截至 2016 年 9 月，公司的便利超市店中 90% 的货物和大卖场中 70% 的货物都由配送中心供应，整个供应链体系共有 35 539 名员工，占总员工数量的 13.6%。
- Magnit 对于物流技术的发展也非常重视，在开展零售业务的早期就和 SAP 合作，构建了自身的 ERP 系统。同时公司还雇用技术专家来研发供应链模型，可以根据不同的输入变量，例如不同地区的经济发展状况、人口密度等，动态调整库存等核心运营决策数据，有效提升了运营效率。

Magnit 总部所处的克拉斯诺达尔市也拥有得天独厚的地域优势，它作为一个能源出口枢纽，两端分别连接俄罗斯和里海盆地，为公司带来了先天的交通和物流优势。

斥巨资推动供应链能力建设，一方面打通了 Magnit 通往农村市场的路径，另一方面也有效提升了运营效率，这一优势已成为 Magnit 的核心竞争力，并帮助公司在 2013 年的营业收入反超了竞争对手 X5。

多元化经营业态

Magnit 从 2007 年开始切入大卖场业态，开启了多元化经营之路。多元化经营一方面可使公司切入其他细分市场，开拓新的利润来源；另一方面也可以充分发挥供应链端的协同效应。

截至 2016 年 9 月 30 日，Magnit 的零售业务共有 4 种业态：便利超市店、大卖场、家庭店和药妆店。便利超市店是 Magnit 最传统的业务，也是公司的立身之本，是拥有最多门店数量的一种业态。从表 6-3-2 中可以看出，大卖场和家庭店的客单价和平效都要高于便利超市店，可见公司走多元化经营之路的核心驱动因素是为了进入利润更丰厚的细分领域。而药妆店业务的开拓更多是出于公司早年在化妆品批发领域的积累。

表 6-3-2   Magnit 的 4 大业态运营数据

业态	门店数量（家）	单店平均销售面积（平方米）	客单价（美元）	客流量（人／平方米／天）	平效（美元／平方米／年）	销售分析
便利超市店	10 138	327	35	27	4 024	食品：89% 非食品：11%
大卖场	228	2 892	87	11	4 467	食品：80% 非食品：20%
药妆店	2 819	231	45	9	1 885	非食品：100%
家庭店	179	1 097	65	19	5 737	食品：84% 非食品：16%

资料来源：Magnit 年报。

自有品牌策略

和其他成功的零售企业一样，Magnit 也非常重视自有品牌的建设。截至 2016 年 9 月 30 日，公司自有品牌商品共有 621 个 SKU，其中 82% 是食品，贡献了约 10% 的营业收入。

Magnit 的价值评估

营业收入

2011—2016 财年，Magnit 的营业收入分别为 114 亿美元、144 亿美元、182 亿美元、199 亿美元、156 亿美元和 160 亿美元。从图 6-3-2 中可以看出，公司的营业收入增速自 2014 年开始急剧下滑，2015 年甚至出现了负增长。这是由于 2014 年俄罗斯受西方经济制裁和国际油价大跌的影响，通胀率一路走高，卢布大幅贬值，国民经济陷入衰退。而从 2013 年到 2015 年年底，卢布已贬值超过 100%，导致进口产品及零件的成本增加，从而使零售业雪上加霜。根据俄罗斯联邦统计局的数据，俄罗斯 2015 年居民实际收入下降 4%，零售总额下降 10%。2016 年营业收入小幅回升。

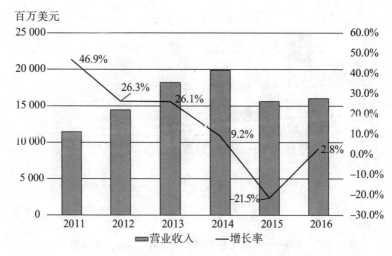

图 6-3-2　Magnit 在 2011—2016 年的营收情况

资料来源：Capital IQ。

另一方面，从运营数据来看，2015 年 Magnit 的业绩下滑更多是由市场环境导致。Magnit 2015 年的到店消费者数量其实比 2014 年还多了约 4 亿人次，旗下 4 类业态的到店消费者数量也都有所增长，但是客单价却出现了大幅下降。可以看出俄罗斯的经济衰退严重影响了国民消费能力（见图 6-3-3）。

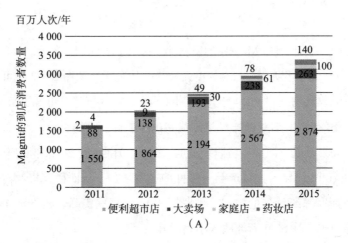

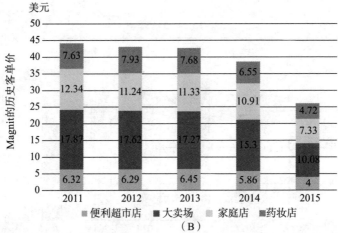

图 6-3-3　Magnit 的到店消费者数量（A）和历史客单价（B）

资料来源：Magnit 年报。

盈利能力

Magnit 在 2011—2016 年的毛利率呈稳步上升的趋势，与最大的两个竞争对手 X5、Dixy 相比较，也只比 Dixy 略低一些，而且 2015 年双方的毛利率已经持平。作为一家靠低价策略主打农村市场的零售企业，这样的毛利率水平其实算非常优秀。

Magnit 的净利率常年都稳定在 5% 以上，这在零售行业属于很优秀的水平。而竞争对手的净利率基本都维持在 2% 左右，甚至 X5 在 2012 年、Dixy 在 2016 年都出现过亏损。另一方面，Magnit 在毛利率与竞争对手相差不大的情况下，净利率大幅领先，说明了它的运营效率和费用控制能力遥遥领先。在 SG&A 费用率方面，除 2016 年外，基本维持在 16% 的较好水平，较竞争对手低 2% ~ 6%，2016 年出现费用率上升，目前在 20% 左右。Magnit 优秀的运营能力也带来了更高的投资回报率，公司从 2011 年到 2015 年内，ROE 连续攀升，2015 年甚至高达 40.2%，是竞争对手的 4 倍以上。2016 年出现较大幅度下滑，回到 29.5%，主要源于俄罗斯整体市场不景气，且费用率上升，利润率下降（见图 6-3-4）。

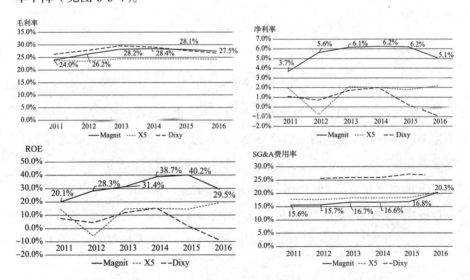

图 6-3-4　Magnit、X5、Dixy 在 2011—2016 年的盈利能力比较

资料来源：Capital IQ。

Magnit 的经营性现金流在 2012—2016 年基本控制在 11 亿美元到 16 亿美元之间，2015 年公司在业绩受到较大冲击时，也依然有 12.5 亿美元的经营性现金流。EBITDA 利润率继续保持在 10% ~ 11.3% 之间，非常稳健（见图 6-3-5）。

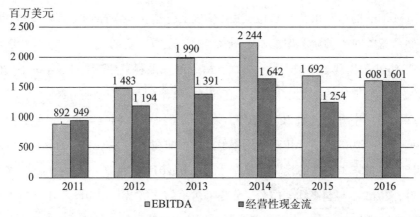

百万美元

图 6-3-5　Magnit 在 2011—2016 年的 EBITDA 和经营性现金流状况

资料来源：Capital IQ。

股价

2010 年以来，Magnit 的股价随着业绩的增长呈稳步上升的态势，这个势头一直持续到了 2014 年年初。2014 年对于整个俄罗斯都是分水岭，随着西方国家对俄罗斯的大范围制裁以及石油价格暴跌，俄罗斯的经济陷入衰退，而零售业作为与国民生计最直接相关的行业，自然也首当其冲遭受了巨大冲击。Magnit 的业绩增速从 2013 年下半年就开始放缓，到 2015 年还出现了下滑，所以股价经历了长时间的盘整和震荡。但值得注意的是，公司股价的运行区间还是停留在了高位，可见资本市场对于公司的管理团队及运营能力还是非常认可的（见图 6-3-6）。

估值

自 2010 年 2 月至 2016 年 12 月 30 日，Magnit 的 TEV/LTM EBITDA 在 7.21 倍到 24.07 倍之间波动，平均倍数是 14.17，作为消费股算比较贵。受业

绩下跌拖累，公司的 TEV/LTM EBITDA 自 2015 年起下探至 10 倍左右的区间
（见图 6-3-7）。

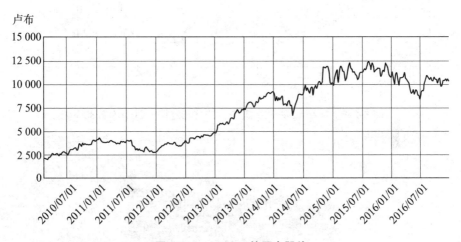

卢布

图 6-3-6　Magnit 的历史股价

资料来源：Capital IQ。

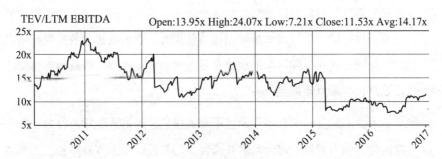

TEV/LTM EBITDA　　　Open:13.95x High:24.07x Low:7.21x Close:11.53x Avg:14.17x

图 6-3-7　Magnit 的 TEV/LTM EBITAD 走势（2010/02/10—2016/12/30）

资料来源：Capital IQ。

同期 P/E 倍数的估值区间在 11.24 倍到 42.03 倍之间，平均值为 24.12 倍。
和 TEV/LTM EBITDA 类似，Magnit 的 P/E 值在 2015 年后也受业绩拖累回落
至 10 倍到 20 倍区间（见图 6-3-8）。

图 6-3-8　Magnit 的 P/E 走势（2010/02/10—2016/12/30）

资料来源：Capital IQ。

The Future of New Retail
新零售启示：Magnit 模式

　　俄罗斯的零售行业和中国有很多共通的地方。首先，作为一个幅员辽阔的大国，俄罗斯具有较大的经济体量和国民消费能力，这为零售业的发展打下了一个良好的基础。其次，俄罗斯的经济有很大的地域差异性，导致零售行业非常分散，这点和中国也非常类似。

　　俄罗斯本质上又是一个和中国非常不同的国家，这导致了零售行业在中俄两国的发展会有很大差异。抛开政治和文化上的差异，经济方面的差异主要体现在：

● 人口和生育率不同。根据世界银行的数据，2014 年俄罗斯人口为 1.44 亿人，所以相较于中国，俄罗斯的人口密度要低很多，尤其是广大农村地区。从短期来看，俄罗斯的零售行业难以获得中国的人口红利优势。而从长期来看，生育率是一个先行指标。俄罗斯的生育率已经走出了 20 世纪 90 年代的低谷，在 2014 年回升至 1.7，反超了中国在该年的 1.56。而中国的人口生育率在 2000 年后陷入了瓶颈，长期在 1.5 左右徘徊（见图 6-3-9）。

图 6-3-9 俄罗斯在 1960—2014 年的生育率情况

资料来源：世界银行。

- 宏观经济不同。由于经济结构失衡、西方经济制裁、国际石油价格下跌等多重原因，俄罗斯的经济从 2014 年起陷入衰退，通货膨胀和货币贬值严重影响了居民的购买力，进而冲击了整个零售业。

- 物流基础设施不同。随着电商的崛起，中国的物流基础设施在近几年取得了飞速发展，部分业务的服务效率甚至已经超过了欧美等发达国家。这是俄罗斯所不具备的条件，也是我国经济发展最重要的推动引擎之一。对于 Magnit 来说，它在乡村地区所要克服的困难可能要大于中国企业走进农村所面临的困难。

尽管中俄两国之间有诸多不同，但商业的本质在全世界都是一样的。Magnit 实行的农村包围城市战略，对中国很多零售企业有很大的借鉴意义。我国一二线城市的零售市场竞争十分激烈，除了各区域本土的龙头企业外，外资企业也纷纷入场。在这样的背景下，进一步下沉至农村这一蓝海市场会是更有战略价值的选择。

简单总结 Magnit 的核心发展策略,即快速开店、扎根小镇、多业态并重、政策保护。这几个要素对于中国的区域零售商来说非常有借鉴意义。

- 获得资金支持后战略性快速开店:零售的竞争力反映在区域密集下的策略性垄断,Magnit 曾经在沃尔玛、家乐福等大店的冲击下,仍以每27 小时开一家新店的速度进行扩张。

- 选择小镇:将近 2/3 的门店开在人口不到 50 万的小镇,坚持在小镇稳扎稳打经营,是 Magnit 成功的秘诀。加利茨基在 1998 年创立了第一家 Magnit 超市,当时俄罗斯爆发倒债风暴、卢布重贬还未满三个月。到目前他已拥有超过 9 000 家门店,未来还将持续在 500 至 600 个城镇开新店。由于俄罗斯的基础设施建设水平较差,大多数零售商很难做到往农村和镇一级的下沉市场去发展。而 Magnit 深度挖掘村镇市场,提前进行物流布局,帮助村镇的消费者享受到现代零售的便利。这与中国情况基本类似,能够深耕村镇市场的零售商毛利水平总体是偏高的,而且会保持在非常稳定的水平。

- 多业态发展并重:这点和中国的区域零售商龙头也非常相似,不仅发展超市业态,药店、母婴店、便利店往往都是发展到某个阶段后的必然产物。而且,多业态之间往往还有很好的商品和供应链的协同效应。

- 政策壁垒:俄罗斯的土地注册方案等管理障碍使得外国企业难以进入小镇。中国区域零售市场虽然没有明确的政策障碍,但已经基本完成市场分割的区域零售商还是非常有活力的,本地化的消费者洞察和供应链优势,使得外资公司同样难以进入到下沉的市场中进行竞争。

在国内的零售上市公司中,我们发现一家具有类似定位的区域零售龙头,山东最大的生鲜超市零售商"家家悦",主要经营区域在胶东地区。截至 2016 年 9 月末,家家悦拥有大卖场 79 家、综合超市 500 家、专业店 25 家、百货店 11 家、便利店 5 家,是非常典型的多业态经营的区域零售龙头。2013 年至 2015 年,农村综合超市营业收入复合增长率达到 17.43%。随着城镇化战略的推进、农民纯收入的增长，公司农村综合超市渗透率不断提升是成为推动营业规模增长的重要引擎。

家家悦经过长期经营，在品类管理、基地合作、门店管理等多个方面积累了丰富的生鲜品类管理经验与零售技术。目前在干货、水果、蔬菜、肉制品、水产和禽蛋 6 大品类、近 1 200 多个生鲜单品上实现了与合作基地对接，即基地根据公司的需求种植、生产、包装生鲜商品。通过即时反应中心，对门店生鲜产品实施动态监控，保证补货及时和销售过程中的质量控制，加强总部对门店的统一管理，有效减少因管理经验而引起的各门店商品或服务的差别。家家悦还建立了低损耗、高保鲜、及时供货的生鲜后台支持系统，截至目前已建立了 5 个生鲜物流中心，负责各自区域门店的短距离高效配送，实现按需一日两配、即收即拣即发，从而为消费者提供新鲜、高品质的生鲜食品。

便利店巨头 7-11

7-11 是全球最大的便利店连锁公司，1927 年创立于美国。2005 年 11 月，美国的 7-11 公司被日本的 Seven & I Holdings 收购，成为后者旗下全资子公司。截至 2016 年 6 月 30 日，7-11 在全球共有 60 695 家门店，其中日本 19 045 家、美国 8 428 家、韩国 8 405 家、中国 7 357 家（其中台湾 5 087 家，大陆 2 270 家）。Seven & I Holdings 的便利店业务板块主要运营日本、美国本土、夏威夷以及中国北京、天津、成都地区的门店资产，2016 年营业收入约 635 亿美元。为了方便起见，下文主要按照 7-11 日本业务的商业运营数据来进行分析。

截至 2017 年 7 月，7-11 在日本共有 19 638 家门店，2016 财年的营业收入为 4.29 万亿日元（见表 6-4-1）。

表 6-4-1　　　　　　　7-11 日本主要财务指标概览　　　　　单位：百万日元

指标	2013	2014	2015	2016
营业收入	3 508 444	3 781 267	4 008 261	4 291 067
营业收入增长率		7.8%	6.0%	7.1%
净利润	112 446	134 371	136 924	162 910
净利润增长率		19.5%	1.9%	19.0%
毛利率	30.00%	30.70%	31.40%	31.60%
净利率	3.2%	3.6%	3.4%	3.8%
总资产	1 489 339	1 599 493	1 700 723	1 793 836
净资产	1 143 288	1 204 465	1 255 621	1 325 737

续表

指标	2013	2014	2015	2016
ROE	14.3%	15.1%	14.1%	14.5%
ROA	10.3%	10.5%	10.4%	9.0%
总资产/净资产	1.30	1.33	1.35	1.35
营业收入/总资产	2.36	2.36	2.36	2.39

资料来源：7-11日本公司年报、Capital IQ。

7-11 的成长路径

1927年，得克萨斯州达拉斯南大陆制冰公司（Southland Ice Company）一位名叫杰斐逊·格林（Jefferson Green）的员工向老板乔·汤普森（Joe Thompson）提议，为自己负责的店铺提供更多便利商品，在销售冰块的同时，可以售卖鸡蛋、牛奶和面包等日常用品，得到老板首肯后，全球第一家便利店就这样诞生了。汤普森当时也认为，便利店的业态在美国这种交通不便利的地区，可能会带给客户更多的价值。到第二年，公司一位高管在店门口随手放置了从阿拉斯加带回来的图腾柱纪念品，意外地发现这些纪念品为门店带来了很多客流，于是南大陆公司在旗下每家门店的门口都放置了图腾柱纪念品，并改名为"图腾店"（Tote'm Stores）。更名完成后，汤普森统一了公司各门店的风格，并对员工着装和谈吐等细节进行了重点培训，公司开始走向标准化发展的道路。

1931年，受美国经济大萧条的影响，南大陆公司不幸进入破产程序。汤普森在公司破产重组期间当选为总裁，在这段风雨飘摇的日子中坚持和公司共进退，达拉斯当地银行也大力帮助公司发债，使得公司在获得外部融资的同时，董事会依旧保持着控制权。

转机出现在1933年，由于当年禁酒令被撤销，南大陆公司得以在门店内出售各类啤酒和烈酒，生意也重新好转起来。到 1939 年，公司在达拉斯沃思堡地区运营了 60 家图腾店，是 12 年前创立时的 3 倍多。

第二次世界大战期间，由于冰块需求激增，南大陆公司成了美军训练营的主要供应商。这也促使公司进一步壮大，并在当年收购了 City Ice Delivery，成为达拉斯最大的制冰运营商。

1945 年，公司开始尝试每周 7 天，每天从早上 7 点开始营业到晚上 11 点结束营业，第二年正式将店名改为 7-11，以反映公司在业内独具一格的营业时间。公司还在同年对所有 7-11 门店的店内结构和装修进行了调整。

1945—1969 年，第二次世界大战后快速扩张时期。新管理层上台后，公司开始通过跨区域收购向全国范围扩张。1962 年收购了 Midwest Dairy Products，借此进入伊利诺伊州、阿肯色州、路易斯安那州和阿拉巴马州。1963 年，通过收购加州的 100 SpeeDee Marts，公司进入特许经营领域。1969 年，公司首次在拉斯维加斯的门店尝试了 24 小时运营，并将之推广到了东海岸和加拿大地区。到 1969 年年底，7-11 在全美共有 3 537 家门店。

1970—1986 年，新兴业务扩张和海外拓展。1971 年，南大陆公司在佛罗里达州建立了首个区域配送中心，当年公司的营业收入也首次突破了 10 亿美元，第二年公司顺利在纽交所上市。20 世纪 70 年代起，公司管理层开始谋求海外扩张。在欧洲市场收购了英国零售企业 Cavenham 50% 的股份，间接拥有了其 840 家门店。1973 年冬天，公司和日本零售巨头伊藤洋华堂达成协议，后者获得 7-11 在日本地区的特许经营权。到 1978 年年底，日本开设了 188 家 7-11 门店。

此外，管理层对门店＋新兴业态的模式也颇有兴趣。公司通过收购 Pak-a-Sak 进入了自助加油站领域。1978 年又收购了在加州拥有 119 家连锁汽配门店的 Chief Auto Parts。到 1986 年，Chief Auto Parts 已成为全美最大的连锁汽配零售商，共运营 464 家门店。南大陆公司最轰动的一笔收购发生在 1983 年，斥资 7.8 亿美元收购了 Citgo 石油公司。公司管理层当时希望 Citgo 可以为公司的加油站业务提供稳定的供给，但由于石油炼制行业出现了需求下滑和产能过剩的问题，这笔交易后来为南大陆公司带来了巨大亏损，不得不在 1986 年把 Citgo 一半的股权卖给委内瑞拉国有石油企业。另外，自 20 世纪 70 年代起，公司的库存系统开始用电脑进行管理，逐步实现了数据化和精细化运作。而在各门店内，用微波炉加热快餐类产品也开始日益普及。

1987—1991 年，从杠杆收购到破产。 20 世纪 80 年代杠杆收购战略风行美国，为了抵御被他人杠杆收购的威胁，南大陆公司管理层于 1987 年斥资 52 亿美元主动发起了杠杆收购。但 1987 年的股灾导致公司无法发行垃圾债来进行融资，于是不得不拆分出售旗下子公司的股权来弥补高达 40 亿美元的资金缺口。Chief Auto Parts、零食板块和 1 000 多家门店等重要资产在 1987 年至 1990 年被陆续出售。20 世纪 90 年代初，美国很多石油公司开始流行在加油站附件建造便利店，这对当时的 7-11 造成了很大的竞争压力。另一方面，公司的现金流都被用来还债，已没有能力对门店发展做进一步的投入，导致了竞争力进一步下滑。1990 年 10 月，深受债务问题困扰的南大陆公司不得不申请破产保护，并把 70% 的公司股权转让给日本的合作伙伴伊藤洋华堂。至此，7-11 开启了日本时代。

1992 年至今，7-11 的日本时代。 1991 年 3 月，南大陆公司由于得到了日本方面 4.3 亿美元的注资，成功走出了破产保护。此后，7-11 的发展进入了以日方主导的时代。尽管美国地区的业务此后也在不断发展，但更具有意义的是，以 7-11 为代表的便利店业态被日方在亚洲市场发扬光大。

日方收购了南大陆公司之后，对管理层和业务体系进行了大刀阔斧的改造。尤其在本土化方面，董事长铃木敏文对于加盟制度、信息系统、供应链体系都做了非常深入的调整。1993 到 1997 年，短短 4 年内，公司在日本的门店数迅速从 5 000 多家飙升至 7 000 多家。同时在业务上做了很多革新，引入了天气信息管理系统、第五代 IT 管理系统。2000 年，公司顺应时代发展，建立了电商网站 7dream.com，同时开始试水外卖配送。2001 年又积极尝试金融服务，通过自建银行 IY Bank（Seven Bank 的前身），在各门店内安装了 ATM 机。到 2003 年，7-11 在日本的总门店数已经突破了 10 000 家。2004 年，公司开始进军中国市场，和北京王府井百货（集团）股份有限公司、中国糖业酒类集团公司成立合资公司，联合经营京津地区业务，在北京的第一家门店也在同年正式开业。2005 年，伊藤洋华堂成立了 Seven & I Holdings Co.，于当年 9 月在东京股票交易所上市，而美国地区业务 7 & Eleven, Inc. 正式成为 Seven & I Holdings Co. 的子公司。同年，IY Bank 的 ATM 机器安装了 10 000 台。从 2005 年至 2014 年的 10 年里，公司的门店数量从 11 310 家增长到 17 491 家，营业收入也从 2.5 万亿日元稳定上升至 4 万亿日元（见图 6-4-1）。

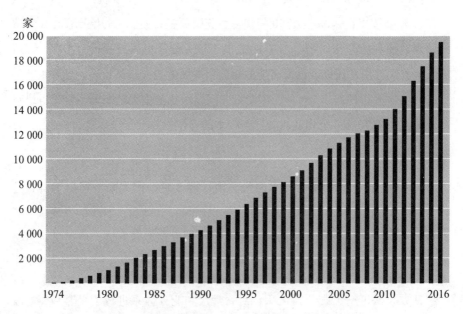

图 6-4-1　1974—2016 年 7-11 在日本的门店扩张情况

资料来源：7-11 日本官方网站。

日本便利店行业分析

日本是亚洲地区较早尝试推广便利店业态的国家。根据日本特许经营协会的数据，2015年日本共有54 505家便利店。截至2016年2月，日本的便利店行业规模约为910亿美元，前三强分别为7-11、罗森便利店（Lawson）、全家超市（FamilyMart），共占据超过80%的市场份额（见图6-4-2、图6-4-3）。

随着零售行业竞争的加剧，行业集中度通过兼并收购的方式进一步提升。2016年9月1日，全家超市和Circle K Sunkus的母公司Uny正式合并成全家Uny公司，旗下"Circle K"和"Sunkus"便利店品牌统一改用"全家"。收购完成后，全家超市的总门店数截至2016年2月底共有18 006家，超过了罗森。

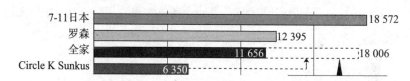

图6-4-2　截至2016年2月日本前4大便利店的门店数（单位：家）

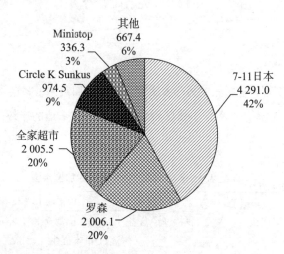

图6-4-3　2016财年日本便利店的市场销量（10亿日元）及份额

资料来源：7-11日本公司年报。

罗森于 1975 年在日本开展便利店业务，目前行业规模仅次于 7-11，三菱商事控股 33.4%。截至 2016 年 2 月底，罗森在日本共有 12 395 家门店，其中加盟店 6 000 多个，单店每日接待顾客约 1 000 万人次，2015 年在日本地区的营业收入约 173 亿美元。和 7-11 类似，罗森也积极在海外开店，中国是它最大的海外市场，截至 2016 年 2 月底，已在重庆、北京、上海、武汉分别开设了 110 家、34 家、458 家和 5 家门店。

全家超市创办于 1981 年 9 月 1 日，原是西友商店（1983 年改名"株式会社西友"）子公司，后来成为伊藤忠商事子公司（控股 37.66%）。截至 2016 年 2 月底，全家超市在日本有 11 656 家门店，2016 财年的营业收入为 2 万亿日元。尽管全家超市在日本地区的市场份额排在 7-11 和罗森之后（收购 Circle K 前），但它在中国大陆和中国台湾市场的业务拓展要比 7-11 和罗森顺利得多。全家超市在中国大陆的第一家门店于 2004 年开业，到 2016 年 2 月底，已在中国大陆开设 1 530 家门店，其中上海有 980 家门店，在中国台湾地区有 2 985 家门店。

7-11 的竞争优势

科学的扩张战略

7-11 日本实现快速扩张的另一大法宝是实行"加盟为主、直营为辅"策略。加盟模式分为 A 类和 C 类，主要区别体现在楼宇和土地的产权归属上，具体差异参见表 6-4-2。

表 6-4-2　　　截至 2016 年 2 月底 7-11 日本的加盟类型

	A 类（4 448 家）	C 类（13 623 家）
土地和楼宇产权	归属特许经营者	归属 7-11 日本公司
设备	7-11 日本提供	
合同期限	15 年	

续表

	A 类（4 448 家）	C 类（13 623 家）
物业费	7-11 日本 80%，特许经营者 20%	
特许经营费	毛利润的 43%	毛利润一定比例
	为 5 年和 15 年特许经营费提供一定减免	
经营多店激励	经营两家（含）以上 7-11 门店时，给予第二家及之后的门店特许经营费 3% 优惠	
	经营满 5 年以上再开新店时，给予新店"5 年合同奖励"	
滞销商品承担	7-11 日本 15%，特许经营者 85%	
门店年毛利最低保障	1 900 万日元	1 700 万日元

资料来源：7-11 日本公司年报，弘章资本研究团队整理。

近三年，7-11 日本的加盟店占比一直保持在 97.3%。公司总部对于加盟商拥有极强的管控能力。加盟店仅负责店面中商品、服务的销售以及人员管理，选址、物流配送、设备、信息系统、咨询服务均由总部提供。

经营能力远高于同行

与同行业相比，2015 年 7-11 日本的单店日均营业收入为 656 000 日元，明显高于竞争对手 33%，体现了公司高效的管理能力（见图 6-4-4）。

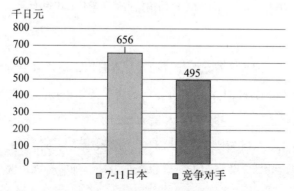

图 6-4-4 2015 年 7-11 与竞争对手的单店日均营业收入对比

注：竞争对手数据是由罗森、全家超市和 Circle K 的平均数求得

资料来源：7-11 日本公司年报。

2013 年以来，7-11 日本的同店增速、客流增速与客单价增速均在 2% 左右徘徊。而平效自 2006 年以来长期稳定在 200 万日元左右，日本便利店已经处在成熟发展期。

以食品为核心的商品结构

2016 财年，7-11 日本的食品销售占比为 69%，是非食品的 2 倍多（见图 6-4-5）。食品类商品的特点是复购频次高、单价低、易损耗、对即食性要求很高。这些特点非常契合便利店渠道，可以有效抵御线上电商的冲击。另一方面，高频次的进店消费，也可以带动其他品类的消费。

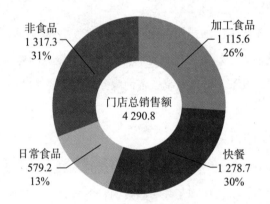

非食品
1 317.3
31%

加工食品
1 115.6
26%

门店总销售额
4 290.8

日常食品
579.2
13%

快餐
1 278.7
30%

图 6-4-5　7-11 日本商品销售占比（单位：10 亿日元）

资料来源：7-11 日本公司年报。

便利店的兴起创造出新型的简餐形式，在日本市场抢占了大量餐饮市场的份额。2016 财年，7-11 日本便利店餐食销售对餐饮市场的渗透率达到了 6%，而重餐食的战略也对公司的供应链端能力提出了很高的要求。7-11 凭借卓越的管理能力，本质上已成为便利店平台商，上游供应链与下游渠道均可与第三方合作，形成资源共享。公司则潜心培养产品设计、加盟管理、选品、流程控制等高壁垒的核心能力（见图 6-4-6）。

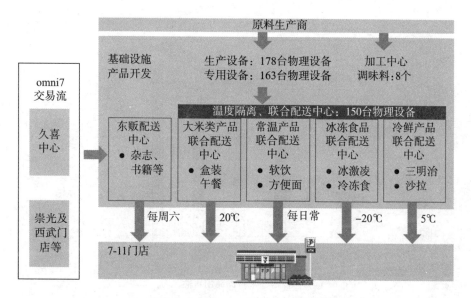

图 6-4-6　截至 2016 年 2 月底 7-11 日本的供应链体系

资料来源：7-11 公司年报。

自有产品占比高

与其他优秀的零售商一样，7-11 日本为获取较高的毛利以及对上游供应链更好的掌控，不断开发自有商品。7-11 日本目前有两个自有品牌，一个是 Seven Premium，该品牌于 2007 年推出，已经成为公司非常成熟的自有品牌系列，旗下产品拥有较高的品质，价格平民化，定位于广大中产阶层。另一个是 2010 年推出的 Seven Gold 系列，旗下产品拥有更高的品质，价格也更昂贵。

Seven Premium 的营业收入在 2016 财年突破了 10 000 亿日元，其中 175 种单品的营业收入突破了 10 亿日元，已成为日本最大的自有品牌。2014 年和 2015 年 7-11 日本自有产品的占比已经超过了 50%（见图 6-4-7）。

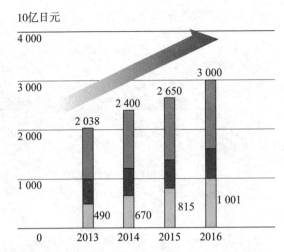

图 6-4-7　Seven & I Holdings 自有商品销售情况

资料来源: 7-11 公司年报。

7-11 的价值评估

营业收入

2013—2016 财年，7-11 日本的营业收入分别为 35 084 亿日元、37 813 亿日元、40 083 亿日元和 42 911 亿日元（见图 6-4-8）。公司的营收增速从 2012年起有所下滑，一方面由于公司的业绩基数已经非常大，增速下滑在所难免；另一方面也受到了日本国内宏观经济低迷的影响，2011 年至今，日本国民的消费支出、工资收入都数次出现负增长。如果对比日本另一便利店巨头罗森过去几年的同店增长率，会发现 7-11 还是更有能力把客人留住（见图 6-4-9）。

日本7-11收入及增速（单位：十亿日元）

图 6-4-8　2011—2016 年 7-11 日本的营收情况

图 6-4-9　2012—2016 年 7-11 日本与罗森的同店营收增长率比较

资料来源：7-11 公司年报。

盈利能力

从图 6-4-10 可以看出，7-11 日本便利店的商品毛利率与罗森基本处在同一水平，而在净利率方面，由于罗森的统计口径包含了一些非便利店业务，有一些偏差。总体而言，两家巨头的盈利能力不相上下。但是从运营效率上来讲，7-11 还是技高一筹，这点从双方的 ROA 对比中可以看出。

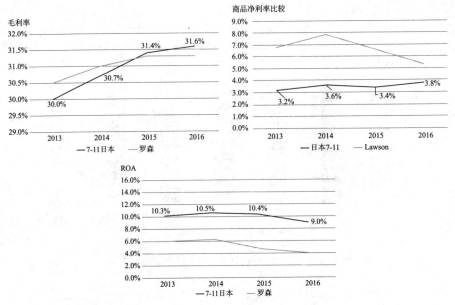

图 6-4-10　2013—2016 年 7-11 日本与罗森的盈利能力比较

资料来源：7-11 公司年报、Capital IQ。

股价

7-11 日本的母公司 Seven & I Holdings 于 2005 年 9 月 1 日在日本东京交易所上市。公司的历史股价走势和业绩发展比较契合，2007—2011 年由于受金融危机冲击，日本和美国的零售业经历了一段低迷时期。尤其是 Seven & I Holdings 旗下还有传统百货店、大卖场、超市和 7-11 美国等业务，它们对于宏观经济的下滑更为敏感（见图 6-4-11）。

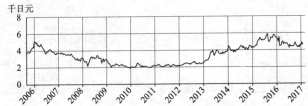

图 6-4-11　Seven & I Holdings 的股价走势（2005/09/01—2017/01/27）

资料来源：Capital IQ。

估值

自 2005 年 9 月 1 日上市以来至 2017 年 1 月 27 日，Seven & I Holdings 公司的 TEV/LTM EBITDA 在 4.19 倍到 12.65 倍之间波动，平均倍数是 6.63（见图 6-4-12）。同期 P/E 倍数的估值区间在 13.56 倍到 49.58 倍之间，平均值为 24.91 倍（见图 6-4-13）。

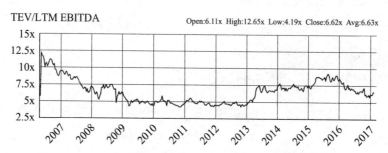

图 6-4-12　Seven & I Holdings 的 TEV/LTM EBITDA 走势
（2005/09/01—2017/01/27）

资料来源：Capital IQ。

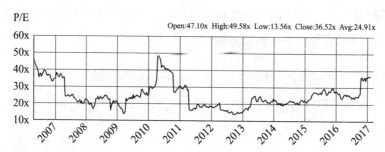

图 6-4-13　Seven & I Holdings 的 P/E 走势（2005/09/01—2017/01/27）

资料来源：Capital IQ。

新零售启示: 7-11 模式

随着外资便利店在 10 年前陆续进入中国市场，便利店这一业态逐渐被国内消费者所接受，国内也涌现出了如易捷、美宜佳、十足、可的等本土品牌。对于便利店这一业态在中国的发展前景，有几个问题比较关键。

便利店在中国兴起的逻辑落脚点是什么？

市场中比较主流的一种观点是拿日本经验做对比。纵观日本的发展历史，当人均 GDP 接近 5 000 美元时，便利店业态开始出现，而当人均 GDP 超过 10 000 美元时，便利店进入爆发期。中国的人均 GDP 在 2011 年开始跨越 5 000 美元大关，到 2015 年，根据国家统计局的数据，人均 GDP 为 8 016 美元，天津、北京、上海、江苏、浙江、内蒙古、辽宁、福建和广东 9 省市人均 GDP 超过了 10 000 美元。如果以日本人均 GDP 为参照依据的发展逻辑是成立的，那么我国已经具备了快速发展便利店的条件。

从 2011 年我国人均 GDP 超过 5 000 美元后的实际发展情况来看，连锁便利店市场规模保持了 10% 以上的增速，这一定程度上契合了上文所说的逻辑。

不过从另一个角度看，便利店还和社区形成的方式以及城市化人口流动有非常大的关系。过去十年的造城运动导致了中国的城市化，出现了大量的社区，社区商业的分散化又导致便利店成为满足社区居民需求最好的商业形态。而且流动人口的涌入，往往使得加盟模式的便利店生意成为一种改变流动人口生活困境的很好的方式。比如东莞出现的中国最大的便利店系统美宜佳，有将近 10 000 家加盟门店，本质上就是做快消品的供应链生意。

此外，在一线城市如上海、北京，由于家庭住房面积较小，人们生活节奏快，便利店消费逐渐成为年轻白领的一种生活方式。便利店提供的大量鲜食和半成品使得人们的日常生活更便利，特别是日式便利店所提供的快餐产品，已经成为年轻人解决日常生活需求的一种方式。

如果便利店在中国能兴起，市场空间如何？

便利店市场规模占社会零售的比重和单店覆盖城市人口是一个可参考的指标。2015年，我国便利店市场规模占社会零售的比重仅为0.25%，同期日本达到7.82%。在成熟的日本市场，单店覆盖2 427人，而我国单店可覆盖2.6万人。从这两个指标来看，中国便利店市场至少有10倍以上的发展空间。

未来中国便利店市场的发展趋势如何？

跨区域并购。目前国内便利店市场的集中度非常低，以美宜佳为例，它在国内市场的占有率不到17%，影响力基本只在广东地区。而在中国，零售业是非常本土化的生意，直接跨区域参与竞争非常困难，通过并购来获得其他区域的市场则是比较可行的方法。所以在未来几年内，具有影响力的区域性连锁便利店很可能进行大量的跨区域并购。

渠道下沉。便利店这一业态在中国大部分三、四线地区还只处于萌芽状态，区域性便利店企业为了做深自己的本土市场，会有充分的动力进行渠道下沉。

经营效率提升。众所周知，国内便利店和日本便利店的经营效率存在巨大的差距。而目前国内连锁便利店企业与国外先进便利店企业之间保持着广泛的合作，一定程度上给予了国内企业难得的学习机会。同时，随着我国物流体系的逐步提升和完善，未来便利店企业在经营效率方面与国外先进便利店企业之间的差距会逐步缩小。

便利店行业有哪些价值要素？

第一个价值要素是获取更多的链接，与消费者的接触点越多则价值越大。从未来人群流动和聚集的场景来看，主要有三个接触点：社区（家），办公和工厂区（工作），购物中心综合体（娱乐）。其中最重要的是社区场景，而便利店作为与消费者紧密沟通的零售门店将发挥重要的商品和服务的作用。所以，区域的门店密集度往往是品牌力的表现，也意味着零售端的高效率。我们认为零售商业的本质是在更高效率的供应链能力基础上，为满足消费者不断变化的需求而进行的商品经营。门店密度意味着更高的供应链效率，这就是为什么从长期看，便利店的业态在一、二线城市更优于大卖场业态。

一般来说，评价门店效率有四个维度：

● 第一是高平效，国内便利店面积约 70～110 平方米，门店 SKU 在 2 800 个左右，日系便利店单店平效为每平方米 1.1 万美元到 1.6 万美元，国内大卖场平效为每平方米 1 万元到 1.5 万元。

● 第二是高周转率，比如 FamilyMart 日本地区存货周转率约 30 次，远高于沃尔玛及高鑫零售。

● 第三是高毛利率。便利店毛利率一般在 25%～36%，比商超高 5%～14%，主要原因是便利店的商品售价略高，并且自制食品、快餐比例较高，这类商品的毛利率较高。

● 第四是跨区域的可复制性。因为中国区域差异化很大，地区经济高度不平衡，往往使得某个区域的标准业态移植到另一个区域时需要改变。这种跨区域的可复制性是高成长性的基础，也是给予更高估值逻辑的基础。

第二个价值要素在于符合消费者需求的变化。从国外便利店行业的成熟经验来看，便利店竞争的核心能力是一个"变"字。门店能够根据不同商圈和社区人流的特征，对商品结构进行调整，这对于体系能力的要求非常高。在早期阶段，商家追求标准化，将统一配送、自动补货能力快速复制到其他门店。但到后期竞争激烈阶段，比拼的则是一种"连而不锁"的境界，即供应链是完全统一的，但在门店端利用店长的经验和 IT 系统实现"拉动"适应性商品的变化。7-11 就是这样一个适应消费者变化的复杂系统。相比卖场而言，单品管理能力也是便利店的主要能力。若便利店总体 SKU 数少而单品量大，有助提升与供应商的议价能力，且每周会推出新品，实现商品的快速迭代。这点非常符合都市年轻人的消费偏好和消费习惯。

第三个价值要素是，加盟的便利店体系实际上是现代分享经济的一种典型应用。随着城镇化趋势、村镇年轻人口向城市转移、"80 后""90 后"人群创业意愿强烈等，夫妻店在最近几年数量不降反升，预计全国夫妻店超过 760 万家，其中通过烟草专卖统计口径达到 430 万家。夫妻店极致的成本管理使其有极大的灵活性和顽强的生命力，加上长期维护的客情关系，难以被取代。过去投资者认为现代渠道变革会使得传统的夫妻小店无法生存，但是今天共享经济、社会资源的再组织和再利用正在各行各业快速蔓延，这种趋势反而使得社会末端的夫妻店也在升级改造。这在天然的税收优势和较低的物业成本竞争中，反而形成了一种独特的竞争优势。我们相信，中国的便利店发展形态会不断的创新和进化，也许会出现与美国和日本非常不一样的、更有生命力的商业形态。

第四个价值要素在于，它与互联网发展的天然联系。便利店凭借密集社区终端优势，将有机会成为信息服务、社区物流和社交活动的终端入口。比如通过服务一体机与移动终端结合，或者成为收寄件的物流终端，对部分品类实现社区上门配送。便利店与电商流量互换将在客流和供应链上形成互补。

从零售商的发展角度来说，只赚取商品差价不是可持续的商业模式，必须构建自有品牌。同样，高性价比和高毛利率的自有品牌也是便利店企业差异化竞争和实现盈利的关键要素。比如统一超商便利有限公司从 2007 年开始大力推行自有品牌 7 选（7-SELECT），产品优质、价格实惠、包装营销手段出色和集团化低成本，使其毛利率较同类品牌高了 5 ~ 10 个百分点，并且已经占据 7-11 超过 30% 的销售额。当便利店发展到此阶段，将不再是简单的零售商，而是一个区域性的制造型零售商！

此外，便利店作为社区流量的主要入口，往往还具备一定的金融服务功能。许多重要的零售平台都在中后期演化出了金融服务，如 7-11 在日本有自己的银行和金融服务，京东的金融板块也成长非常快。消费者对于信任的零售品牌所提供的附加金融服务是非常欢迎的。甚至便利店网络成熟后，可以与当地银行的金融服务相互结合，形成一种特别的社区金融服务模式。相比海外经验，国内便利店在便民服务方面的挖掘力度还很弱。通过网络效应结合金融服务进行流量变现，其实是非常重要的战略价值。

总之，从国际经验看，便利店行业这个所谓的"金矿"生意，就是一个兼具进攻和防守的商业模式。一开始需要足够的投资力度，但在一个成熟市场，一旦你实现区域垄断和规模效应，其他新品牌将很难进入，你就可以像挖掘金矿那样持续挖掘客户需求。便利店作为零售的终极业态，也是离消费者最近的业态，对消费者调研、新品开发、品牌收购具有极强的指导意义。而且在获得门店密集和供应链优势后，将商品结构优化，可以向上游制造和自有品牌发展，以成就阶段性的"终极"业态。就让我们大家拭目以待。

美国生鲜电商 Webvan

Webvan 不失为生鲜电商史上浓墨重彩的一笔，它既是创业沸腾年代的产物，也是互联网泡沫的见证者。从 1997 年成立伊始就似火箭发射般成长，初期便斩获高盛、红杉、软银、雅虎共 1.2 亿美元投资，风光一时后最终在 2001 年 3 月宣布破产。

Webvan 成立于 1997 年，是杂货电商的先驱，以生鲜为特色。通过线上下单、线下配送的方式为消费者提供当日到家的宅配服务，也就是现在的 O2O 概念。1999 年 8 月公开上市，市值高达 80 亿美元，超过了当时三大连锁超市的总和，日配送订单数在 2 000 单左右。在疯狂扩张的市场情绪和资本的助推下，Webvan 迅速从旧金山拓展到芝加哥、达拉斯、华盛顿、西雅图等 26 个城市。

2001 年破产前 12 个月收入为 2.39 亿美元，亏损 6.12 亿美元。2000 年 4 月的 TEV/LTM Total Revenue 倍数为 125 倍（见表 6-5-1）。

表 6-5-1　　　　　　　　Webvan 主要财务指标概览　　　　　单位：百万美元

指标	1998	1999	2000	2001/03/31
营业收入	NA	13.3	178.5	239.4
净利润	−12.0	−144.6	−453.3	−612.4
总资产	60.0	757.8	1 521.5	1 287.5
净资产	34.9	707.0	1 359.0	1 151.0
营业收入增长率			1 242.11%	34.12%
毛利率	NA	15.20%	26.50%	27.00%

续表

指标	1998	1999	2000	2001/03/31
净利率	NA	−1 087.22%	−253.95%	−255.81%
ROE	−34.38%	−20.45%	−33.36%	−53.21%
ROA	−20.00%	−19.08%	−29.79%	−47.57%
营业收入 / 总资产	NA	0.02	0.12	0.19
总资产 / 净资产	1.72	1.07	1.12	1.12

资料来源：Capital IQ。

Webvan 的成长路径

路易斯·鲍德斯（Louis Borders）是一名非常坚韧的创业者，但以创业成功与否来评判的话，他却是一个失败者。

2001 年 Webvan 破产时，鲍德斯仅拿回了 270 万美元。有记者问他："是否从这次的失败中得到了任何经验及教训？"他答道，他不认为做错了任何事情。在此之后，鲍德斯继续他的创业历程，他创立的美国连锁书店唱片零售商 Borders Group 在受到亚马逊电商的冲击后，于 2011 年宣布进入破产保护。

对于鲍德斯而言，创业就像做实验一般，既然定下一个方针，那就贯彻执行。在一次采访中，Webvan 的投资人说，他曾问过鲍德斯："你认为 Webvan 是否会成为一个 10 亿美元的企业？"鲍德斯答道："我从没考虑过这是一个 10 亿美元的公司，要么做成 100 亿美元的公司，要么亏得一分不剩。"

这一创业思维和现在提倡的小步快跑、快速迭代相去甚远，除了运气之外，鲍德斯的创业思维是导致其创业连续失败的重要原因之一。

Webvan 成立于 1996 年 12 月，凭借无比超前的概念："线上下单、线下配送"，1 年之内便从风投处融到了 1 000 万美元。2014—2016 年在中国，O2O 也成为"风口上的猪"，传统项目冠以"O2O"之名也能从投资机构融到钱。这便不难理解，为何在 2000 年之前的美国，如此超前的一个概念能够俘获如此多知名投资机构的芳心。

拿到融资后，Webvan 所做的第一件事就是投入 1 800 万美元开发软件，研究算法。继而投入 4 000 万美元进行仓储研发，建立物流体系。1999 年，Webvan 的仓储系统建设完成，整个仓库基本实现自动化，甚至运用了机器人来进行商品分拣。配送能够覆盖以旧金山为中心、半径 61 英里的范围。

仓库完成后，Webvan 开始进行推广活动，邀请消费者进行公开测试，并开展大规模的造势宣传。在铺天盖地的媒体宣传之下，风投争先恐后给 Webvan 送钱，生怕错过一只"看得见未来"的独角兽。1999 年 6 月，Webvan 开始配送第一个订单，7 月开始与大型供应商签订 10 亿美元合同，在全美 26 个城市复制大型仓库。

1999 年 11 月，Webvan 耀眼上市，融资 4 亿美元，即便在互联网泡沫时期，这也是当时最大的 IPO 之一。当日市值达到 77.8 亿美元，超过三大连锁超市的市值总和。

由于快速进入大量城市，Webvan 单个城市的订单密度无法覆盖成本，距离盈亏平衡点还非常遥远。持续的亏损拖垮了 Webvan，在 2001 年 7 月正式进入破产程序。

美国生鲜电商行业分析

2000 年，美国网络零售总额的规模并不大。相比 2.98 万亿美元的零售市场规模，网络零售的市场规模只有 276 亿美元，其中食品饮料店的网络零售市场规模仅为 7 000 万美元（见图 6-5-1、图 6-5-2）。当然，这一数据并不能直接表现生鲜电商的行业规模，但也可以侧面反映出，当时乃至到 2008 年之前，

全美生鲜电商的市场规模并不大，成熟度也不足以支撑起一家 10 亿美元级别
的公司。

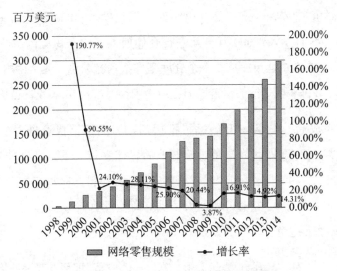

图 6-5-1　1998—2014 年美国网络零售总额

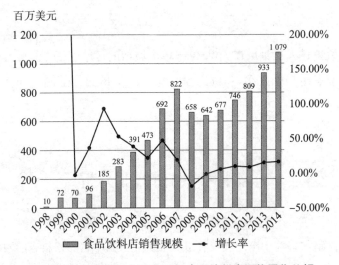

图 6-5-2　1998—2014 年美国食品饮料店网络零售总额

资料来源：U.S. Census Bureau Estimated Annual U.S Retail Trade Sales-Total and E-commerce:1998—2014。

从整个美国生鲜电商行业的发展来看，最早出现的是 Peapod 在 1996 年推出的生鲜在线服务，紧接着便出现了以 Webvan 和 Local Harvest 等为代表的生鲜电商玩家。从各自的发展战略来看，除了 Webvan 以外，其他电商都是围绕有限的区域开展业务：

- Peapod 由于一些媒体、交通问题，所选择的发展区域一直绕开曼哈顿地区，直到 2011 年才进入曼哈顿。
- Webvan 的策略是快速扩张，在 26 个城市建立配送网络。
- Local Harvest 以本地化食品为特色开展生鲜业务。
- Fresh Direct 常年围绕曼哈顿地区深耕。
- Amazon Fresh 生鲜服务仅在订单密度和客群收入较高的西雅图和旧金山地区推出，也在洛杉矶进行测试。一直没有向全美铺开。

自 2007 年后，美国生鲜行业增长迅速，为 Amazon Fresh 以及 Relay Foods 等生鲜电商提供了生长的土壤。2007 年，Amazon Fresh 在西雅图附近两个人口稠密地区试水生鲜电商业务，2013 年才进入洛杉矶和旧金山。2008 年 Relay Food 上线之初便利用小城市和小城镇来扩大规模，2012 年才拓展至美国西海岸的城镇地区。

分析 Webvan 破产的原因和 Amazon Fresh 成功的模式，存活下来的电商验证了一个关键点：**选择合适的城市进入，保证潜在订单的覆盖密度。**

Webvan 的竞争优势

Webvan 重金建设物流体系是为了构建物流壁垒。只有重的东西，才能称之为壁垒，从这一点而言，Webvan 的思路是正确的。不讨论 Webvan 是否有必要把整个仓库的科技做的如此超前，自建仓库对于当时的生鲜电商而言是一条必经之路。但是 Webvan 的问题在于，扩展的步伐太快，盲目进入过多的城市。

经济地理结构决定最后一公里的配送成本。人口密度越高，配送成本越低。美国地广人稀，根据 2010 年的数据，超过 500 万人口的城市仅有 9 个。对于电商而言，末端配送的成本占整个配送成本的 53%，而整个配送成本占电商物流总成本的 55%。当自建物流订单达到一定密度之后才会低于外包物流的成本。所以 Webvan 投入 10 亿美元建设 26 个城市的仓储，但最终败在了物流上面。

股价

Webvan 于 1999 年 11 月初上市的时候，市值便有 77.8 亿美元。到 1999 年 12 月 3 日，达到市值最高点 79.5 亿美元（见图 6-5-3）。

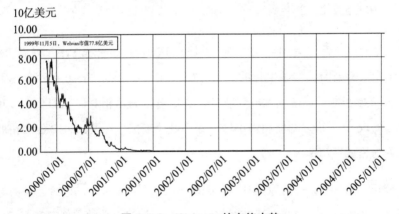

图 6-5-3　Webvan 的市值走势

资料来源：Capital IQ。

估值

Webvan 上市时，PS 的估值倍数在 100 倍以上。但新市场的开拓不力，收入增速远不及预期，并且多点开花的高成本运营费用使得单笔订单亏损高达 130 美元，最终破产（见图 6-5-4）。

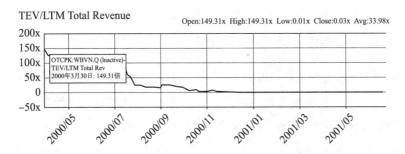

图 6-5-4　Webvan 的 TEV/LTM Total Revenue 走势

资料来源：Capital IQ。

复盘 Webvan 的生死之路

Webvan 成立于互联网刚刚兴起之时，网购概念还处于萌芽状态，所以 Webvan 当时想要抓住互联网流量红利来实现快增长。快速跑马圈地变成了发展主线，这一逻辑虽然适合新业态，但生鲜电商本质上还是一个供应链驱动的零售业，消费的本质没有过多的变化。

互联网从提高效率的角度入手，确实可以颠覆原本低效的业态，但超市和卖场存在历史较长，并且这一业态在过去 50 多年内的进化路线都是围绕更低价、更高效作为竞争主线。

沃尔玛、塔吉特、凯马特在大萧条后迅速崛起，满足了消费者对于廉价商品的需求。它们采用大卖场的概念，在郊区以廉价租金和简易装修建立卖场。大萧条之后，由于居民可支配收入减少，对于廉价商品的需求剧增，以低价、折扣为特色的大卖场业态迅速占领了日用消费品的市场。凭借着市场份额的扩大，在与供应商的谈判上就有了更强的资本，控制的触角延伸到供应链。

这类卖场业态崛起后，取代了原先百货业巨头西尔斯以及超市业巨头。当卖场巨头的价格竞争进行到一定程度后，为进一步降低成本开始采用技术革新。除了在卖场的设计上进行形象调整和店铺统一规划外，零售商们开始运用 UPS 条形码和扫描读取器。这降低了人工成本，加快了顾客结账的速度，更重要的是能够将卖场库存信息化以及销售情况数字化，而这些反过来又会影响销售的预测、采购计划以及供应商的生产计划。其中沃尔玛在这一领域做得更为出色，取代了凯马特成为行业第一。

再往后看，以阿尔迪为代表的硬折扣超市，以精简 SKU+ 自有品牌的模式，凭借 1/100 于沃尔玛的 SKU 数，30 倍于沃尔玛的采购量，以及超长采购限期，实现了行业最低价格。根据 Business Insider 的统计，2015 年 11 月和 12 月，美国市场上 34 件商品组合的售价，阿尔迪要比沃尔玛低 22.8%。

所以，生鲜电商切入低价格带的模式再加上宅配成本，对比线下零售巨头，没有优势可言。即便电商不受货架和商品供给限制，收入规模理论可以做到无限大，但从盈利角度来看，这笔账并不划算。欧美能够发展至今的生鲜电商，基本实行深耕某一区域，再渐进式跨区域扩张。同时，限制配送半径，通过在某一区域达到一定的订单密度覆盖来降低宅配成本。

中国生鲜电商的博弈之局

自 2011 年开始，中国市场上出现了几家生鲜电商平台，按消费群体不同，我们可以将生鲜电商分为 B2B 模式和 B2C 模式。

B2C 模式的生鲜电商客单价普遍较低，有些客户的客单价为 50 元左右。高端生鲜客单是高，但流量始终无法提高。目前生鲜电商产品毛利率平均为

20%～30%，但仓储运营成本占 1/3，物流成本占 1/3 以上。从品类上看，生鲜电商的销售结构中，标品类的米、面、粮、油销售占比较高，但毛利水平较低，仅在 10% 左右。蔬菜、水果、海鲜等毛利较高的产品销售占比相对较小。目前来看，大部分 B2C 生鲜电商获取新用户的成本非常高，损耗也比较高，基本上想要实现盈利遥遥无期。

B2B 模式的生鲜电商企业，主要销售模式为地推方式。为增加毛利，未来可引导销售人员将更多的精力放在蔬菜、水果等高毛利产品的销售上。重模式下的生鲜电商企业在仓储、物流、系统开发等方面投入大量资金，且在拓展新区域时无法快速复制，进入壁垒较高。不过，重模式电商企业通过掌控配送各环节，能够较好地控制产品质量，保证用户体验，进而增加下游用户黏性，增加市场控制力。比如著名的易果生鲜电商，已经在多轮融资后全面转型为 B2B 生鲜供应链电商。

2012 年以来，生鲜电商进入高速发展期，美味 77、顺丰优选、一米鲜、爱鲜蜂、美菜网、本来生活等企业迅速崛起，生鲜电商行业出现了众多"抢食者"，市场竞争激烈。但生鲜电商的运营成本很高，需要巨大的资金投入，一旦没有资金投入，容易引起企业现金流断裂。

到 2016 年，我们看到美味 77、爱鲜蜂等多家生鲜电商纷纷倒闭。相反，在多个区域市场出现的生鲜连锁新业态发展非常迅速，比如在广州深圳起家的生鲜专营店"钱大妈"、安徽合肥的"生鲜传奇"、沈阳的"地利生鲜"，这三个品牌也分别代表了三种不同的生鲜业态，反映了不同地区消费者的餐饮习惯差异很大。在零售业最复杂、最难经营的生鲜领域，还没有被电商轻易地攻陷。其实，无论是线上还是线下生意，都要评估流量的成本问题。目前无论是京东还是阿里，线上流量成本已经非常高了，而离消费者最近的社区生鲜零售的流量成本还比较低，因此这个商业模式就能够成立，并且形成强大的线下高频消费。

The

Future

of

New Retail

07

餐饮连锁创新

美国正餐巨头达登餐厅

达登餐厅创办于 1968 年，总部设在美国佛罗里达州奥兰多市，是北美最大的多品牌正餐集团，目前运营着超过 1 500 家餐厅，拥有近 15 万名员工。公司以经营休闲餐厅为主，旗下有 7 个品牌，分别是 Olive Garden、Longhorn Steakhouse、Seasons 52、Bahama Breeze、Yard House、The Capital Grill 以及 Eddie V's。在 2014 年 7 月之前，达登餐厅还经营着遍布北美大陆和加拿大地区的红龙虾连锁餐厅（Red Lobster）。

多品牌经营是达登餐厅的一个显著特征，这很好地满足了各年龄段顾客在菜品口味、装修主题上的不同需求。例如，意式风情的 Olive Garden 餐厅和经典的牛排餐厅 Longhorn Steakhouse 是家庭聚餐的首选，The Capital Grille 比较适合朋友聚会、举行庆祝仪式等，Yard House 则相对偏酒吧风格。

在菜品方面，公司非常注重新品研发和创新，这是达登维持客流和同店增长的重要手段。同时，达登强大的总部功能可以同时服务旗下每一个品牌，在保证品牌差异化的同时，为每一个品牌打造别具一格而又充满吸引力的餐厅氛围和文化。

达登餐厅在美国本土没有实行特许经营，但在其他国家有授权经营。达登餐厅在纽约证券交易所上市，目前市值近 91 亿美元，P/E 为 26.6 倍。公司 2016 年营业收入 69.33 亿美元，净利润为 3.75 亿美元（见表 7-1-1）。

表 7-1-1 达登餐厅的主要财务指标概览 单位：百万美元

指标	2011	2012	2013	2014	2015	2016
营业收入	7 500.20	7 998.70	8 552.00	6 285.60	6 764.00	6 933.50
净利润	476.30	475.50	411.90	286.20	709.50	375.00
总资产	5 466.60	5 944.20	6 936.90	7 082.70	5 994.70	4 582.60
净资产	1 936.20	1 842.00	2 059.50	2 156.90	2 333.50	1 952.00
营业收入增长率	5.4%	6.6%	6.9%	−26.5%	7.6%	2.5%
净利润增长率	17.8%	−0.2%	−13.4%	−30.5%	147.9%	−47.1%
毛利率	24.0%	23.3%	22.0%	20.6%	21.0%	22.2%
净利率	6.4%	8.9%	7.0%	4.6%	10.5%	5.4%
ROE		14.8%	12.2%	8.7%	8.7%	16.8%
ROA		5.0%	3.9%	3.1%	4.5%	7.4%
营业收入/总资产	1.37	1.35	1.23	0.89	1.13	1.51
总资产/净资产	2.82	3.23	3.37	3.28	2.57	2.35

资料来源：Capital IQ。

达登的成长路径

1938 年，19 岁的比尔·达登（Bill Darden）在美国佐治亚州开设了人生中第一家餐厅——绿青蛙（Green Frog）。怀着海鲜连锁店是否能够在非沿海地区经营的疑问，年轻的达登先生于 1968 年尝试性地在美国佛罗里达一个内陆城市开设了第一家红龙虾餐厅。

红龙虾餐厅一开业便得到广泛的关注和好评，然而由于资源、资金等因素的限制，餐厅的发展很快遇到了瓶颈。达登先生决定把红龙虾餐厅卖给食品行业巨头美国通用磨坊集团，他本人也在通用磨坊集团担任要职。在这段时间里，达登先生于 1982 年开创了意式品牌 Olive Garden，该品牌后来迅速发展成为达登餐厅旗下三大支柱品牌之一。

达登餐厅于 1995 年脱离美国通用磨坊集团独立上市，并一直保持多品牌齐头并进的发展模式。旗下三大主营品牌 Olive Garden、红龙虾和 Longhorn Steakhouse 分别针对意式餐饮、海鲜和经典牛排这三种美国主流正餐口味。在不断提高、改良主营品牌的同时，达登餐厅也积极进行多品牌扩张，在餐厅的装修档次、环境和氛围等方面积极寻求拓展：1996 年开创了以加勒比热带风情为主题的 Bahama Breeze 品牌；2003 年开创了主打季节菜单的 Seasons 52 品牌；2007 年收购了高档牛排餐厅 The Capital Grille，2011 年收购了主打海鲜、牛排和现场音乐欣赏的餐厅 Eddie V's，2012 年收购了主打啤酒、休闲餐的美国现代餐厅 Yard House。

由于餐饮行业趋于饱和，红龙虾连锁餐厅的未来发展前景并不明朗，再加上投资者不断施压，达登餐厅于 2014 年 5 月 16 日宣布，将旗下红龙虾连锁餐厅以 21 亿美元出售给金门资本 (Golden Gate Capital)。

美国餐饮行业分析

美国餐饮业是一个年收入达到 7 092 亿美元、从业人数达到 1 400 万人的消费子行业。随着经济发展，居民逐渐偏向外出用餐，2015 年美国餐饮业收入占到居民食品消费的 47%，1955 年仅为 25%（见图 7-1-1）。

我们认为餐饮行业的驱动因素主要有以下几点：

● 家庭规模：每户家庭人口数减小，外食规模增大。

● 家庭结构：美国女性工作比例增加，与外食比例增加呈正相关性。

● 人均可支配收入与餐厅营业收入的变化高度相关。

● 人均 GDP：1970—1979 年，美国人均 GDP 在 5 000 美元至 10 000 美元之间时，餐饮业收入增速明显超过人均 GDP 增速，且是快餐行业高速发展的时期。而人均 GDP 达到 10 000 美元之后，则是甜品、饮品、快休闲餐饮、休闲餐饮的高速发展时期。

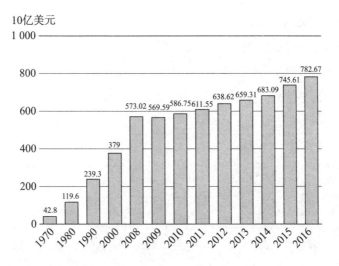

图 7-1-1　1970—2017 年美国餐饮业收入

资料来源：NRA。

近几年来，美国餐饮行业发生了很大的变化：一方面，餐饮行业整体趋于饱和，年营业收入逐渐减少；另一方面，随着人口结构的变化和时代的变迁，消费者的偏好体现出更加多样化、分散化的特征。比如，出生于 1980 年到 2000 年的千禧世代（Millennials）与出生于 20 世纪六七十年代初的 X 代（Generation X），在餐饮消费上就呈现出明显的差别。再比如，初入社会的年轻人和刚退休的中老年人受经济条件的制约，对价格非常敏感，更加倾向于消费价格实惠的餐饮，而白领人群和富裕人群则更愿意追求高品质和高档的消费。再加上多元文化和热点等因素的影响，消费者的偏好会变得更加多样化。

达登的竞争优势

多品牌模式

达登旗下的餐厅品牌几乎覆盖了所有年龄段的消费者，满足了消费者对不同菜品口味和装修氛围的需求。公司旗下运营着针对意式餐饮、海鲜和经典牛排三种美国主流正餐口味的三大品牌餐厅，也有高档消费餐厅、主题风情餐厅、聚会场所和创新概念餐厅，在消费者偏好多元化和快速变化的时代背景下，达登餐厅多品牌经营的模式体现出了一定的优势（见图7-1-2）。

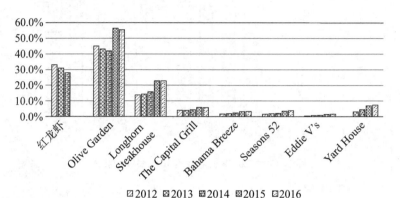

图 7-1-2 2012—2016 年达登旗下 7 大品牌营业收入占比

资料来源：达登公司年报。

在多品牌运营的模式下，公司能够承受更大的风险，使得消费者偏好、经济形势、潮流热点等因素对单个品牌的不利影响可以被其他品牌的发展所稀释，从而降低对公司整体业绩的影响。2012 年至 2014 年，美国经济复苏缓慢，海鲜成本上升，消费者偏好发生改变，达登餐厅旗下销售份额占比最大的品牌红龙虾和 Olive Garden 的同店增长率、主营业务增长率连续下滑，销售份额占达登餐厅总销售额的比重持续缩水。但是由于其他品牌表现强劲，这两个品牌对达登餐厅整体业绩造成的影响并不大，公司总体营业收入仍然呈增长态势。2014 年，考虑到红龙虾品牌发展前景不明朗以及其他负面因素，达登餐厅宣布将销售份额占比约 30% 的红龙虾连锁餐饮出售给金门资本。若是 Dinequity 公司这样操作，势必会给它的整体运营带来极为负面的影响，因为它旗下只运营着两个品牌：Applebee's 和 IHOP。然而，达登餐厅凭借着 Olive Garden 的强势崛起，以及 Longhorn Steakhouse 以高于行业水平的速度高速发展，还有其他品牌齐头并进，很好地弥补了出售红龙虾连锁餐厅引起的相应市场份额流失的局面。公司自 2014 年之后反而以更为健康的模式发展着。

协同效应

达登餐厅的协同效应体现在两个方面：成本控制和供应链优化。成本控制进一步体现在规模效应、选址协同和管理协同方面。

在成本控制方面，随着达登餐厅的门店扩张和品牌并购，规模效应愈加明显：一方面，规模的扩大能够吸引更多优秀的管理者；另一方面，管理费用等固定成本能被更好地分摊。在选址方面，将 Olive Garden 和 Longhorn Steakhouse 开设在一起，不仅可以节省资本支出，同时因为厨房和管理团队共享，极大地降低了成本。在管理协同方面，达登餐厅在品牌管理、餐厅运作、人才管理、研发、市场、人力行政、信息科技等方面集中专家和经验，为旗下各品牌统一提供咨询和服务，有效地控制了成本。

在供应链自动化上，达登处于行业领先，致力于从产品定价、需求预测到运输至餐厅实现全自动化管理。达登餐厅自己负责采购仓储，拥有库存的所有权。从仓库运输至餐厅，每批货物都带有 GS1 条形码，从而做到货品的全程跟踪。达登餐厅于 2012 年完成 I Kitchen 系统的使用，实现系统自动接收订单，并且通过数据分析，清楚地辨别货物的使用情况并预测未来需求，从而做到超前下单。除此之外，达登餐厅通过 I Kitchen 与供货商和供应链中间协作伙伴分享库存信息，不仅提高了效率，而且降低了库存和采购成本。

及时的战略调整

面对诸多不利因素对全方位服务餐饮构成的挑战，达登餐厅于 2014 年做出决定：停止 Olive Garden 的门店扩张，限制 Longhorn Steakhouse 的扩张速度，停止收购其他品牌，出售红龙虾连锁餐饮，减少资本开支，并关注品牌的同店增长。Olive Garden、Longhorn Steakhouse 和红龙虾是达登餐厅旗下三大支柱品牌，在公司主营业务收入中占比超过 85%，这一策略预示着达登餐厅主营业务收入的驱动因素，将由主要以门店扩张和品牌并购带动转变为由同店增长带动。

从外延增长率来看，2014 年之前，各品牌门店数增长率都处于相对高的状态，门店扩张速度明显高于 2014 年以后。以 Season 52 为例，2012 年至 2013 年，外延增长率高达约 35%，之后逐年下跌，至 2016 年，门店数呈现负增长，为 –7%（见图 7-1-3）。

再看同店增长率，达登餐厅旗下各品牌同店增长率总体呈现上升趋势，2014 年以后尤为明显，其中以 Olive Garden 最为典型。2014 年之前，受行业经济形势、消费者偏好以及同业竞争等影响，Olive Garden 同业增长率一直为负，这段时间里，Olive Garden 品牌营业收入的增长主要由门店扩张带动。到 2014 年，公司开始重塑 Olive Garden 品牌，从菜品、下单系统、与顾客互动、用餐环境、市场宣传等各方面对品牌做出提升改造。到 2015 年，Olive Garden 同店增长率转正，实现了快速增长，品牌营业收入的增长驱动开始转向由同店增长带动（见图 7-1-4）。

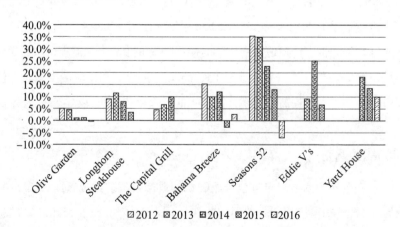

图 7-1-3　2012—2016 年达登旗下 7 大品牌门店的外延增长率情况

资料来源：达登公司年报。

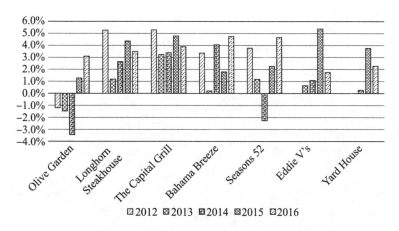

图 7-1-4　2012—2016 年达登旗下 7 大品牌门店的同店增长率情况

资料来源：达登公司年报。

　　随着美国餐饮行业开始趋于饱和，达登餐厅放眼充满潜力的海外市场，积极尝试海外市场的开拓和布局。公司已经将 Olive Garden 和 Longhorn Steakhouse 品牌推广到了中东地区，目前正在考虑进入阿根廷、智利等拉丁美洲国家，并且积极拓展以韩国、日本、中国台湾、泰国等地区为主的亚洲市场。

达登的价值评估

营业收入

　　达登餐厅 2012 年至 2017 年营业收入分别为 79.99 亿美元、85.52 亿美元、62.86 亿美元、67.64 亿美元、69.34 亿美元、71.70 亿美元，营业收入增长率总体放缓（见图 7-1-5）。其中，由于出售红龙虾餐厅，导致收入在 2014 年出现大幅下降，并由于美国经济复苏缓慢、人口结构发生变化、消费者偏好改变、美国餐饮行业趋于饱和等因素，导致了消费者对全方位服务餐饮行业整体需求减少。然而，剔除出售红龙虾餐厅的影响，与该行业的其他公司相比，达登餐厅的营业收入增长率仍然优于行业平均水平，高于竞争对手约 2% ~ 5%，这得益于达登餐厅多品牌运作的商业模式和同店增长的改善（见图 7-1-6）。

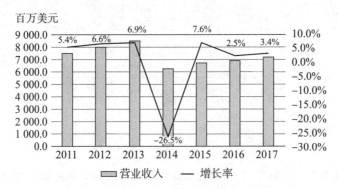

图 7-1-5　2012—2017 年达登餐厅的营业收入和增长率

资料来源：达登公司年报。

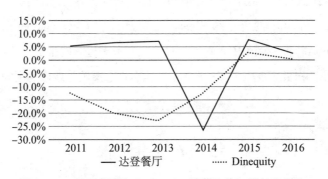

图 7-1-6　达登餐厅与 Dinequity 的营业收入增长率对比

资料来源：Capital IQ。

我们来看一下达登餐厅旗下各品牌的营业收入增长、内生增长及外延增长情况。

由于经济复苏缓慢、消费者偏好发生改变、同业竞争加剧，Olive Garden 的同店营业收入持续三年为负增长，于 2014 年达到最低值，约为 −3.4%。这使得该品牌的营业收入增长率在这几年逐渐递减，从 2011 年的 3.2% 下降至

2014 年的 –1.1%。这段时间里，Olive Garden 的营业收入增长主要由门店数量扩张带动。2014 年后，达登餐厅开始对 Olive Garden 进行改造，从菜品、下单系统、与顾客互动、用餐环境、市场宣传等各方面积极寻求突破，Olive Garden 的同店增长率开始转负为正，实现了快速增长，带动了品牌整体营业收入（见图 7-1-7）。

Longhorn Steakhouse 的营业收入增长率从 2012 年至 2016 年总体呈下降趋势，由 2012 年的 14% 减少至 2016 年的 2.8%，虽然品牌整体收入增长疲弱，但增长率仍然高于牛排连锁餐饮业的平均水平。Longhorn Steakhouse 的外延增长率自 2013 年以来逐年递减，至 2016 年已低至 0.2%，由此可以看出，该品牌的营业收入增长自 2013 年以后主要依赖于同店增长（见图 7-1-8）。

The Capital Grill 的同店增长率一直很稳定，约为 4%。营业收入增长率从 2013 年至 2015 年均保持在很高的水平，约为 10%。由于 The Capital Grill 从 2015 年至 2016 年没有进行门店扩张，营业收入增长率于 2016 年急剧下降，跌至 1.2%（见图 7-1-9）。

2013 年至 2016 年，Bahama Breeze 的营业收入增长率分别为 12.8%、16.0%、3.8% 和 4.2%，同店增长率比较稳定，大致维持在 2% ~ 5%。外延增长率从 2012 年至 2014 年一直处于较高的水平为 10% ~ 15%，自 2015 年以后开始下降，导致营业收入增长率随之快速下滑（见图 7-1-10）。

Season 52 的营业收入增长率自 2013 年至 2015 年都维持在较高的水平，分别为 23.4%、24.2% 和 21.5%。2016 年，由于外延增长率减少至 –7%，营业收入增长率也相应下跌至 6.4%。同店增长率从 2014 年以后逐年提高，至 2016 年约为 5%（见图 7-1-11）。

达登餐厅于 2011 年收购了主打海鲜、牛排、现场音乐欣赏的 Eddie V's，2012 年收购了主打啤酒、休闲餐的美国现代餐厅 Yard House。这两个品牌自从被收购后，营业收入增长率虽然逐年递减，但是在行业中都处于较高的增长水平，至 2016 年，两个品牌的营业收入增长率年均约为 10%。在同店增长方面，自被收购以来均增长缓慢，Eddie V's 的外延增长率从 2014 年的 25% 下降至 2016 年的 0，Yard House 自被收购以来一直保持着高速扩张步伐，外延增长率一直处于 10%～20%（见图 7-1-12、图 7-1-13）。

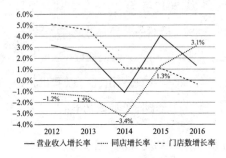

图 7-1-7　2012—2016 年 Olive Garden 的营业情况

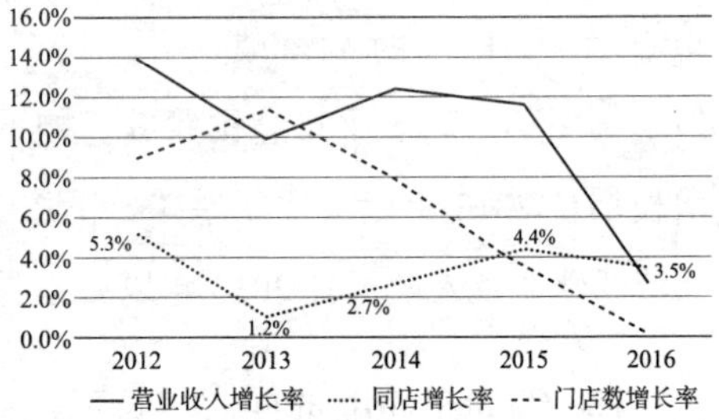

图 7-1-8　2012—2016 年 Longhorn Steak-house 的营业情况

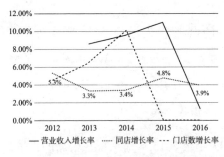

图 7-1-9　2012—2016 年 The Capital Grill 的营业情况

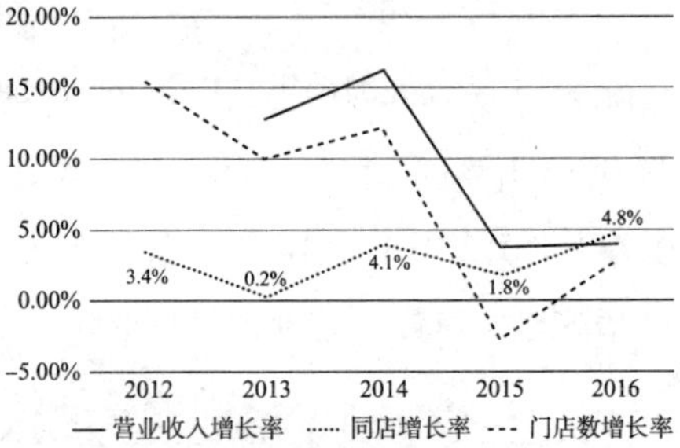

图 7-1-10　2012—2016 年 Bahama Breeze 的营业情况

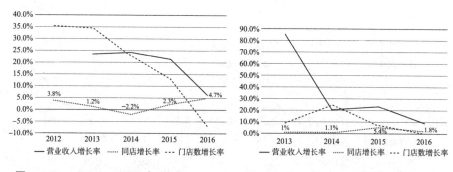

图 7-1-11　2012—2016 年 Season52
的营业情况

图 7-1-12　2013—2016 年 Eddie V's
的营业情况

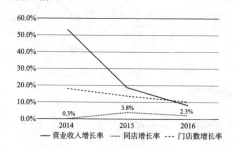

图 7-1-13　2014—2016 年 Yard House 的营业情况

资料来源：达登公司年报。

Dinequity（旗下有 Applebee's 和 IHOP 品牌）、Brinker International（旗下有 Chili's 和 Maggiano's 品牌）和 Craker Barrel Old Country Store（旗下有 Cracker Barrel 品牌），这三家公司是达登餐厅在行业中强劲的竞争对手，它们均为上市公司，并且旗下品牌在全方位服务餐饮行业中均排名前十。表 7-1-2 显示了这 4 家餐厅的门店数对比。

表 7-1-2　　　　　　　　达登与竞争对手的门店数对比　　　　　　　单位：家

公司名称	门店数	2011	2012	2013	2014	2015	2016
达登餐厅	自营门店数	1 894	1 289	1 431	1 501	1 534	1 530
	直营门店数	0	0	0	0	0	6
	总门店数	1 894	1 289	1 431	1 501	1 534	1 536

续表

公司名称	门店数	2011	2012	2013	2014	2015	2016
Dinequity	自营门店数	320	192	35	36	34	11
	直营门店数	3 194	3 377	3 580	3 595	3 633	3 705
	总门店数	3 514	3 569	3 615	3 631	3 667	3 716
Brinker	自营门店数	868	865	877	884	888	1 001
International	直营门店数	711	716	714	731	741	619
	总门店数	1 579	1 581	1 591	1 615	1 629	1 620
Cracker Barrel	自营门店数	603	616	624	631	637	641
Old Country	直营门店数	0	0	0	0	0	0
Store	总门店数	603	616	624	631	637	641

资料来源：Capital IQ。

毛利率和 SG&A 费用率

达登餐厅的毛利率在 20% 左右徘徊，低于 Dinequity 的 58% 和 Cracker Barrel 的 30%，略高于 Brinker International。Dinequity 远高于行业水平的毛利率得益于其采用授权经营的模式，主营收入来源于稳定的加盟费，销售成本非常低。而达登餐厅在美国本土采取自营模式，在部分国家实行授权经营，再加上公司自行拥有采购仓储，因此毛利率比 Dinequity 低约 40%，比采用全自营模式经营的 Cracker Barrel 低约 10%。达登餐厅的 SG&A 费用率约为 10%，比 Dinequity 和 Cracker Barrel 低约 10%，体现了达登餐厅高效的成本控制和协同效应（见图 7-1-14）。

图 7-1-14　达登餐厅与竞争对手的毛利率和 SG&A 费用率对比

资料来源：Capital IQ。

EBITDA 利润率和净利率

达登餐厅 2012 年至 2016 年的毛利率在业内处于比较低的水平，EBITDA 利润率也低于业内其他三家公司。达登餐厅的净利率比 Dinequity 低约 15%，高于 Brinker International 和 Craker Barrel。其中，达登餐厅净利率在 2015 年显著提高，这是由于公司在 2014 年将红龙虾连锁出售给金门资本，该回报于 2015 年在账面上得以体现（见图 7-1-15）。

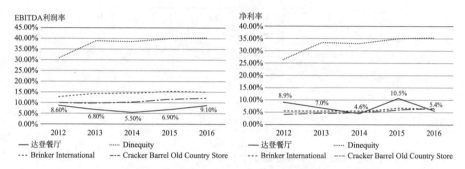

图 7-1-15　达登餐厅与竞争对手的 EBITDA 利润率和净利率对比

资料来源：Capital IQ。

ROA 和 ROE

达登餐厅的 ROA 和 ROE 自 2012 年至 2016 年走势基本相同。2012 年至 2014 年，ROA 从 5% 下降至 3.1%，ROE 从 14.8% 下降至 8.7%，这是由于公司净利润下降，而总资产和净资产均呈上升态势。2015 年，达登餐厅的净利润增长速度和总资产减少速度持平，净利润大幅上升至 7.1 亿美元，总资产下降至 59.95 亿美元，ROE 没有发生改变。至 2016 年，总资产减少速度超过净利润减少速度，ROE 有了明显提高，达到 16.8%。ROA 自 2014 年以后逐年增长，但是上涨的驱动因素不尽相同：2015 年，由于净利润增长速度高于净资产增加速度，ROA 上升至 4.5%；2016 年，由于净资产减少速度远大于净利润减少速度，ROA 进一步提高，达到 7.4%（见图 7-1-16）。

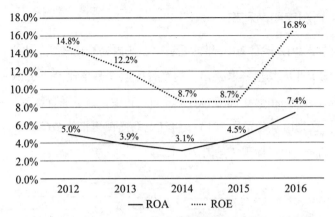

图 7-1-16 2012—2016 年达登餐厅的 ROA 和 ROE 走势

资料来源：Capital IQ。

股价

达登餐厅自上市以来，股价整体上涨。1996 年每股价格只有 7.75 美元，到 2016 年已经达到每股 58.39 美元。其中，受金融危机的影响，2008 年至 2009 年，股价有比较大的跌落。由于达登餐厅于 2014 年在战略上做了调整，出售了红龙虾连锁餐厅，同时重点关注主营品牌的提升改造和单店增长率，股价于 2014 年起再度大幅上涨（见图 7-1-17）。

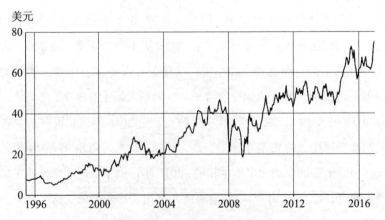

图 7-1-17 达登餐厅的股价变化

资料来源：Capital IQ。

估值

2014 年之前，达登餐厅的 TEV/LTM EBITDA 一直维持在 5 倍到 10 倍之间，P/E 一直维持在 12 倍到 20 倍之间。2014 年至 2015 年，公司的 TEV/TLM EBITDA 和 P/E 大幅上升，分别达到 15.41 倍和 100.7 倍。这两个指标在 2015 年后又迅速回落，至 2016 年分别为 9.4 倍和 21.79 倍（见图 7-1-18、图 7-1-19）。

图 7-1-18　达登餐厅的 TEV/LTM EBITDA 走势

资料来源：Capital IQ。

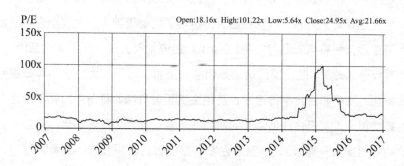

图 7-1-19　达登餐厅的 P/E 走势

资料来源：Capital IQ。

新零售启示：多品牌餐饮的达登模式

在餐饮行业的发展中，多品牌是一个大趋势。以美国为例，快餐（包括快餐、快休闲餐、甜品／饮品）按品牌来看，行业集中度高于正餐（包括休闲餐饮）。无论是任何品类的休闲餐饮，其单品牌的市场占有率都有明显天花板，主要原因是消费频率低，客单高，而如今的年轻消费者更关注体验和个性化，因此龙头公司能够做大，核心是多品牌、集团化运营。餐饮行业有明显的口味周期，往往爆品的基础不够扎实或者市场不够广泛，不足以支撑集团长期的消费和规模，想要获得持续的成功，就需要有多品牌的组合。

达登集团的成长路径对于中国餐饮企业非常有借鉴意义。

第一，达登的创始人和中国大多数餐饮企业家相似，都是从创新某一种餐厅开始起步。但后续他借助拥有强大资源和资金实力的通用磨坊集团，同时也从一个创业者转变为一个职业经理人，学习了如何管理掌控大型企业。所以他再次创业后，能将意式品牌 Olive Garden 迅速发展为旗下三大支柱品牌之一。达登餐厅于 1995 年脱离通用磨坊集团独立上市，旗下三大主营品牌分别针对意式餐饮、海鲜和经典牛排这三种美国主流正餐口味。目前中国并不缺乏有创意的餐饮创业人，但往往创始人的瓶颈在于难以标准化、连锁化、正规化。大多数餐饮创业人只能做到 10 家店左右，就会因为资源瓶颈、资金困难、人才缺乏等常见问题而无法进一步发展。所以，如何借助外部有资源的合作者，壮大自己，最重要的还是创始人的快速学习能力，这样才有可能管理运营一个庞大的连锁组织。

第二，自身孵化、培育新品牌与并购新品牌双管齐下。中国的大型餐饮集团往往选择在内部孵化新品牌，但真正成功的案例非常少，也许是不同业态和运营模式需要不同的 DNA，多数情况下，能够成功的品牌其定位是偶然的。所以，并购已经被证明是一个非常重要的扩张方式。

第三，**餐饮行业中的激励和成本效率问题始终是核心竞争力。**一方面通过并购使得餐饮经营的规模扩大，吸引很多优秀的经营管理者；另一方面，可以将管理费等固定成本更好地分摊开来。特别在选址方面，达登餐厅在很多地方将 Olive Garden 和 Longhorn Steakhouse 开设在一起，在节省资本支出的同时，将厨房和管理团队共享，极大地降低了成本。在管理协同方面，达登餐厅在品牌管理、餐厅运作、人才管理、研发、市场、人力行政、信息科技等方面集中专家和经验，为旗下各品牌统一提供咨询和服务，有效地控制了成本。

这几年在香港上市的餐饮公司总体上业绩不太好，大多数是依靠单一业态和品牌，往往错过了用现金流收购其他品牌的最佳时间。我们也非常认同达登多品牌发展的路径。

美国快休闲餐标杆 Chipotle

Chipotle 墨西哥餐厅成立于 1993 年，主打墨西哥风味卷饼和卷饭，是美国最受欢迎的快休闲餐连锁品牌之一。Chipotle 致力于为顾客提供高品质的健康食材，同时也关注环保和可持续发展。截至 2015 年年底，公司共经营着 2 010 家门店，其中在美国有 1 971 家门店，拥有员工约 6 万名。

Chipotle 开创了连锁餐厅的新业态——快休闲餐，这种模式比正餐连锁如达登餐厅，更为快捷方便，同时也能为消费者提供比传统快餐如麦当劳更为优质的食材。它的客单价也介于这两者之间。传统快餐连锁的目标客户群体通常为 18 岁以下的年轻人和家庭消费者，而 Chipotle 的目标客户群体则主要为 18 岁至 49 岁的成年人。

Chipotle 的菜品简单又美味，能够满足顾客个性化的需求。公司提供用肉、乳酪、豆泥做馅儿的墨西哥卷饼 Burrito，以及手掌大小的玉米饼 Taco 等主食，顾客可以根据自己的喜好选择配料，包括牛肉、猪肉、鸡肉、米饭、豆类、青椒、洋葱等。这种半自助式的模式与赛百味较为相似，不过 Chipotle 主推的是"定制化"墨西哥卷饼而不是三明治。

Chipotle 于 2006 年在纽约证券交易所上市，目前市值约 112.8 亿美元。2015 年年底，公司营业收入 45 亿美元，净利润为 4.76 亿美元（见表 7-2-1）。

表 7-2-1　　　　　Chipotle 墨西哥餐厅的主要财务指标概览　　　单位：百万美元

指标	2012	2013	2014	2015	2016
营业收入	2 731.20	3 214.60	4 108.30	4 501.20	3 904.38
净利润	278.00	327.40	445.40	475.60	23.00
总资产	1 668.70	2 009.30	2 527.30	2 725.10	2 026.10
净资产	1 245.90	1 538.30	2 012.40	2 128.00	1 402.49
营业收入增长率	20.3%	17.7%	27.8%	9.6%	−13.27%
净利润增长率	29.4%	17.8%	36.0%	6.8%	−95.2%
毛利率	27.1%	26.6%	27.2%	26.1%	12.8%
净利率	10.2%	10.2%	10.8%	10.6%	0.6%
ROE	24.3%	23.5%	25.1%	23.0%	1.3%
ROA	18.0%	17.8%	19.6%	18.1%	1.0%
营业收入 / 总资产	1.64	1.60	1.63	1.65	1.93
总资产 / 净资产	1.34	1.31	1.26	1.28	1.44

资料来源：Capital IQ。

Chipotle 的成长路径

1993 年，年轻的史蒂文·埃尔斯（Steven Ells）用 8 万美元贷款和他父亲 8.5 万美元的投资，开设了第一家 Chipotle 门店。随着公司规模不断扩张，门店利润和银行贷款已无法支撑其未来的发展。在经过一年多的谈判后，麦当劳公司决定对 Chipotle 进行投资，这是麦当劳对非本公司业务的第一笔投资。

之后，麦当劳公司持续对 Chipotle 进行投资，并逐渐成为最大的股东。到 1999 年年底，麦当劳公司在 Chipotle 占有股份超过了 50%，在上市前更是达到了 90%。不得不说，Chipotle 前期的快速成长离不开麦当劳公司一直以来的支持。麦当劳除了在资金上给予支持，还在门店选址、运营、供应商体系、物流配送体系等方面给予了 Chipotle 全方位的帮助。

Chipotle 从 2000 年开始推广"健康有机食品"的概念，并于 2001 年开放加盟。公司独特的市场定位和品牌理念迎合了美国广大消费者的偏好，使其在竞争对手中脱颖而出。2006 年，Chipotle 成功在纽约交易所上市，而麦当劳公司由于策略的改变，开始逐步撤资。

2007 年，Chipotle 将运营模式转变为全直营模式。2008 年，公司开始着眼于国际化发展，截至 2015 年年底，已在加拿大、英国、法国、德国分别开设了 11 家、7 家、4 家和 1 家分店，还在东南亚开设了 13 家 ShopHouse（实际上就是迎合亚洲人口味的 Chipotle）。

2015 年 10 月，Chipotle 遭遇了前所未有的危机——食客中毒。一个月内，有 30 名光顾过 Chipotle 的顾客出现了食物中毒的症状。中毒事件持续发酵，华盛顿和俄勒冈 40 多家 Chipotle 门店直接暂停营业。公司股价也遭遇"滑铁卢"，从最高每股 750 美元跌至最低每股 359 美元，跌幅高达 53%。在食物中毒事件后，Chipotle 从原材料把控、宣传、会员制度、菜品设计等方面进行了全方位的整顿和革新。2016 年 2 月，Chipotle 获得美国疾病控制中心正式发出的食品安全"通行证"，开始出现转折，股价逐渐回升，截至 2016 年 12 月 28 日，公司股价每股 385.37 美元。

Chipotle 的竞争优势

市场定位是"健康有机"和墨西哥风味

随着经济快速发展、人口结构改变以及时代变迁，美国消费者已不仅仅追求简单的"吃饱"，而是更追求食物的品质、多样化及个性化。比如美国消费者现在对卫生有了更高的标准，更加追求膳食的营养搭配、食物原材料的天然有机和口味的个性化定制。

Chipotle 恰好把握住了美国消费者偏好的转变，不仅能满足顾客对高品质食品的追求和个性化需求，还能够通过规模化效应将菜品的价格控制在合理的范围之内。再加上墨西哥口味深受美国大众的喜爱，Chipotle 自然而然地发展成为美国快休闲餐行业中的标杆。

高效的供应链基础

在供应链方面，Chipotle 做到：

- 严格挑选供应商，并与之保持紧密的联系。
- 确保所有的分销中心都通过指定的供应商采购原材料。
- 从原材料采购到门店加工的每一个环节，都对食品的安全健康进行严格的监控。

在 2015 年食物中毒事件后，Chipotle 对供应链的各个环节进行了改革，例如加入食物 DNA 检测环节，致力于打造出一套行业领先的食品安全监控流程。

Chipotle 在上市前与麦当劳共享 16 个配送中心。2006 年上市后接管了这 16 个配送中心，并跳跃式扩展到 21 个，之后每两到三年扩建一个。每个配送中心支撑的门店数也逐步提高，从而提升了运营效率（见图 7-2-1）。同时，反映运营盈利水平的 EBITDA 利润率也是逐步提升。

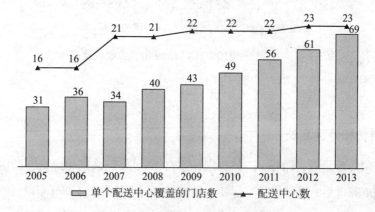

图 7-2-1　2005—2013 年 Chipotle 的配送中心数和平均单个配送中心覆盖的门店数

资料来源：Chipotle 公司年报，弘章资本研究整理。

Chipotle 的价值评估

营业收入

Chipotle 在 2003 年只有 276 家门店，营业收入不足 5 亿美元。截至 2016 年年底，公司规模扩张至 2 025 家门店，营业收入达到 39 亿美元，2015 年这一数字则为 45 亿美元。虽然 Chipotle 的营业收入增长率有所下降，但仍然保持行业领先。2014 年公司实现了营业收入大幅增长，这是由于在这一年提高了菜品价格。2015 年，由于受到食物中毒事件的影响，导致 2015 年和 2016 年多项数据出现大幅下滑（见图 7-2-2）。我们认为 2015 年和 2016 年的数据并不能完全体现出 Chipotle 的正常水平，风波过后，数据有望回到相对正常的水平。

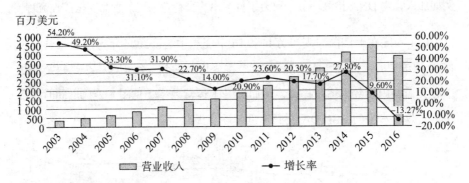

图 7-2-2　2003—2016 年 Chipotle 的营业收入及增长率

资料来源：Capital IQ。

同店增长和外延增长

从门店数量看，Chipotle 外延增长率自 2005 年以来逐年递减，门店数扩张到 500 家以后，外延增长率保持在约 20%，门店数突破 1 000 家以后，外延增长率降至约 13%。再看门店的表现，总体来说，Chipotle 同店增长乏力，自

2015 年以来同店增长主要徘徊在 5%～10%。虽然 Chipotle 在 2004 年通过提高菜品价格使同店增长率创下了 2005 年以来的新高，但是这一战略并不具备可持续性。再加上 Chipotle 单店提客空间并不大，长远来看，Chipotle 未来主营业务增长驱动力依然是外延增长（见图 7-2-3）。

图 7-2-3　2005—2016 年 Chipotle 的同店增长率和外延增长率

资料来源：Chipotle 公司年报。

盈利分析

　　Chipotle 发展到 500 家门店后开始进入分水岭。公司的费用开支分为门店和总部两部分，总部的费用主要包括总部管理团队费用和供应链开支两大类。虽然 Chipotle 在前期实现了门店的盈利，但是由于总部费用占比很高，前期公司业绩实际上处于整体亏损状态。随着门店数和销售规模的扩大，Chipotle 经营杠杆不断提高，在门店数扩张至 500 家后，费用率开始趋于平稳，净利率开始稳中有升（见图 7-2-4、图 7-2-5）。2016 年由于上年食物中毒等一系列事件的影响，多项指标出现了大幅下跌，其中包括毛利率与净利率，相信未来这些数字会在风波平静之后回归至正常水平。

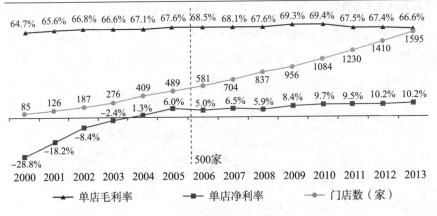

图 7-2-4　门店数和毛利率、净利率的关系

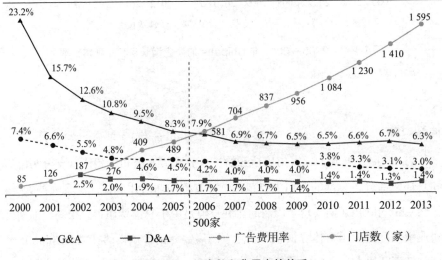

图 7-2-5　门店数和费用率的关系

资料来源：弘章资本研究整理。

为了对 Chipotle 的盈利能力有更深入的认识，我们将 Chipotle 与帕纳拉面包公司（Panera Bread）和麦当劳的营业收入增长率、EBITDA 利润率、费用率、运营效率、回报率等进行了比较。之所以选择这两家公司作为比较对象，是因为帕纳拉主打健康有机的理念，是美国最大的面包咖啡连锁餐厅，而

麦当劳是美国快餐行业的标杆。这两家餐饮连锁店都是 Chipotle 的强大竞争对手，一个在同一细分行业，另一个则为跨行业。

营业收入增长率：三家公司的主营业务增长率自 2003 年到 2016 年年底均呈现下降的趋势，其中 Chipotle 的营业收入增长水平处于领先，比帕纳拉平均高出约 3%～5%，比麦当劳平均高出约 20%（见图 7-2-6）。随着经济的发展、人口结构的变化以及消费者偏好的改变，人们更倾向于健康、多元化、个性化的消费。以麦当劳为代表的传统快餐行业开始逐渐走向衰落，健康的快休闲餐取代传统快餐将成为未来发展的趋势。

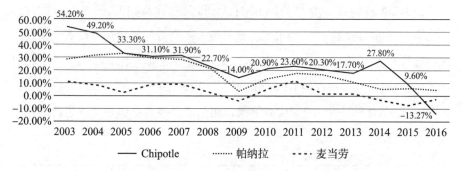

图 7-2-6　2003—2016 年 Chipotle、帕纳拉、麦当劳的营业收入增长率对比

资料来源：Capital IQ。

费用率：2011 年 Chipotle 的食品、酒水、包装费用占比约为 32.5%，比麦当劳平均高出约 8%，比帕纳拉平均高出约 28%，这是由于麦当劳和帕纳拉主要采用加盟的运营模式，而 Chipotle 则采用全自营模式。在劳动力成本占比方面，麦当劳总体水平稳定，约为 17%，帕纳拉在劳动力成本占比上自 2003 年以来呈持续上升走势，Chipotle 则呈持续下降的走势，2007 年 Chipotle 曾一度领先帕纳拉（见图 7-2-7）。

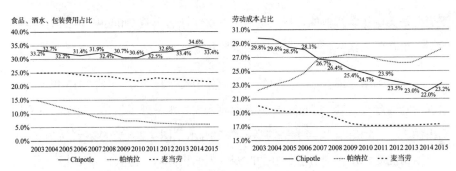

图 7-2-7　2003—2015 年 Chipotle、帕纳拉、麦当劳的费用占比对比

资料来源：Capital IQ。

EBITDA 利润率：麦当劳的 EBITDA 利润率远高出 Chipotle 和帕纳拉，2010 年以后维持在约 35% 的水平，这得益于麦当劳的加盟运营模式、庞大的规模效应以及优秀的后台管理能力。Chipotle 于 2007 年以后 EBITDA 利润率高于帕纳拉，并维持在约 20% 的水平。由于受 2015 年食物中毒事件的影响，2016 年 EBITDA 利润率出现大幅下跌，相信未来该数据将在风波之后回到正常水平（见图 7-2-8）。

图 7-2-8　2013—2016 年 Chipotle、帕纳拉、麦当劳的 EBITDA 利润率对比

资料来源：Capital IQ。

库存周转天数，应付账款周转天数：Chipotle、帕纳拉、麦当劳的平均库存周转天数分别约为 1.6 天、3.8 天、2 天，平均应付账款周转天数分别约为 8.4 天、3.7 天、20.6 天。Chipotle 购买的原材料大多为新鲜的蔬菜及肉类，这些

原材料不易储存且处理极为简单，再加上 Chipotle 有极强的供应链管理能力，与供应商保持着紧密的关系，使得库存周转天数非常短，保持在 2 天以内。而麦当劳公司规模庞大，门店遍布全球，具备极强的议价能力，因此能够享有长达 20 天的应付账款周转天数（见图 7-2-9）。

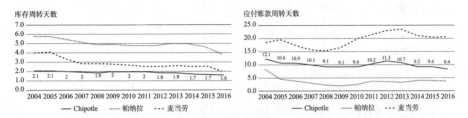

图 7-2-9　2004—2016 年 Chipotle、帕纳拉、麦当劳的应付账款周转天数和库存周转天数对比

资料来源：Capital IQ。

ROA 和 ROE：2009—2015 年，Chipotle 的 ROA 高于帕纳拉和麦当劳，大致维持在 17.5% ~ 19.6%。由于三家公司的融资结构不同，在债务比重上，麦当劳 > 帕纳拉 > Chipotle，且麦当劳债务比重逐年提升，Chipotle 的 ROA 与帕纳拉相近，不过远低于麦当劳（见图 7-2-10）。

图 7-2-10　2004—2016 年 Chipotle、帕纳拉、麦当劳的 ROE 和 ROA 对比

资料来源：Capital IQ。

股价

Chipotle 自上市以来，股价快速上涨，如果投资者在 2008 年金融危机后投资 Chipotle，那么最高收益可以达到 700% 以上。由于受到 2015 年 10 月食物中毒事件的影响，Chipotle 的股价遭遇"滑铁卢"，从最高 750 美元 / 股跌至最低 359 美元 / 股，跌幅高达 53%。在食品安全危机过去的近一年时间里，著名的对冲基金经理比尔·阿克曼（Bill Ackman）盯上了 Chipotle，斥资 10 亿美元买入 280 万股，成为 Chipotle 的第一大股东。截至 2016 年 12 月 28 日，Chipotle 股价为每股 385.37 美元（见图 7-2-11）。

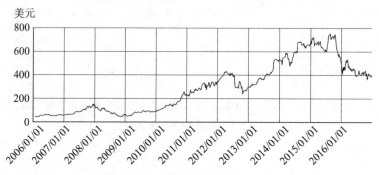

图 7-2-11　Chipotle 的股价走势

资料来源：Capital IQ。

估值

Chipotle 自 2007 年至 2016 年中下旬，P/E 一直徘徊在 50 倍附近。受食物中毒事件的影响，Chipotle 的主营业务收入、EBITDA 和净利润大幅下滑，且下滑速度超过股价下跌的速度，因此至 2016 年年底，Chipotle 的 P/E 和 TEV/EBITDA 值创下了 2007 年以来历史新高，分别为 157 倍和 39.25 倍（见图 7-2-12）。

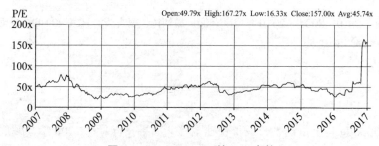

图 7-2-12　Chipotle 的 P/E 走势

资料来源：Capital IQ。

新零售启示：快休闲的 Chipotle 模式

The Future of New Retail

餐饮细分分类和快休闲餐饮的机会

休闲餐厅指环境休闲且供应价格适中食品的餐饮店，通常提供较少的餐桌服务。与正餐比，营业时间较长，供餐时间更有弹性。分类包括茶餐厅、西式休闲餐厅、咖啡屋等。社交聚会需求和对休闲餐饮气氛的青睐，是休闲餐快速增长的动力，我们预测，2015—2018 年是休闲餐增长最快的时期。比如日本家庭人口数在逐渐减小，所以外食规模增大，随着中国家庭的规模越来越小，10 人桌为主的酒楼发展将不如以 4 人桌为主的中小型家庭餐饮和快休闲餐。一般而言，女性工作比例增加，将使得外食比例大大增加。此外，工作压力所带来的社交需求使得休闲聚餐成为一种非常重要的消费行为，而且客单不高也使得这种消费具有一定的可持续性。

国际上成熟市场将餐饮分为两大类，即快速服务餐和正餐。而其中的休闲餐 、快休闲餐、快餐 、甜品饮料 4 种业态已出现了多家上市餐饮集团公司。

其中的快休闲餐厅满足了消费者对健康卫生、营养均衡、食材品质的需求。美国的人均 GDP 发展到 1 万美元之后，是快休闲业态开始发展的时期。快休闲既有着快餐的供应速度，也有着低成本服务的优势，还提供多样化菜单选择，符合美国消费者对健康食物越来越多的需求。

以麦当劳为代表的传统快餐和以 Chipotle 为代表的快速休闲餐厅，在商业模式上有很多地方完全相反：前者代表标准化、流程化、全球化，满足人们"吃饱"的需求；后者代表个性化、多样化、本土化，满足人们"吃好"的需求。Chipotle 一类的快速休闲餐厅在食品营养均衡上的优势十分明显，没有传统快餐的高热量和高脂肪。20 世纪 90 年代之后，伴随着女性就业热潮和经济繁荣，家庭外出就餐需求旺盛。她们收入较高，对食物的品质和口味要求较高，但缺乏消费时间，快休闲正好符合她们的需求。此外，自从 1990 年美国农业部开始进行有机认证后，本土化、非工业化生产的食材受到此类消费者的欢迎。

从 Chipotle 发展路径可以看出连锁餐饮的发展阶段和拐点：

- 30 ~ 50 家店：基于购物中心的高质量门店，形成区域密集的连锁体系，下一步是跨区域快速复制。
- 300 ~ 500 家店：已形成跨区域的管理体系，下一步是区域城市下沉和密集开店。

前期总部费用占比较高，门店盈利，公司整体亏损。随着门店和销售规模扩大，经营杠杆不断提升，费用率逐渐趋于平稳，净利润率平稳后逐步提升。开设 500 家门店是分水岭，证明经营模式成功，费用率趋于平稳，净利润率平稳后逐步提升。

餐饮行业的生命周期和多品牌策略

餐饮行业普遍拥有相似的生命周期，初期由同店增长和店铺增长双轮驱动快速增长，但由于消费者的挑剔，难以保持长期的高速增长。第二阶段，初期的高速增长一旦遇到问题，企业将难以降低增速在运营上进行优化，最终累计风险走向倒闭，约 20% 的餐饮企业都在第二阶段倒闭了。餐饮的口味周期大约是 3 ~ 7 年，要想获得持续的成功，需有合理的多品牌策略或合理的菜品组合，以及不断地研发创新支持。

餐饮行业的成长路径分析总结

餐饮连锁行业巨头从 0 发展到 100 家所需时间最长，一般在 20 年左右，麦当劳花了 19 年,星巴克花了 20 年。同样,中国的乡村基花了 10 年在重庆开了 10 家店,但从 10 家到 100 家只花了两年。从 100 家发展到 1 000 家一般用 6 ~ 10 年,麦当劳花了 9 年,星巴克花了 6 年。肯德基在中国从 0 开到 100 家店花了 10 年,而从 100 家开到 1 000 家只花了 9 年。从全球范围看,只有第一名才能超过 10 000 家店,但开到 20 000 家店后也会遭遇瓶颈。

餐饮行业的第二名或跟随者,一般能够大大缩短从 0 发展到 100 家的时间,塔可钟花了 5 年,棒约翰花了 7 年。但它们基本很难达到 10 000 家门店。当资产收益率低于第一名时立刻停滞不前,塔可钟自 1999 年以来已经关闭 1 000 多家门店,棒约翰从 1999 年以来只增加了 1 000 多家店。

行业第一名的优势在于占据了有利位置,建立了系统,且早期门店增速往往高于第二名。

所以,探讨餐饮连锁能做多大,主要和餐饮巨头品类有关。在中国市场上,火锅连锁就是一个超级大品类,有机会做到 1 000 家连锁。但目前看,一般的休闲餐饮连锁能达到 200 家以上的很少。

在中国餐饮品类中基础品类的生命周期长,"辣"是主逻辑

我们通过长期的口味研究,发现中国能够做大的基础口味品类主要是那些可以标准化,而且符合中国区域人口长期习惯的品类。比如火锅是一个长期流行的大品类,但其实也分为不同的流派。此外,最近非常流行的麻辣香锅和酸菜鱼也是一个长周期品类,比如上海接近 100 家门店的"精悦蓉"和"青花椒"都是把爆款做到比较极致,通过辣的刺激来获得消费者的口味记忆,由于标准化和口味都很好,使得门店的运营效率非常高。单店投资回收期可以保持在 8 ~ 10 个月。这一类快速崛起的品牌主要通过中国购物中心来扩张,所以整体上是目前最具有快速扩张能力一类"快休闲"品牌。

咖啡神话星巴克

星巴克是全球最大的咖啡连锁店，成立于 1971 年，总部坐落于美国华盛顿州西雅图市。旗下零售产品包括 30 多款全球顶级的咖啡豆、手工制作的浓缩咖啡和冷热饮料、各式糕点、咖啡机及咖啡杯等。

截至 2016 年 10 月底，星巴克已在北美洲、拉丁美洲、欧洲、中东和亚太等地区 75 个国家开设了 25 085 家咖啡店，拥有员工超过 11 万人。其中，美洲地区和亚太地区分别开设有 15 607 家和 6 443 家门店。

星巴克的定位是"多数人承担得起的奢侈品"，因而白领阶层成为星巴克的目标消费群体。这个群体大部分是高级知识分子，爱好精品、美食和艺术，拥有较高的收入和品牌忠诚度。

星巴克一直致力于给顾客提供最优质的咖啡和服务，营造独特的"星巴克体验"，将门店打造成为人们除了工作场所和生活居所之外的"第三生活空间"。与此同时，公司不断通过各种活动回馈社会、改善环境，回报合作伙伴和咖啡产区农民，连续多年被《财富》杂志评为"最受尊敬的企业"。

星巴克于 1992 年 6 月在纳斯达克上市，目前市值约 831.5 亿美元，P/E 为 31.07 倍。公司 2016 年 10 月底营业收入 213 亿美元，净利润为 28 亿美元（见表 7-3-1）。

表 7-3-1　　　　　　　　星巴克的主要财务指标概览　　　　　单位：百万美元

指标	2012	2013	2014	2015	2016
营业收入	13 276.80	4 866.80	16 447.80	19 162.70	21 315.90
净利润	1 383.80	8.30	2 068.10	2 757.40	2 817.70
总资产	8 219.20	11 516.70	10 752.90	12 416.30	14 329.50
净资产	5 114.50	4 482.30	5 273.70	5 819.80	5 890.70
营业收入增长率	13.5%	12.0%	10.6%	16.5%	11.2%
净利润增长率	11.1%	−99.4%	24 816.9%	33.3%	2.2%
毛利率	26.7%	28.2%	30.1%	31.1%	31.6%
净利率	10.4%	0.1%	12.6%	14.4%	13.2%
ROE	29.1%	0.2%	42.4%	49.7%	48.1%
ROA	14.3%	14.0%	15.7%	18.1%	18.0%
营业收入 / 总资产	1.62	1.29	1.53	1.54	1.49
总资产 / 净资产	1.61	2.57	2.04	2.13	2.43

资料来源：Capital IQ。

星巴克的成长路径

星巴克的故事可以说是美国式企业家霍华德·舒尔茨（Howard Schultz）个人成长的奋斗史。

舒尔茨先生家境贫寒，成长于纽约市布鲁克林区的一个穷苦社区。一次偶然的机会，他发现美国西海岸西雅图的一家小公司订购了大批咖啡研磨机。在好奇心的驱使下，他飞往西雅图考察了这家名叫星巴克的零售公司。

这家公司的创始人杰瑞·鲍德温（Jerry Baldwin）和戈登·波克（Gordon Bowker）曾是旧金山大学的室友。大学期间，他们被美国意式咖啡鼻祖阿尔弗雷德·皮特（Alfred Peet）创办的皮特咖啡（Peet's Coffee）深深吸引，于是 1971 年在美国西雅图创办了星巴克公司。公司当时从皮特咖啡订购咖啡豆，在门店销售烘焙的咖啡豆和研磨好的咖啡粉，不售卖咖啡饮料。

接触到星巴克后的舒尔茨被咖啡行业和星巴克公司深深吸引了。1982年，舒尔茨辞去了原先的高薪工作，毅然加入了星巴克公司，从事市场营销和推广。此时的星巴克仅有4家门店，只销售烘焙咖啡豆和研磨咖啡粉。

1983年，在去意大利米兰的商务旅行中，舒尔茨彻底了解了意式咖啡的文化和精髓。返回西雅图后，他极力劝说星巴克的管理层转变经营方向，在门店销售咖啡饮料，然而这一想法并没有得到当时合伙人的支持。

1984年，经过数次劝说后，舒尔茨的想法终于被管理层接受，允许尝试。同年4月，星巴克位于西雅图市中心的第6家门店开业，这也是星巴克第一家既提供咖啡豆销售也提供咖啡饮品的门店。尽管该门店在当时取得了极大的成功，舒尔茨的建议依然没有得到管理层的支持，他们认为，星巴克的定位是咖啡烘焙商，而不是餐饮企业。

1985年，由于与星巴克创始人鲍德温理念不同，舒尔茨离开星巴克，成立了天天咖啡（Il Giornale）连锁店。鲍德温为了补偿舒尔茨，给他注资15万美元，并提供咖啡豆和办公场所，帮助他开始新的事业。

1987年，星巴克开设了11家咖啡店，每家店日平均客流量1 000人次左右，日营业收入达到4 000美元，但是公司仍在亏损，鲍德温决定出售星巴克，然后去旧金山经营皮特咖啡。舒尔茨筹集了400万美元收购了星巴克所有的店铺，并将天天咖啡的门店全部改成星巴克的形象。至此，真正意义上的星巴克诞生了！

在舒尔茨的带领下，星巴克开始了扩张之路，至1992年，门店数达到116家。1992年6月26日，星巴克作为第一家专业咖啡公司成功在纳斯达克上市，募集了3 600万美元资金。

1999年至2000年，公司健康发展，星巴克的复合年均增长率高达49%，同店增长一直保持在5%以上。舒尔茨认为自己已经完成使命，于2000年辞去 CEO 职位，担任公司董事会主席。

2002 年，吉姆·唐纳德（Jim Donald）接任公司星巴克 CEO。在他的带领下，星巴克在 5 年内进入到新的市场、新的领域，门店扩张至 9 000 多家，是之前的 3 倍，公司市值也从 72 亿美元提升至将近 200 亿美元。而疯狂的扩张带来了重大隐患，自 2006 年下半年开始，星巴克的单店平效的增长开始出现停滞，新增顾客几乎没有增长，同店增长低迷。

舒尔茨陆续接到各部门同事的反映。在考察了多个门店后，他意识到星巴克出现了问题，并将发现的问题以备忘录的形式发送给唐纳德以及整个管理团队。然而，这份备忘录不久被外泄给媒体，这正式宣告了星巴克的经营不善以及管理团队的不和，引起轩然大波。再加上受金融危机的影响，星巴克的股价在 2007 年下跌接近 50%。

2008 年 1 月初，舒尔茨临危受命，重新担任 CEO，实施了一系列经营措施，比如关店、缩减成本、提高产品质量、提高供应链效率、改造门店的支付系统及 IT 系统等。然而，这无法改变星巴克股价继续下跌的命运。这一年，星巴克的股价继续暴跌，至 2008 年年底，股价较历史高峰期下跌了近 80%。

在舒尔茨的掌舵下，星巴克在金融危机后再次吸引消费者回到门店，实现了更为健康的发展。截至 2016 年 10 月底，公司营业收入 213 亿美元，增速为 11.2%。

星巴克的竞争优势

高品质和"第三空间"带来重复消费

星巴克具有非常高的顾客黏性和顾客忠诚度，而这一点正是通过高品质的产品和"第三空间"的体验来实现的，并且它鼓励顾客不断地重复消费。

星巴克始终保持对高品质咖啡豆的追求，为了达到这一目的，采取了以下措施：

- 实行严格的采购标准，首选高海拔地区的咖啡豆；
- 对咖啡种植者给予支持，与供应商形成稳定互惠良好关系，实现共赢。

星巴克的成功源于它在 20 世纪 80 年代末推出的"第三空间"概念："人们需要有非正式的公开场所，可以在那儿聚会，把对工作和家庭的忧虑暂时搁在一边，放松下来聊聊天。"舒尔茨利用"第三空间"这一概念重新定义了咖啡馆，让星巴克门店能够满足顾客在心理和社交上的需求，鼓励顾客不断地重复消费，让星巴克成为社区的一部分。为了打造好"第三空间"，星巴克做了以下几点：

- **挑剔的选址和庞大的零售门店网络。**公司绝大部分店面都选在了大商场、写字楼等高档区域，这为星巴克披上了时尚和高品位的外衣，迎合了白领消费人群的需求。同时，庞大的零售门店网络不仅能彰显品牌、吸引新的消费者，还能让老顾客随处找到休憩之处，让星巴克成为生活中的一部分。
- **舒适的门店设计。**星巴克门店的设计风格分为 4 种色系，而且是根据咖啡的成长过程搭配的：代表生长的绿色、代表烘焙的火红配咖啡棕、代表调制的流青配咖啡棕、代表芳香的淡黄色配绿色。这些设计风格不仅给人们舒适、安全、温馨的感觉，也彰显了品牌文化。同时，明亮的落地玻璃窗增加了门店的整体通透感，脱离了一般咖啡馆的神秘和暧昧气氛。
- **星巴克音乐。**作为"第三空间"的有机组成部分，音乐在星巴克已经上升到仅次于咖啡的位置。星巴克播放的音乐大多是自己制作的有知识产权的音乐，迷上星巴克咖啡的人多数也迷恋星巴克的音乐。
- **温暖的服务。**星巴克认为员工是传递体验价值的主要载体，而咖啡的价值通过员工的服务才能提升。星巴克通过员工激励体制和全面的培训系统让员工善于与顾客进行沟通、预感客户的需求，并且大胆与顾客进行眼神接触，与顾客产生共鸣。

产品创新带动同店增长，渠道拓展带动盈利

星巴克十分注重品类的创新，不断推出符合当地消费者口味和当地文化的新品。这使得它能具备更多提价的空间，在鼓励老顾客重复消费的同时，又吸引了新的消费群体，通过提高客流量、客单价带动同店销售的增长。

随着生活节奏的加快，顾客希望可以更便捷地享受到星巴克的味道，而星巴克也充分利用自己的品牌效应，向零售渠道延伸，不断将研发的咖啡饮品甚至冰激凌等产品推向各大渠道。2016 年，星巴克渠道发展部门的营业收入接近 20 亿美元，EBIT 高达 31%。

"第三空间"与快餐化营销相结合，舒适度与翻台率兼备

星巴克打造的咖啡门店不是最舒适的，却是最盈利的。环境极为舒适的咖啡馆通常意味着翻台率低，因为顾客往往倾向丁点一两杯咖啡，然后在沙发上舒服地聊一下午，或者看看书。除非顾客愿意为远高于星巴克价格的咖啡买单，不然这样的咖啡馆是很难实现高盈利和大规模扩张的。与大多数连锁咖啡店不同，星巴克在"第三空间"的基础上推出快餐化营销，在给顾客舒适感的同时，提高翻桌率，驱动了门店的盈利。

星巴克还通过内部装饰推出快餐化营销：

- 简洁而富有标志性的外观装饰使星巴克更容易被消费者发现，能够有效获取客源。
- 木板式点餐牌搭配不太多的品种列表，降低了消费者的选择时间，同时自助点餐式柜台既节省了人力成本，又提高了点餐效率。

- 纸杯代替瓷杯减少了顾客驻足的时间。
- 星巴克门店通常是少量沙发配以大量木制或塑料桌椅。这样安排，一方面是因为舒服的沙发会给人以舒适、温暖的感觉，从而吸引顾客，另一方面，大量的简易桌椅既能提高空间的利用率，又会因为给顾客带来"不是特别舒服的感觉"而提高翻桌率。

星巴克的价值评估

营业收入

星巴克 2016 年营业收入为 213.2 亿美元，较 2015 年增长了 11.2%（见图 7-3-1）。美洲地区是最主要的收入来源，贡献了 69% 的业绩，其次是亚太地区，贡献了 14% 的业绩（见图 7-3-2）。

图 7-3-1　2012—2016 年星巴克营业收入及增长率

资料来源：星巴克公司年报。

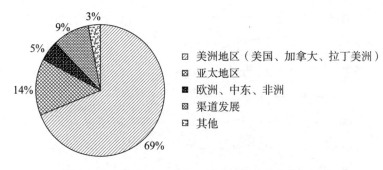

图 7-3-2　截至 2016 年 10 月底星巴克营业收入组成

资料来源：星巴克公司年报。

同店增长和外延增长

星巴克的同店增长率从 2012 年 9 月的 7% 下降至 2016 年的 5%，虽然客单价逐年提高，但是客流量快速下滑，因此总体同店增长呈下降的趋势（见图 7-3-3）。不过，外延增长率维持在很稳定的水平，约为 5.2%（见图 7-3-4）。

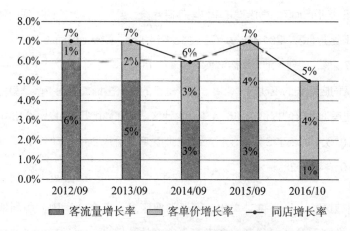

图 7-3-3　星巴克全球同店增长率及构成

资料来源：星巴克公司年报。

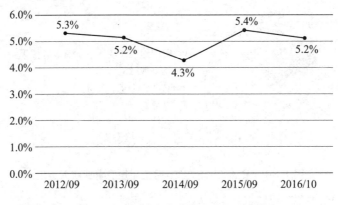

图 7-3-4　星巴克全球外延增长率走势

资料来源：星巴克公司年报。

由于美洲地区和亚太地区是星巴克主营业务收入最重要的两大来源，我们将在下文具体讨论星巴克在这两个地区的同店增长和外延增长情况。比较星巴克美洲地区和亚太地区的同店增长水平（见图 7-3-5、图 7-3-6），明显可以看出：

● 虽然两个地区的同店增长率均呈下降趋势，但是亚太地区的跌幅明显高于美洲地区。2012 年 9 月至 2016 年 10 月，美洲地区同店增长率下降了 2%，而亚太地区同店增长率下降了 11%。

● 从同店增长的驱动因素来看，两个地区的客流量增长均呈下降态势，但是美洲地区的提价空间远大于亚太地区。美洲地区客单价从 2012 年至 2016 年增长了 3%～5%，而亚太地区客单价从 2012 年的 3% 下降至 2016 年的 2%。

美洲地区一直崇尚咖啡文化，而亚洲地区多为茶文化，因此美洲地区顾客的品牌粘度和重复消费程度远高于亚太地区的消费者，而且对价格的变化也不太敏感。

从两个地区的门店扩张速度来看，美洲地区的外延增长率约为 5.2%，亚太地区外延增长率约为18%。虽然目前亚太地区的外延增长率远高于美洲地区，但是其未来的增长很可能会遇到瓶颈。比如中国，由于星巴克在亚太地区较美洲地区更为昂贵，这使得亚太地区的消费群体多为富裕的白领阶层。再加上中国本土更崇尚茶文化，星巴克未来在中国二三线城市的扩张之路也许并不会一帆风顺。

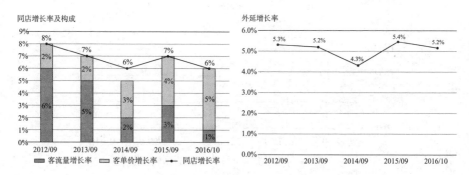

图 7-3-5　星巴克美洲地区的同店增长率和外延增长率情况

资料来源：星巴克公司年报。

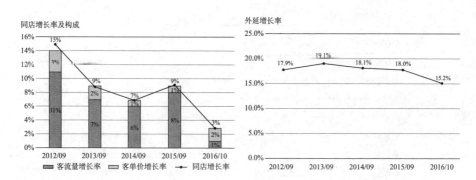

图 7-3-6　星巴克亚太地区的同店增长率和外延增长率情况

资料来源：星巴克公司年报。

毛利率、EBITD 利润率、SG&A 费用率

星巴克的毛利率和 EBITDA 利润率自 2012 年以后均稳步上升，体现了公

司运营效率不断提高（见图 7-3-7）。公司的销售成本、综合开销和管理费用从 2012 年至 2016 年在 6.7%～7% 之间波动（见图 7-3-8）。

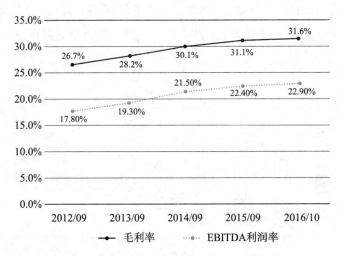

图 7-3-7　星巴克的毛利率和 EBITDA 利润率情况

资料来源：Capital IQ。

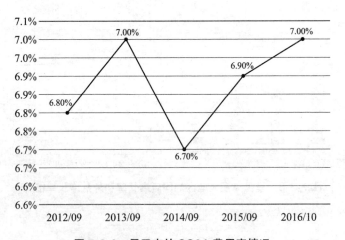

图 7-3-8　星巴克的 SG&A 费用率情况

资料来源：Capital IQ。

库存周转天数和应付账款周转天数

星巴克的库存周转天数从 2012 年的 41.3 天降至 2016 年的 34.2 天，体现了运营效率的提高。由于具备很强的议价能力，星巴克的应付账款周转天数大致维持在 16 ~ 18 天（见图 7-3-9）。

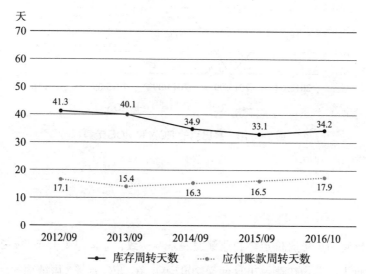

图 7-3-9 星巴克的库存周转天数和应付账款周转天数

资料来源：Capital IQ。

ROA 和 ROE

星巴克的 ROA 和 ROE 走势相似，自 2013 年 9 月至 2016 年 10 月大致呈上升趋势。2013 年，仲裁官判星巴克向卡夫支付包括律师费在内共计 28 亿美元作为赔偿，这使得星巴克净资产规模缩减，净利润减少至 830 万美元，较 2012 年减少了 99.4%，ROE、ROA 也随之骤减，分别为 0.2% 和 14%（见图 7-3-10）。

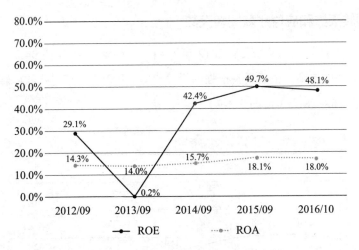

图 7-3-10　星巴克的 ROA 和 ROE 走势

资料来源：Capital IQ。

股价

　　星巴克的历史股价走势和业绩发展基本一致，总体呈上升态势，2009 年以后股价上涨尤为快速。2002 年至 2007 年，在 CEO 吉姆·唐纳德的带领下，星巴克进入疯狂扩张期。从 2006 年下半年开始，星巴克的经营开始出现问题，再加上受金融危机的影响，公司股价在 2007 年下跌了近 50%。2008 年，舒尔茨重新掌舵星巴克，在一系列改革措施下，业绩从 2009 年开始好转，以更加健康的态势发展，股价也随之一路飙升。2016 年 12 月 1 日，星巴克宣布舒尔茨将从 2017 年 4 月 3 日起不再担任公司 CEO，这引发了投资者的担忧，股价一度狂跌 11%，收盘后跌幅达 3.6%。截至 2017 年 1 月 7 日，星巴克的股价为每股 57.13 美元（见图 7-3-11）。

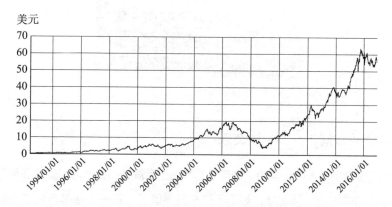

图 7-3-11 星巴克的历史股价

资料来源：Capital IQ。

估值

2007 年至 2017 年年初，星巴克的 P/E 基本处于 25 倍到 35 倍区间，当前 P/E 为 31.07 倍（见图 7-3-12）。

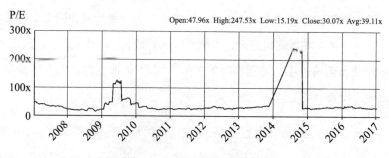

图 7-3-12 星巴克的 P/E 走势

资料来源：Capital IQ。

The Future of New Retail

新零售启示：星巴克模式

第三波咖啡浪潮正在向中国袭来

在大多数中国人的印象中，咖啡总是和两个品牌挂钩在一起：雀巢和星巴克。事实上，咖啡市场发展至今，经历了三个发展阶段。第一代咖啡出现在 1940—1960 年，以咖啡速食化、商品化为特点。在第二次世界大战期间，美军将咖啡作为必备品。为了保证在战场上的实用性以及工厂能够大批量进行生产，此时的咖啡都是以速溶咖啡为主。美军平均每人有 15 千克 / 年的配给量，因此有许多士兵在战场上染上了咖啡瘾。战后，雀巢、麦斯威尔等速溶咖啡公司以冲泡方便的优点迅速攻占了美国市场。但此类咖啡都是过度萃取的咖啡，口感极差。

第二代咖啡出现在 1966—2000 年，以重度烘焙、咖啡连锁化为特点。就在美国人喝品质低劣的速溶咖啡时，以意大利为代表的欧洲国家却在享受着优质咖啡。荷兰人将重度烘焙阿拉卡比豆带入美国，让美国人重新认识了咖啡，即使不加糖和奶精也能品尝到咖啡的香醇。1971 年诞生的星巴克就是第二代咖啡浪潮的代表。

第三代咖啡从 2003 年发展至今，是以轻度烘焙、精细冲泡为特点。在美国，因为咖啡文化的流行，除了星巴克之外，也诞生了许多有特色的知名精品咖啡馆。以 2010 年成立的 Blue Bottle 等精品咖啡店被称为第三代咖啡浪潮的代表。它们使用高档单一咖啡豆，经过轻度烘焙和精细的冲泡工艺，还原出咖啡本身应有的独特风味。

场景演变，K-Cup 兴起

除了消费者对咖啡品质的需求有了一系列演变之外，咖啡饮用场景也伴随着品质和技术的升级进行了一系列变革。

"K-Cup"一词最早源于单杯咖啡机品牌 Keurig，随后人们就把将咖啡胶囊放入单杯咖啡机中的此类产品称为 K-Cup 咖啡。咖啡胶囊就是将烘焙过的咖啡豆，在短时间内磨成粉后，装入铝制胶囊进行密封，从而最大限度保存咖啡的香味。消费者通过咖啡机的高压，直接将咖啡胶囊冲滤出一杯咖啡（非速溶咖啡）。相比于每天早上把已经磨好、香味有所损失的咖啡粉一勺一勺放入咖啡壶再烧一段时间，对快节奏的上班族来说，往咖啡壶里放一粒胶囊，按一下开关，20 秒便冲出一杯咖啡的便捷方式显然更有吸引力。

从美国咖啡市场的整体结构来看，精品咖啡和 K-Cup 咖啡是市场增长的主要动力，其中以 K-Cup 对市场规模的提升最为明显，相对低端的速溶咖啡的占比在下降。同样在西欧，单杯咖啡机的渗透率在快速上升。

中国市场的现状是投资精品咖啡的最佳时机

中国潜在的咖啡消费者约为 2 亿至 2.5 亿人，这是一个巨大的增量市场。目前中国的咖啡消费年增长率为 15%，世界的咖啡消费年增长率为 2%。从人均消费量来看，欧美发达国家个人年消费量为 500 ~ 1 000 杯，日本 200 杯，韩国 140 杯，中国仅为 4 杯。中国一线城市如北京、上海、广州，平均每人每年的消费也仅 20 杯。由于星巴克在中国进行了大量的本地化品牌推广，前期投入了巨大的成本来引导消费者，因此已经培育了一批咖啡忠诚用户。咖啡既是饮品，也是"瘾品"，消费者对咖啡的味道极为重视，先入为主的思维容易产生品牌联想，所以打造品牌是核心要点。

上海目前是中国精品咖啡发展最重要的市场，比如占据上海流行最前线新天地核心地段的鹰集咖啡（S Engine），以及连锁程度比较高的麦隆精品咖啡等。精品咖啡不仅满足了消费者的口味需求，也满足了消费者对咖啡原味的追求以及社交诉求。

比萨外卖标杆达美乐

达美乐比萨是全球第二大比萨连锁餐厅，自成立以来专注于比萨外送业务。同时在全球运营着自营店和特许加盟店网络，主要经营比萨外带业务。

达美乐成立于 1960 年，总部位于美国密歇根州，截至 2017 年 1 季度，已在全球 85 个国家和地区拥有超过 14 000 家餐厅门店，每天外送超过 100 万张比萨，员工数量约 260 000 人。公司核心市场是美国本土市场，占总营业收入的一半，门店数为 5 438 家，海外市场按照门店数由多至少依次为印度 1 117 家、英国 997 家、墨西哥 663 家、澳大利亚 738 家、土耳其 488 家、日本 472 家、韩国 441 家、加拿大 446 家、法国 325 家和沙特阿拉伯 225 家。

达美乐比萨配送快速及时，从 1973 年起就提出"30 分钟内送达，否则免费"的口号，虽然其间对口号有所调整，但配送的效率没有改变。公司的门店以外带业务为主，标准化程度很高。门店装修简单、窗户明亮，顾客可以通过明档看到比萨的制作过程，墙上 LED 屏幕则显示了所有订单的状态。

达美乐于 2004 年 7 月在美国纽约证券交易所上市，目前市值约 80.3 亿美元，P/E 为 41.5 倍。公司 2016 年营业收入 24.73 亿美元，净利润为 2.15 亿美元（见表 7-4-1）。

表 7-4-1   达美乐主要财务指标概览   单位：百万美元

指标	2011	2012	2013	2014	2015	2016
营业收入	1 652.20	1 678.40	1 802.20	1 993.80	2 216.50	2 473.00
净利润	105.40	112.40	143.00	162.60	192.80	215.00
总资产	480.50	478.20	525.30	596.30	799.80	716.00
净资产	−1 209.70	−1 335.50	−1 290.20	−1 219.50	−1 800.30	−1 883.00
营业收入增长率	5.2%	1.6%	7.4%	10.6%	11.2%	11.6%
净利润增长率	20%	7%	27%	14%	19%	12%
毛利率	28.5%	29.9%	30.5%	29.8%	30.8%	31.1%
净利率	6.4%	6.7%	7.9%	8.2%	8.7%	8.7%
ROE	NM	NM	NM	NM	NM	NM
ROA	22.4%	23.4%	28.5%	29.0%	27.6%	28.4%
营业收入/总资产	3.44	3.51	3.43	3.34	2.77	3.45
总资产/净资产	−0.40	−0.36	−0.41	−0.49	−0.44	−1.31

资料来源：Capital IQ。

达美乐的成长路径

1960 年，汤姆·莫纳汉（Tom Monaghan）借了 900 美元，在密歇根州伊斯兰提买下了一家名为 DomiNick's 的比萨店。1965 年，莫纳汉将这家比萨店更名为"达美乐比萨"，并于 1967 年在伊斯兰提开设了第一家达美乐比萨加盟店。1973 年，公司提出"30 分钟内送达，否则免费"的口号，旨在实现快速、准确的配送。

1967 年，达美乐开始在国内和国外市场快速扩张：1978 年门店数达到 200 家，1983 年达到 1 000 家，1985 年达到 2 841 家。其中美国市场有 984 家，是当时美国增长最快的比萨公司。1989 年门店达到 5 000 家，2001 年达到 7 000 家。其中，达美乐加盟商在 1990 年达到 1 000 个，国际门店数于 1995 年扩张至 1 000 家，1997 年增长至 1 500 家。

由于"30分钟送达"的保证让一些送餐员在配送时因为赶时间而撞伤行人，达美乐于1993年暂停使用该口号，更改为"如果出于任何原因，您对达美乐比萨用餐体验不满意，我们将重新制作您的比萨或给您退款"。口号虽然更改，但是本质没有改变。

1998年，达美乐推出了HeatWave®技术，采用保热包装的专利技术，使比萨在送达客户时仍保持着烤箱的热度。同年，创始人莫纳汉宣布辞职，将公司所有权转让给贝恩资本公司（Bain Capital Inc.）。

2001年，达美乐建立了首个区域资源中心，开启了在欧洲大陆的扩张阶段，2002年收购了亚利桑那州凤凰城的82家特许经销店。2003年，达美乐被《今日比萨》杂志（Pizza Today）评为年度最佳连锁品牌，并于2004年成功在纽约证券交易所上市。

由于产品平庸、口味不佳等原因，达美乐在2006年至2008年间遭遇危机，股价大幅下滑。现任公司市场总监罗素·维纳（Russell Weiner）于2008年离开百事公司，加入达美乐。在他的带领下，达美乐弃用了近50年的比萨配方，创新配方和菜单，借助数字化的订单跟踪系统和比萨制作器，使在线定制成为公司业务的新奠基。2010年，公司再度被《今日比萨》杂志评为年度连锁品牌。

2012年，达美乐门店数达到9 999家，并且推出了全新标志和"比萨剧场"餐厅设计——增加了明档，店面形似长廊，使顾客能全程观察食物的制作过程，这一举措显著改变了客户体验。同时，公司2011年为iOS系统设计的订餐APP以及2012年为Android系统设计的APP，使80%的智能手机都可以通过移动端在线下单。

截至2016年年底，达美乐在全球80多个国家和地区拥有超过13 000家餐厅门店，营业收入24.73亿美元，净利润2.15亿美元。

美国比萨行业分析

美国比萨行业十分分散，这个市场可以再细分成三块业务：外送业务、外带业务和餐厅就餐业务。美国比萨外送业务市场规模约 100 亿美元，其中前三大公司占据 56% 的市场份额，达美乐排名第一，占比 29%。美国的比萨外带业务市场规模约 156 亿美元，前四大公司占据了 47% 的市场份额，达美乐位列第二。

达美乐主要的竞争对手是必胜客和棒约翰。必胜客是全球最大的比萨餐厅连锁品牌，门店超过 15 000 家，比达美乐多出约 4 000 家。必胜客主要业务为餐厅就餐，盈利主要通过外延增长带动，并且远比达美乐和棒约翰注重中国市场，在中国市场的营业收入占总收入的一半。棒约翰是全球第三大比萨餐厅连锁品牌，门店超过 4 000 家，在中国仅有约 160 家。棒约翰极为注重比萨的品质，承诺"更好的馅料，更好的比萨"。2014 年，在线订餐水平与棒约翰持平。

全球比萨外送业务的发展还不成熟，美国也只有达美乐、必胜客和棒约翰在国际市场上具备一定的影响力。由于全球消费者对便捷消费的需求日益提高，比萨外送业务这个庞大的领域有望持续增长（见图 7-4-1）。

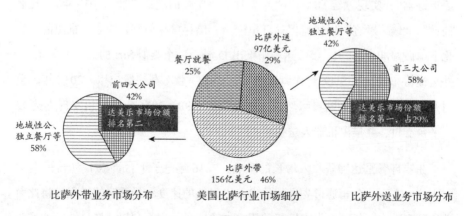

图 7-4-1 比萨行业的市场分析

资料来源：达美乐公司年报。

达美乐的竞争优势

高效的供应链管理和精准的选址：实现快速、准确配送

达美乐的竞争优势不在于产品的质量，而在于能够比其他比萨店为顾客提供更好的服务。对快餐业来说，最重要的衡量标准就是快，尤其对于外送业务。达美乐认为外卖的门槛低，只有通过速度才能够在行业取得竞争优势。公司从1973年起率先提出外卖30分钟送达和门店外带15分钟实现的口号，其间虽然有过调整，但总体观念没有改变。

科技带来用户体验升级

达美乐的市场总监曾戏称："达美乐其实是一个科技公司，只是恰好在卖比萨而已。"在达美乐，最大的部门既不是产品研发部，也不是营销部，而是IT部门。

2007年，当大多数比萨公司还在用电话接订单时，达美乐已经推出了电脑和移动端的订餐页面。一年后，公司在业内率先推出"比萨建造者"和"比萨追踪器"，实现顾客DIY比萨并实时了解比萨的配送进度。2013年，"比萨档案"上线，顾客可以快速保存订单记录、储存口味偏好，为之后推出的一键化下单做好准备。2014年，达美乐推出Dom，一个类似Siri的语音下单系统，并与福特车载系统Sync合作，推出了世界第一款车载快餐应用。2015年，公司开发了胃部扫描判断口味然后一键订餐的APP。2016年，公司实现支持15个平台支付，并推出机器人送餐。

在线订餐是达美乐收入增长的重点，2016年电子平台贡献了50%的营业收入。一方面，公司通过先进的技术，以最快的速度和最透明的过程，将比萨送达顾客手中，给顾客带来极好的用户体验，另一方面利用"黑科技"的噱头又能达到很好的营销效果。

达美乐价值评估

营业收入

达美乐 2016 年营业收入为 24.73 亿美元，在线订餐贡献了约一半的营业收入。公司收入增速大幅上升，从 2011 年的 5.2% 增长至 2016 年的 11.6%，翻了超过一倍。其中，由于 2012 年在国内和国际的同店增长率均下滑，公司 2012 年收入增长速度严重放缓（见图 7-4-2）。

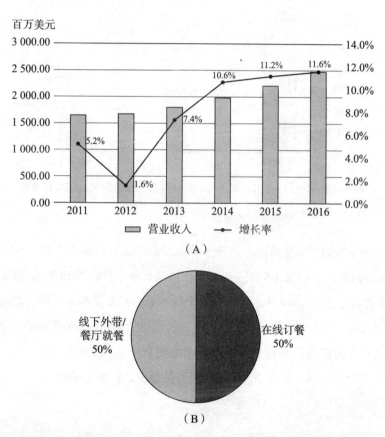

（A）

（B）

图 7-4-2 达美乐的营业收入及增长率情况（A）和 2016 年收入细分（B）

资料来源：Capital IQ，达美乐年报。

同店增长和外延增长

总体来说，达美乐过去 5 年在全球扩张的速度非常快，比必胜客多开设 954 家门店，比棒约翰多开设 2 771 家门店（见图 7-4-3）。同店增长也一直保持在较高的水平，其美国的同店增长率自 1995 年以来，有 17 年为正值，平均约 3.3%，国际同店营业收入自 1995 年以来始终保持正增长，平均值为 5.6%。

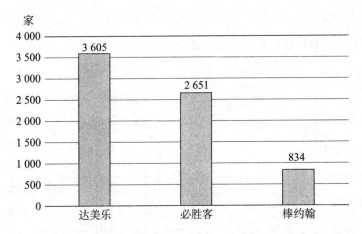

图 7-4-3　2011—2016 年达美乐、必胜客、棒约翰的门店增长情况

资料来源：Investor Presentation。

达美乐在美国本土市场的表现十分强劲，外延增长率从 2011 年的 –0.4% 增长至 2016 年的 4.6%（见图 7-4-4），同店增长率更是从 2012 年的 3.1% 翻了 3 倍以上，增长至 2016 年的 10.5%（见图 7-4-5）。美国本土市场占据公司总营业收入的一半，未来仍将是公司最核心的市场。国际市场的外延增长率也在稳步上升，同店增长率近年来保持不错的增长（见图 7-4-6、图 7-4-7）。但不同于必胜客，达美乐在中国市场的门店数很少，整体表现不佳。

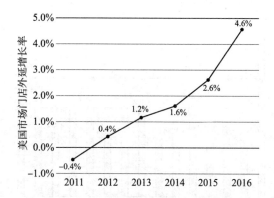

图 7-4-4　2011—2016 年达美乐美国市场门店外延增长情况

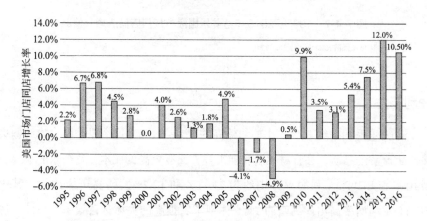

图 7-4-5　1995—2016 年达美乐美国市场门店同店增长情况

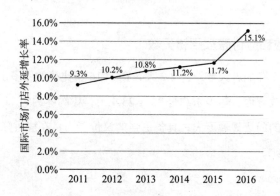

图 7-4-6　2011—2016 年达美乐国际市场门店外延增长情况

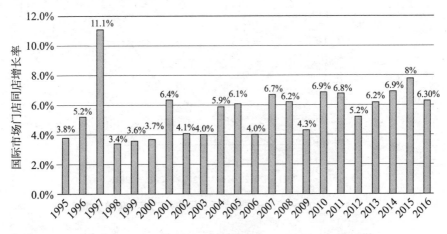

图 7-4-7　1995—2016 年达美乐国际市场门店同店增长情况

资料来源：Investor Presentation，Capital IQ。

盈利能力

达美乐毛利率约 30%，比棒约翰高约 6% ~ 10%，这主要是因为棒约翰更多注重比萨的品质，在食材挑选和加工等方面有更高的成本。达美乐的 SG&A 费用率和 EBITDA 利润率分别约为 21.11% 和 12.7%，均高于棒约翰。其中 EBITDA 利润率高出棒约翰约 9%，体现了它很高的整体运营效率。另外，达美乐的净利率逐年提升，2016 年达到 8.7%，比棒约翰高 2.7%（见图 7-4-8）。

库存周转天数和应付账款周转天数

达美乐的库存周转天数约为 8.2 天，在 2016 年比棒约翰多出 1.9 天；在应付账款周转天数方面，达美乐约为 22 ~ 23.4 天，棒约翰约为 11 ~ 12.2 天，这是因为达美乐的门店规模庞大，具备更强的议价能力，在应付账款方面享有优势（见图 7-4-9）。

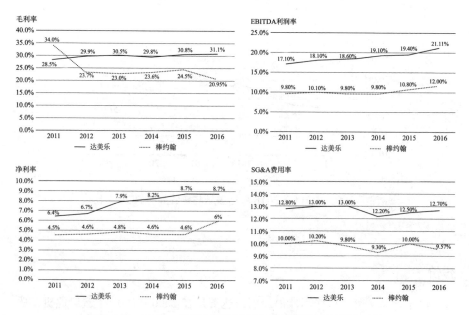

图 7-4-8 2011—2016 年达美乐与棒约翰的盈利能力对比

资料来源：Capital IQ。

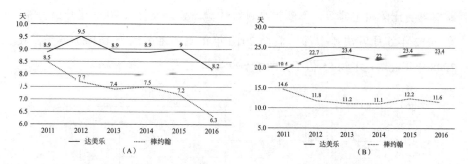

图 7-4-9 达美乐与棒约翰的库存周转天数对比（A）和应付账款周转天数对比（B）

资料来源：Capital IQ。

ROA

达美乐的 ROA 一直高于棒约翰，2016 年为 28.4%，高出棒约翰近 8%（见图 7-4-10）。

图 7-4-10 2011—2016 年达美乐与棒约翰的 ROA 对比

资料来源：Capital IQ。

股价

由于产品平庸、口味不佳等原因，达美乐在 2006—2008 年遭遇危机，股价大幅下滑，2008 年年底跌至历史最低位，每股仅 2.89 美元。公司内部经过激烈的讨论，弃用了近 50 年的比萨配方，创新配方和菜单，借助科技如比萨跟踪器、比萨制定器等，不断提高顾客体验。公司股价从 2009 年开始上涨，在 2012 年 6 月后快速上涨，截至 2016 年年底，每股约为 161.87 美元，较 2008 年年底增长了约 55 倍（见图 7-4-11）。

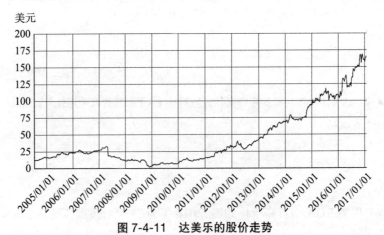

图 7-4-11 达美乐的股价走势

资料来源：Capital IQ。

估值

达美乐 TEV/LTM EBITDA 和 P/E 走势大致相同，2009 年以后稳步上升。公司当前 TEV/LTM EBITDA 为 22.08 倍，P/E 为 42.15 倍（见图 7-4-12）。

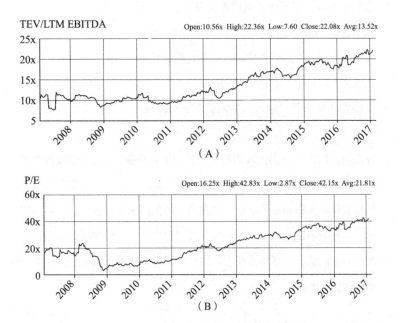

图 7-4-12　2008—2017 年达美乐的 TEV/LTM EBITDA 走势（A）和 P/E 走势（B）

资料来源：Capital IQ。

The Future of New Retail

新零售启示：达美乐模式

如何看到互联网外卖的机会

最近两年，市场上涌现了大量拥有"互联网思维"的餐饮企业，它们试图通过互联网结合自营外卖的方式快速壮大。如何持续提升餐厅的外卖效率以及消费者的外卖体验，将成为相关企业之后需要重点解决的问题。

目前，中国餐饮 O2O 模式主要分为 4 类：

- 团购类。以美团、大众点评为代表，引进美国 Groupon 模式，全面接入本地餐饮企业和消费者。团购起步较早，是目前餐饮 O2O 的主要模式。

- 点评类。以大众点评为代表，通过长期的积累，汇集了大量餐厅和用户的信息，起到了市场培育的作用。

- 订餐类。帮助用户通过互联网渠道预订就餐座位甚至菜品，提升用餐体验。

- 外卖类。以饿了么为代表的第三方外卖平台是餐饮 O2O 领域近期最受资本青睐的 O2O 模式，千万级美元融资频频发生，并且众多传统餐饮和互联网巨头纷纷布局。快餐类在短期内仍然是外卖受众的主要选择之一，大多数第三方外卖平台都以此类型餐户为主，但重模式平台由于在配送方面的优势，在传统正餐和饮料糕点等配送难、溢价高的品类上有相对明显的优势。

达美乐的高效率就是互联网外卖学习的模板

达美乐高效的供应链管理保证了生产和配送的速度。公司在美国有 16 个面团生产中心、1 个饼皮加工厂、1 个蔬菜加工厂和 1 个设备供应中心，在加拿大、阿拉斯加、夏威夷还有 7 个加工中心。除此之外，公司在美国有一支超过 500 辆汽车的运输队，通过利润分享的方式降低特许经营商拿货成本，避免特许经营商自购食材，保证了产品制作和配送的速度和品质。

达美乐充分利用大数据，在选址上非常精准。公司会详细分析周边主要的外卖消费人群、社区、街道、路况等，并将店铺区域认真绘制成图，详细到每个路口和红绿灯的位置，以便能找到最佳的外卖送餐路线，保证比萨在 30 分钟内送达顾客手中。

日本连锁餐饮杰出代表泉盛集团

泉盛集团是世界十大餐饮服务集团之一，是日本连锁餐饮行业的杰出代表。集团创立于 1982 年，总部位于日本东京，旗下有 20 多家子集团和 30 多个餐饮品牌，比如食其家、Coco's，涵盖牛丼、寿司、拉面、烤肉、意大利面、汉堡、墨西哥菜等。集团当前在全球 9 个国家共有 4 867 家门店，日本境内有4 615 家门店，员工共 112 182 人。

泉盛集团于 1999 年在日本的证券交易所上市，目前市值 28.4 亿美元，P/E为 44.6 倍。集团 2016 年营业收入 46.73 亿美元，净利润为 3 580 万美元，2016 年在日本本土的营业收入位居业内第一（见表 7-5-1）。

表 7-5-1　　　　泉盛集团的主要财务指标概览　　　　单位：百万美元

指标	2011	2012	2013	2014	2015	2016
营业收入	3 295.70	3 581.90	3 711.80	4 163.40	4 549.40	4 673.00
净利润	42.10	27.30	45.00	9.80	−99.00	35.80
总资产	2 863.50	2 744.40	2 847.90	2 412.40	2 477.20	2 614.40
净资产	595.40	586.20	789.60	618.70	668.00	756.50
营业收入增长率	11.0%	8.7%	3.6%	12.2%	9.3%	2.7%
净利润增长率	35.1%	−35.2%	64.9%	−78.2%	NM	NM
毛利率	65.9%	64.9%	62.9%	59.1%	57.0%	56.6%
净利率	1.3%	0.8%	1.2%	0.2%	−2.2%	0.8%
ROE	9.2%	8.6%	11.6%	2.7%	−13.2%	6.4%

续表

指标	2011	2012	2013	2014	2015	2016
ROA	4.8%	5.6%	3.7%	1.8%	0.5%	2.7%
营业收入/总资产	1.15	1.31	1.30	1.73	1.84	1.79
总资产/净资产	4.81	4.68	3.61	3.90	3.71	3.46

资料来源：Capital IQ。

泉盛的成长路径

泉盛集团成立于 1982 年，总部最初位于日本横滨市，2001 年搬到了日本东京。1982 年在一栋大楼内开设了第一家非独立的食其家餐厅，后于 1987 年开设了第一家独立式食其家餐厅。2002 年创立了 Hamazushi 品牌。

泉盛的成长以门店扩张为主，并购为辅，其中并购约占总投资的 20%。并购业务除了餐饮服务品牌之外，还较少地涉及零售和护理领域。主要的并购事件有 2000 年并购了 Coco's 品牌，2001 年并购了 Gyuan 品牌，2002 年并购了 Yamato Foods 和 Big Boy 品牌，2005 年并购了 Nakau 品牌，2006 年并购了 Catalina Restaurant 品牌，2007 年并购了 United Veggies 和 Sunday's Sun 品牌，2008 年并购了 United Veggies 和 Sunday's Sun 品牌，2012 年并购了 Tamon Foods 和 Maruya 品牌，2013 年并购了 Yamatomosuisan、Maruei 和 Yamaguchi 超市零售品牌，2013 年并购了专门为老年人提供护理服务的 Kagayaki 和 Owariya 品牌。

在门店扩张 + 并购的策略下，泉盛集团的门店数量增长飞快，1983 年时仅有 2 家门店，2000 年达到 261 家，收入达到 1.5 亿美元；2006 年门店数更是达到 1 900 家，收入 13.3 亿美元。目前，集团在全球共有 4 867 家门店，收入 46.73 亿美元，是日本市值最大的餐饮连锁集团，也是全球十大食品服务集团之一。

1997 年，泉盛集团在日本 JASDAQ 证券市场上市，1999 年在东京证券交易所第二部上市，2001 年在东京证券交易所第一部上市，充足的资本为集团的扩张提供了有力的保障。

泉盛集团的发展主要是通过外延增长带动的，成长历程可以分为 4 个阶段：第一阶段在 1983—2000 年，集团重点推广食其家品牌，并在 1997 年成功上市，2000 年年底成功将食其家推广至日本各地，营业收入达 1.5 亿美元，门店数 261 家；第二阶段在 2001—2006 年，集团大规模收购和快速扩张门店，至 2006 年年底，共收购了 14 家集团，包括 Coco's 品牌，门店数较第一阶段末增长了约 6 倍，约 1 900 家，营业收入增长至 13.3 亿美元；第三阶段在 2006—2014 年，集团更加快速的发展，截至 2014 年年底，共有 4 792 家门店，创造了 41.6 亿美元的营业收入，旗下的 2 200 家直营店中，82% 的门店投资来自于营运现金流；第四阶段起始于 2014 年，此时泉盛集团注重海外扩张，旨在发展成为全球最大的日本连锁餐饮集团（见图 7-5-1）。

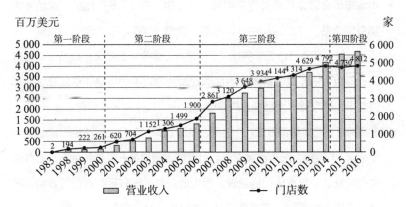

图 7-5-1　1983—2016 年泉盛集团的营业收入和门店数

资料来源：泉盛集团年报。

泉盛的竞争优势

大品牌，小业态

泉盛集团的一大显著特征是多品牌运营，旗下虽然品牌众多，但是每个品牌都只专注于一个细分业态，比如牛丼、寿司、拉面、烤肉、意大利面、汉堡等。这让集团具备了以下优势：

- **小业态带来专业化和标准化。**泉盛旗下的每个品牌只专注于一个小的细分业态，虽然每个品牌的菜单相对简单，却为顾客带来了更为专业化和标准化的体验。简单的菜品让每个品牌最大化地专注于单品的塑造，为顾客提供更加高品质和专业化的菜品，同时又能够通过标准化的管理降低成本、提高用餐效率。此外，有集团在背后提供战略、资金等方面强大的支持，每个品牌可以更加专注地塑造自己的品牌和业态。

- **小业态组合带来广泛的客户群体。**泉盛旗下有 30 多个品牌，覆盖 4 大类餐饮消费，菜品涵盖牛丼、寿司、拉面、烤肉、意大利面、汉堡、墨西哥菜等。在消费者需求多样化、分散化、多变化的今天，泉盛可以通过多业态组合的方式，最大限度地满足消费者对不同口味、不同就餐环境的需求，尽可能扩大目标客户群体。

- **多品牌运营带来协同效应。**一方面，集团的 MMD（Mass Merchandising System）系统为所有品牌提供后台服务，通过统一采购和生产、规模化供应链管理、标准化门店管理，极大地提高了所有品牌的运营效率，在降低了成本的同时，还提高了菜品的品质；另一方面，多品牌运营可以让品牌之间共享资源，如中央厨房、管理团队等，也能够让集团在选址方面具有竞争优势，有效地控制成本。

强大的后台支持：MMD 系统

泉盛的 MMD 系统是集团业务的基础，覆盖了从采购、生产、物流至零售终端的各个环节，旨在实现"为顾客提供安全、美味、实惠食品"的宗旨，具体来说：

- 在采购方面，集团遵循"安全—高品质—降成本"的先后顺序，利用规模优势与供应商达成稳定的合作关系，取得实惠的价格。
- 在生产方面，MMD 系统对每日的销量进行自动预测，日本境内的 29 个工厂根据预测进行生产，既保证了食材的新鲜度，也减少了库存。
- 在物流方面，集团的物流体系全年 24 小时运作，日本境内有 33 个分销中心，最大化保证了食材运送速度和新鲜度。
- 在门店终端方面，集团尽可能简化操作流程，为顾客提供快速而便利的服务。

泉盛的价值评估

泉盛集团 2016 年营业收入 46.73 亿美元，同比增长 2.7%。其中，乌冬面业态收入占比最大，为 36%，其次是家庭用餐类和快餐类，分别贡献了 25% 和 23% 的营业收入（见图 7-5-2、图 7-5-3）。

为了更好地了解泉盛集团的盈利能力，我们将它与萨莉亚公司和吉野家集团进行对比。萨莉亚公司成立于 1967 年，是日本市值第二大连锁餐饮公司，经营意大利菜系快餐，在全球拥有超过 2 500 家门店。吉野家集团成立于 1958 年，也是日本十大上市餐饮公司之一，旗下有知名牛丼品牌吉野家、花丸等 7 个品牌，全球门店数约 1 200 家。

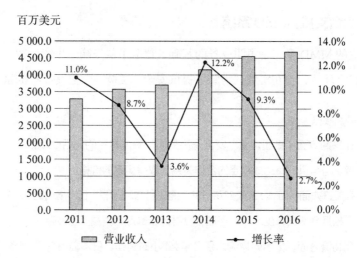

图 7-5-2　2011—2016年泉盛集团的营业收入及增长率

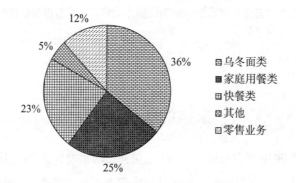

图 7-5-3　泉盛集团2016年营业收入细分

资料来源：泉盛集团年报。

毛利率和净利率

　　泉盛集团的毛利率在2011年至2016年呈显著下降的趋势，从65.9%下降至56.6%，总体低于吉野家集团和萨莉亚公司。这主要是因为泉盛近年来销售成本逐年走高，给毛利带来了很大压力，而萨莉亚的客单价高于泉盛，毛利率在2016年比泉盛高出约8%。

从净利率来看，由于萨莉亚偏向家庭餐饮，菜单丰富，客单价相对较高，其净利率显著高于其他两个集团，2016 年约为 3.8%，吉野家和泉盛的净利率水平总体上不相上下，泉盛 2016 年净利率为 0.8%（见图 7-5-4）。

EBITDA 利润率和 SG&A 费用率

虽然泉盛的毛利率低于吉野家集团，但是在 EBITDA 利润率方面却处于领先，这体现了泉盛多品牌、大规模经营所带来的协同效应（见图 7-5-5）。

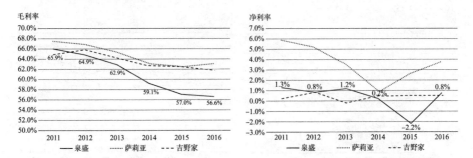

图 7-5-4　2011—2016 年泉盛、萨莉亚、吉野家的毛利率和净利率对比

资料来源：Capital IQ。

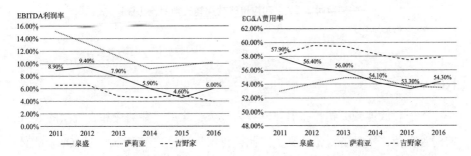

图 7-5-5　2011—2016 年泉盛、萨莉亚、吉野家的 EBITDA 利润率和 SG&A 费用率对比

资料来源：Capital IQ。

库存周转天数和应付账款周转天数

　　萨莉亚经营意大利菜系快餐，原材料需求丰富，加工过程较为复杂，顾客平均用餐时间高于泉盛和吉野家，因此萨莉亚的库存周转天数较长，2016年为49.2天。泉盛库存周转天数约为26～29天，低于吉野家。从泉盛旗下的业态和门店数都远高于吉野家集团来看，泉盛的后台支持系统和运营效率极高。从应付天数来看，随着泉盛的门店规模不断扩张，其议价能力不断上升，应付账款周转天数从2011年的19.6天延长至2016年的36.5天（见图7-5-6）。

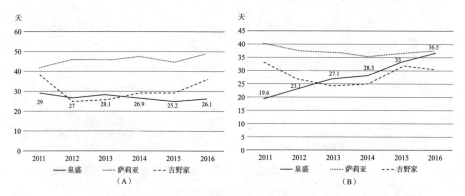

**图 7-5-6　2011—2016 年泉盛、萨莉亚、吉野家的库存周转
天数对比（A）和应付账款周转天数对比（B）**

资料来源：Capital IQ。

ROA

　　由于餐饮连锁公司扩张时资本投入较大，泉盛、萨莉亚和吉野家的ROE有时为负值，不具备讨论意义，因此，我们只讨论这三家公司的ROA。大体上看，萨莉亚的ROA最高，2016年为6%，其次是泉盛集团，2016年为2.7%，吉野家最低，2016年仅为0.9%（见图7-5-7）。

图 7-5-7　2011—2016 年泉盛、萨莉亚、吉野家的 ROA 对比

资料来源：Capital IQ。

股价

　　泉盛集团上市以来股价快速上涨，2004 年以后更是飞速上涨，每股从 2004 年年初的 261 日元上涨到 2006 年年初的 1 950 日元，创下历史高位。2008 年金融危机期间，集团股价大幅下滑，2008 年年底开始缓慢回升。2014 年年底，集团股价再次进入高速上涨阶段，2016 年 11 月达到 2 046 日元，突破 2006 年创下的历史高位（见图 7-5-8）。

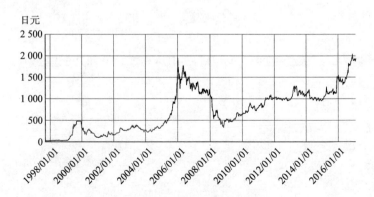

图 7-5-8　泉盛集团的股价走势

资料来源：Capital IQ。

估值

泉盛集团的 TEV/LTM EBITDA 从 2012 年后呈上涨趋势，当前该指标为 11.35 倍。P/E 大体比较稳定，近年来约为 25 倍到 50 倍。由于集团在 2014 年和 2015 年净利润大幅下滑，随着股价快速上涨，P/E 在这两年大幅走高。随着净利润水平回归正常，P/E 逐渐回归至正常区间，当前 P/E 为 44.73 倍（见图 7-5-9 ）。

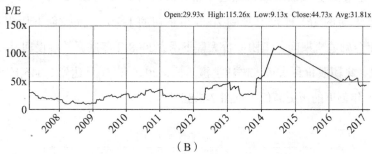

图 7-5-9　泉盛集团的 TEV/LTM EBITDA 走势（A）和 P/E 走势（B）

资料来源：Capital IQ。

新零售启示：泉盛模式

在快餐业领域，相比于餐饮业发展非常成熟的日本，中国餐饮业尚处于发展期。由于中国餐饮文化和消费者习惯与日本有诸多相似之处，我们可以从日本快餐连锁的发展中获得很多借鉴之处。

小业态经营

日本的快餐连锁通常给人一种"小而精"的感觉，比如食其家、吉野家、各式拉面馆等。小业态经营不代表不盈利，粗犷式的经营才更容易被淘汰。一方面，随着时代的发展，人们更加追求吃的品质，因此能够为消费者提供好吃的菜品就是餐厅的生存之道，而"小业态"经营善于更加精细化打造单品和推出单品创新，能够针对性地满足消费者的口味需求。另一方面，小业态经营意味着更少的菜品、更加统一的加工工序和更加短的制作时间，这有利于餐厅的标准化管理，提高餐厅门店的"可复制性"。但值得注意的是，在中国本土市场，餐厅应该在小业态中注重菜品的丰富度，不要给顾客留下菜品精美却不够丰富的印象。

多品牌运营

餐饮连锁只有一个品牌往往也意味着危险。单个品牌虽然有简化、集中的优势，但一旦消费者厌恶该品牌，企业就会遭到致命损失。随着消费者口味更加多样化和多变化，"多品牌、小业态"的经营策略可谓是一个明智之举，这不仅可以扩大消费客户群体，分散风险，还可以通过多品牌获得协同效应，比如选址协同。

供应链管理

快餐连锁餐饮的一大核心在于供应链管理，虽然门店陈列出来的菜品各式各样，但是原材料大体一致，加工工序较为简单，后台可以进行统一的规范化管理，从而大大降低成本，提高运营效率。随着连锁规模的扩大，后台可以进行统一的采购、仓储、配送、中央厨房加工和信息系统共享等。这样既通过规模优势降低了管理成本，还提高了整体的运营效率，特别在采购端，公司还可以采取与农场签约等方式，有力地把控原材料的安全和新鲜度，降低整体采购成本，在终端菜品的价格方面有更大的竞争力。

通过并购发展

外延增长常常是快餐连锁发展的主要驱动力。在把自有品牌打造得相对成熟后，公司可以通过并购等方式快速地丰富业态和菜品，增加门店的地理覆盖程度，取得更多协同效应。

多品牌、多业态的日本创造餐饮集团

日本创造餐饮集团成立于 1999 年，总部位于东京。集团秉承"多品牌、多区域"的策略，以购物中心为主，推广符合当地人需求的各种日本料理品牌，大力拓展亚洲圈、中华圈以及北美等地。集团餐饮涉及日本料理、西洋料理、中华料理、民族料理、居酒屋、拉面店、休闲美食广场等，当前门店数 795 家，旗下品牌 197 个，员工 3 171 人。

创造餐饮集团采用"联邦经营"的运营模式，旗下拥有 11 家事业公司，每个事业公司独立运营多个品牌（见图 7-6-1）。根据品牌所属的业态和特征，创造餐饮将旗下所有品牌归为 4 大类：CR Category、SFP Category、Specialty Brands Category 和 Overseas Category。

- CR Category 经营创造餐饮股份有限公司旗下的所有品牌，以郊外购物中心为主，运营品牌多样化的餐厅和美食广场，旗下拥有品牌超过 150 个，门店数 381 家。

- SFP Category 是 SFP Dining 股份有限公司旗下的品牌，主要业态为居酒屋，定位在市区购物中心，目前门店数共计 176 家。

- Specialty Brands Category 主要经营收购公司，包括 Lemonde Des Gourmet 股份有限公司、Eat Walk 股份有限公司、YUNARI 股份有限公司、Gourmet Brands Company 股份有限公司、KR FOOD

SERVICE 股份有限公司等,这些公司各有特点,比如 YUNARI 专注做
日式拉面,目前该类别的门店数共计有 192 家。

- Overseas Category 是集团 2009 年后在海外开设的品牌,目前有约
  30 家门店。

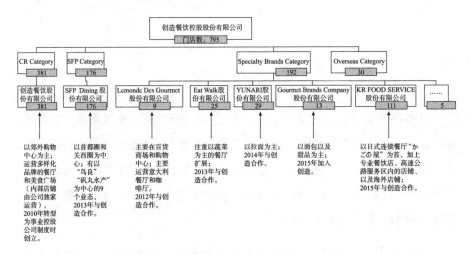

图 7-6-1　创造餐饮集团的"联邦经营"模式

资料来源:创造餐饮集团官网,年报。

创造餐饮集团于 2005 年在东京证券交易所上市,市值 8.4 亿美元,P/E
为 31.32 倍。集团 2016 年营业收入 9.2 亿美元,净利润为 0.4 亿美元(见
表 7-6-1)。

表 7-6-1　　　　　创造餐饮集团的主要财务指标概览　　　　　单位:百万美元

指标	2011	2012	2013	2014	2015	2016
营业收入	329.70	307.80	330.40	466.90	616.10	918.00
净利润	9.20	11.70	11.70	16.10	58.40	37.90
总资产	166.80	203.70	206.20	350.90	393.10	642.60
净资产	63.20	75.60	40.50	91.40	164.40	203.70
营业收入增长率	-1.7%	-6.7%	7.3%	41.3%	32.0%	49.0%
净利润增长率	34.7%	26.7%	0.2%	37.5%	258.6%	-48.9%

续表

指标	2011	2012	2013	2014	2015	2016
毛利率	73.0%	72.9%	72.9%	72.4%	72.1%	71.2%
净利率	2.8%	3.8%	3.5%	3.4%	9.4%	3.2%
ROE	21.5%	23.2%	26.7%	27.7%	45.3%	20.0%
ROA	11.7%	11.2%	9.5%	8.4%	6.3%	7.1%
营业收入/总资产	1.98	1.51	1.60	1.33	1.57	1.43
总资产/净资产	2.64	2.69	5.09	3.84	2.39	3.15

资料来源：Capital IQ。

创造餐饮的成长路径

创造餐饮成立于 1999 年，并在当年开设了 5 家门店，主要经营意大利餐饮以及日本料理。2000 年，公司在御殿场奢侈品折扣购物中心开设独立运营的美食广场"Food Bazaar"。到 2004 年，运营的门店已突破 100 家。

2005 年，创造餐饮在爱知万博开设了 1 600 个座位的"盛典美食广场"，店铺数突破 200 家，同年在东京证券交易所创业板成功上市。

2006 年，创造餐饮门店数突破 300 家。2008 年，公司和上海豫园建立合资公司，运营南翔小笼包品牌，并于 2011 年进入新加坡市场。

2012 年至 2014 年，创造餐饮收购了日本 Lemonde Des Gourmet 餐饮公司、SFP Dining 餐饮公司、Eat Walk 股份有限公司和 YUNARI 股份有限公司，设立了上海造惠餐饮管理有限公司和中国台湾创造餐饮股份有限公司。公司门店数在 2013 年和 2014 年年末分别突破 500 家和 600 家，并于 2013 年在东京证券交易所市场第一部上市。

2015 年，Gourmet Brands Company 股份有限公司从原有公司中分割出来，单独运营。同年，创造餐饮收购了 KR FOOD SERVICE 和 RC JAPAN，集团门店数突破 700 家。

至 2016 年年末，集团营业收入 9.2 亿美元，旗下品牌 197 个，门店数
795 家。

创造餐饮的竞争优势

多品牌、多业态运营

创造餐饮集团的最大优势是多样性和对变化的应对能力。集团目前拥有
197 个品牌，涉及日本料理、西洋料理、中国料理、民族料理、居酒屋、拉面
店、休闲美食广场等，既有专门店如拉面馆、居酒屋等，也有综合性门店如
Portofino。

在消费者需求多样化、分散化、多变化的今天，创造餐饮集团可以通过多
业态、多品牌组合的方式，最大程度地满足消费者对不同口味、不同就餐环境
的需求，尽可能扩大目标客户群体，提高对大环境的应变能力。

同时，品牌之间也可以通过协同作用降低成本、提高效率。创造餐饮旗下
虽然品牌众多，但是各品牌日式餐饮采用的原材料大致相同，比如米饭、三文
鱼、金枪鱼、海苔等，因此集团可以通过规模效应进行直接采购，既保证了食
材的安全和新鲜，也降低了采购成本。另外，多品牌运营可以让品牌之间共享
资源，如中央厨房、管理经验、行业专家等，也能够让集团在选址方面具有竞
争优势，有效地控制成本。

"联邦经营" 管理模式

集团采用"联邦经营"的管理模式，拥有 11 家集团事业公司，每个事业
公司各有擅长，独立运营多个品牌。举例来说，创造餐饮股份有限公司以郊外
购物中心为主，主要运营品牌多样化的餐厅和美食广场，旗下品牌超过 150 个，

门店数约 381 家；SFP Dining 股份有限公司主要运营居酒屋业态，定位在市区购物中心，约有 176 家门店。

"联邦经营"模式尊重集团各事业公司的独立性，允许多文化体系在集团内部存在。这种模式既让每个事业公司在专注的领域中发挥出强项，又可以通过集团内部多文化、多事业部的交流，增强经验积累，提高集团的创新能力，更好应对消费者需求的多样性和快速变化。

独家运营美食广场

创造餐饮集团有一大特征，即所有美食广场内的店铺都由集团独家运营，比如御殿场的"Food Bazaar"和东京地下铁表参道车站里的"Marche' De Metro"等。一方面，只有公司拥有足够多的品牌和业态，才能够支持美食广场的独家运营；另一方面，集团对美食广场店铺统一管理，既可以通过共享厨房、共享管理团队、租金优势等降低成本，还可以根据时间段灵活地调整人员配置，减少浪费，提高广场的整体协调性。

创造餐饮的价值评估

创造餐饮集团近年来收入快速增长，2016 年营业收入 9.2 亿美元，2014 年至 2016 年营业收入增长率分别为 41.3%、32% 和 49%。集团旗下创造餐饮股份有限公司收入占比最大，约 37.9%，其次是 SFP Category，即 SFP Dining 股份有限公司，收入占比为 35%，Specialty Brands Category 和 Overseas Category 分别贡献了 24.4% 和 2.7% 的营业收入（见图 7-6-2）。

创造餐饮集团的特征是多品牌、多业态运营，不同于传统的单一品牌运营。我们将创造餐饮与单一品牌运营的萨莉亚进行比较，以更好地了解创造餐饮的运营情况。

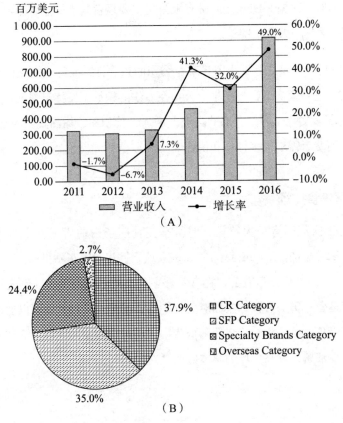

图 7-6-2　创造餐饮集团的营业收入及增长率（A）和 2016 年收入细分（B）

资料来源：Capital IQ，创造餐饮集团年报。

毛利率，EBITDA 利润率，净利率，SG&A 费用率

创造餐饮毛利率约为 71%～73%，比萨莉亚高约 8%，这主要是因为创造餐饮旗下品牌的定位大多偏向休闲化和精品化，客单价大幅高于萨莉亚。由于多品牌、多业态的运营模式，创造餐饮的整体管理体系较为复杂，成本较高，SG&A 费用率约为 65%，比萨莉亚高约 10%。近年来创造餐饮的 EBITDA 利润率高出萨莉亚约 1%，反映了其整体运营效率的提升。从净利率来看，创造餐饮近年来高于萨莉亚，2016 年二者净利率分别为 3.8% 和 3.2%（见图 7-6-3）。

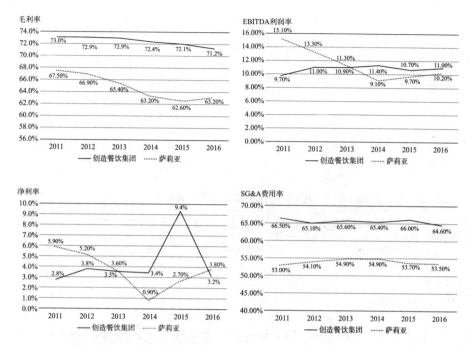

图 7-6-3　2011—2016 年创造餐饮集团与萨利亚的盈利能力对比

资料来源：Capital IQ。

库存周转天数和应付账款周转天数

创造餐饮库存周转天数极短，为 4 ~ 5 天，远低于萨莉亚的 42 ~ 49 天，这得益于多品牌、多业态运作模式带来的协同效应，能够让创造餐饮在仓储、物流、加工等方面统一管理调配，极大地提高了整体的运营效率。创造餐饮的应付账款周转天数约为 26 ~ 30 天，低于萨莉亚公司，这是因为萨莉亚在全球有 2 500 家门店，约为创造餐饮门店规模的 3 倍，庞大的规模让萨莉亚具备很强的议价能力，在应付账款方面享有优势（见图 7-6-4）。

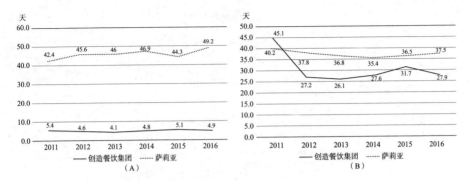

图 7-6-4　2011—2016 年创造餐饮集团与萨莉亚的
库存周转天数对比（A）和应付账款周转天数对比（B）

资料来源：Capital IQ。

ROA 和 ROE

整体来看，创造餐饮集团的 ROA 和 ROE 均高于萨莉亚公司，2016 年二者
的 ROA 分别为 7.1% 和 6%，ROE 分别为 20% 和 7.6%（见图 7-6-5）。

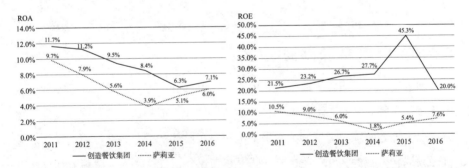

图 7-6-5　2011—2016 年创造餐饮集团与萨莉亚的 ROA 和 ROE 对比

资料来源：Capital IQ。

股价

创造餐饮集团于 2005 年在东京证券交易所创业板上市，上市后经历了为
期约一年的快速上涨，2006 年 1 月股价达到每股 718 日元的高位，之后快速

下跌至约 73 日元左右，此后一直上涨乏力。到 2012 年中期，随着大规模的并购，集团股价开始快速上涨，2013 年 5 月约为每股 403 日元，2015 年 8 月每股约 1 013 日元，当前集团股价约为每股 996 日元（见图 7-6-6）。

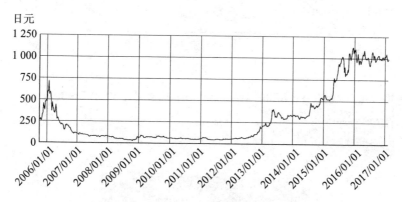

图 7-6-6　2006—2017 年创造餐饮集团的股价走势

资料来源：Capital IQ。

估值

总体来看，创造餐饮集团的 TEV/EBITDA 在 2009 年至 2013 年约 2.5 倍~5 倍，2013 年中期以后约为 10 倍。P/E 2007 年后持续下降，从 2007 年年底的 21.25 倍降至 2012 年中期的 6.5 倍，此后 P/E 大体呈上涨趋势，目前约 31.32 倍（见图 7-6-7）。

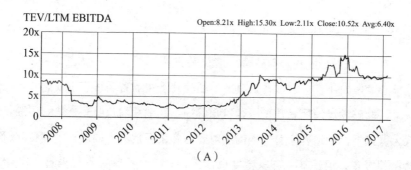

（A）

213

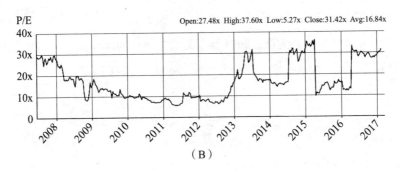

图 7-6-7　创造餐饮集团的 TEV/LTM EBITDA 走势（A）和 P/E 走势（B）

资料来源：Capital IQ。

与泉盛集团相比，创造餐饮集团旗下品牌更加多样化，而且多数品牌的受众为高端人群，旨在提供更加休闲舒适的体验，因此创造餐饮不能够通过简单的门店"复制"进行疯狂扩张。相反，它的发展模式应该是专注于品牌的单店打造，适当地进行门店扩张，并通过创造新的业态和扩充品牌种类来扩大集团的整体规模。

多品牌、多业态打造竞争优势

创造餐饮旗下有 197 个品牌，这正是其不同于其他日本连锁餐饮之处，也是核心竞争力所在。创造餐饮旗下的品牌几乎覆盖各类餐饮小业态和各种用餐环境，能够满足消费者几乎所有口味偏好，在消费者口味多样化和多变化的时代大背景下，创造餐饮有极强的应对能力和生存能力。同时，创造餐饮旗下虽然品牌极多，但是其业态重合度也很高，197 个品牌并不代表着 197 个业态！创造餐饮在同一个小业态内打造了很多略有差别的品牌，虽然本质相同，但是给消费者带来了新鲜感和更多的选择，提高了消费频率。

除此之外，创造餐饮还可以通过品牌之间的协同效应降低成本，提高运营效率。比如，在选址上，多品牌入驻可以提高议价能力，在租金上享有优惠；在后台操作上，采购、物流、配送、中央厨房共享等环节可以统一标准化管理，降低成本，提高运营效率；在管理方面，多品牌之间可以分享管理经验和文化，既加强了集团整体运作能力，又提高了创新能力。

美食广场独家运营

创造餐饮的一大特色就是独家运营美食广场，广场内部的所有店铺均为旗下所有。以 2005 年集团打造的"盛典美食广场"为例，该美食广场里有超过 200 家店铺，1 600 个座位，收入相当可观。对于多品牌经营的餐饮集团来说，批量入驻美食广场或者直接经营美食广场是一个不错的选择，在人员配置、中央厨房共享、租金等方面可以通过协同效应有效地控制成本，提高利润空间。

目前中国也出现了很好的美食广场模式的机会，未来进一步升级为"主题型美食广场"以及"园区美食广场类型"。第一种意味着更加突出定位和主题，如上海的"东京美食厅"业态，把日本东京最流行的 8 个单品集合在一个美食广场中，都是非常有特色的产品，如火爆的牛肉饭、柚子味拉面等。此外我们也觉得大型园区也是非常好的集客资源，如专门服务华为、腾讯的大型员工园区的服务商，具有一定的垄断资源性。

The

Future

of

New Retail

08

供应链分销创新

美国食品杂货分销商 SuperValu

SuperValu 成立于 1925 年，是美国最主要的商品批发分销商之一，同时还经营连锁折扣店和零售店业态。截至 2016 年 2 月，公司共有员工约 38 000 名，旗下批发分销业务共覆盖全美 40 个州，作为一级分销商服务于 1 796 家独立零售门店和自有零售门店，作为二级分销商服务于 232 家独立零售门店客户。旗下连锁折扣店 Save-A-Lot 在 37 个州共运营 1 360 家门店；旗下零售店则通过 Cub Foods、Shop'n Save、Farm Fresh、Shoppers Food&Pharmacy、Hornbacher's 等区域性品牌，在明尼苏达州、马里兰州、弗吉尼亚州、北达科他州等地区运营 200 余家门店。公司 2016 财年的营业收入为 175.3 亿美元，净利润为 1.78 亿美元（见表 8-1-1）。截至 2017 年 1 月 5 日，公司市值为 13.07 亿美元。

表 8-1-1　　　　SuperValu 主要财务指标概览　　　单位：百万美元

指标	2013	2014	2015	2016
营业收入	17 136	17 252	17 917	17 529
营业收入增长率	−1.4%	0.7%	3.9%	−2.2%
毛利润	2 419	2 617	2 650	2 648
毛利润增长率		8.2%	1.3%	−0.1%
净利润	(1 466)	182	192	178
净利润增长率		−112.4%	5.5%	−7.3%
毛利率	14.1%	15.2%	14.8%	15.1%
净利率	−8.6%	1.1%	1.1%	1.0%

续表

指标	2013	2014	2015	2016
总资产	11 034	4 374	4 434	4 370
净资产	(1 415)	(730)	(636)	(433)
ROE	NA	NA	NA	NA
ROA	0.8%	4.0%	7.1%	7.2%
总资产 / 净资产	−7.80	−5.99	−6.97	−10.09
营业收入 / 总资产	1.55	3.94	4.04	4.01

资料来源: Capital IQ。

SuperValu 的成长路径

1870 年, 休·哈里森 (Hugh Harrison) 在明尼阿波利斯创立了一家纺织品批发商。他是当地知名的地产商和银行家, 并在 1868 年当选为该市的市长。后来哈里森决定继续往零售业发展。1926 年一家名为温斯顿和纽厄尔 (Winston & Newell, 以下简称 W&N) 的公司成立了, 这家公司也就是 SuperValu 的前身。公司发展较为成功, 建造了第一个现代化的杂货仓库, 并且成为第一家用现代货车进行配送的公司。

1928 年, W&N 加入了国际独立零售商联盟 (Independent Grocers Alliance, 以下简称 IGA), 该组织把美国和加拿大地区很多小型零售商聚合在一起, 在成员内部实现供应链资源和 IGA 品牌资源的共享, 以增强成员的竞争力。20 世纪 30 年代是 W&N 稳步扩张的年代, 1937 年, 公司开始试水规模较大的生鲜业务。

1942 年, W&N 脱离了 IGA 组织, 在自己的零售商客户体系内成立了 "virtual chain" 组织, 为这些零售商在全美范围内提供品牌建设、店面设计、广告咨询等服务。作为回报, 这些零售商将使用 SuperValu 和 U-Save 的店面标识。同年, W&N 涉足冷冻食品业务的配送。10 年后, 公司的业务已经横跨美国 6 大州，为超过 560 家零售店服务。1953 年公司在业内开创性地引入了 100% 的自助购物模式，为零售业的发展写下了一个重要的里程碑。1954 年，W&N 将名字改成 SuperValu，这样就与合作零售门店的标识形成了一致。

从 1955 年到 1988 年，SuperValu 在美国中西部、东南部和西北部地区共收购了 12 家当地企业。通过跨区域收购这一策略，公司有效实现了在全国市场的扩张。

SuperValu1962 年首次为合作零售门店批发了超过 100 万吨商品，当年公司的营业收入也超过了 3 亿美元。1963 年公司收购了印第安纳州的 Food Marketing Corporation。SuperValu 一路高歌猛进，于 1967 年在纽交所成功上市。

20 世纪 60 年代推动 SuperValu 发展的核心要素还是内生增长。首先，公司为下游企业客户提供了很多传统批发业务之外的增值服务，包括财务和预算咨询、效率提升、店面设计等。甚至还为合作的零售商客户提供一系列金融服务，比如 1969 年 SuperValu 成立了一家名叫 Risk Planners 的保险经纪公司，为合作的零售商户提供保险产品。通过这些方式，SuperValu 开始逐步提升对下游企业的影响力。此外，1968 年成立子公司 Preferred Products，开发自有品牌。

1971 年，SuperValu 收购了总部位于威斯康辛州的连锁折扣店 Shopko。Shopko 更侧重于非食品零售，因此可以说这是 SuperValu 第一次向非食品领域进行大笔投资。1972 年公司迎来了另一个里程碑，营业收入首次超过 10 亿美元。

1980 年，SuperValu 收购了明尼苏达州的连锁零售企业 Cub Foods。最初 SuperValu 看中的是 Cub Foods 的批发业务，但后来发现它独有的百货商店和仓储店的混合业态在市场上很受欢迎，便开始重点扶持其零售业务。

1981 年，SuperValu 迎来了新一任 CEO 迈克尔·赖特（Michael Wright）。赖特上任后，开始谋求往美国西部和南部拓展。此外，公司在 20 世纪 80 年代还有两个重要突破，一是 1989 年在俄亥俄州的克利夫兰开设了第一家大卖场；二是在 20 世纪 80 年代中期进入了美军的物资供应商体系。

1992 年 SuperValu 开启了史上最大的一笔收购，花费 11 亿美元收购了密苏里州的 Wetterau。由于 Wetterau 是美国第 4 大批发商，所以这笔收购对公司意义重大，帮助公司打败了老对手 Fleming Companies，重新夺回美国第一批发商的位置。除了批发业务，Wetterau 还有大量优质零售门店资源，这也成就了 SuperValu 日后的 Shop'n Save 和 Save-A-Lot，而 Save-A-Lot 的折扣零售店业态在当时更是业内的一大创新。收购完成后，SuperValu 成为全美第 4 大食品零售商。1999 年，公司收购了弗吉尼亚州的 Richfood Holdings，一家东海岸地区领先的食品分销和零售企业。收购完成后，公司拥有了全美 15% 的食品分销业务。

2006 年，SuperValu 联合 CVS Corporation、Cerberus Group，斥资 97 亿美元收购了艾伯森超市（Albertson's）的 1 100 家连锁店，包括 Acme Markets、Jewel-Osco 和其他品牌，成为美国营业收入最高的第 5 大食品零售商。但这笔耗资巨大的交易并没有为公司带来预期的效果，反而吞下了一颗苦果。最终只能在 2013 年把手中艾伯森超市的股权，连同 Acme、Jewel-Osco、Shaw's 与 Star Market 等旗下的杂货店资产打包卖给 Cerberus Group，这些资产当时承担了 32 亿美元的债务。

2008 年美国进入金融危机，SuperValu 的管理层并没有及时调整发展战略，零售业态依旧是 20 世纪 90 年代的样子，完全没能跟上消费者习惯的变化。当时大部分精打细算的美国消费者更喜欢沃尔玛、好市多引领的仓储式折扣会员店，以及 Dollar General 所代表的一元店。而富裕阶层则会去全食购买有机食品。此外，再加上 2006 年收购交易背负的沉重债务负担，SuperValu 的经营业绩遭受了巨大打击。2009 财年，公司关闭了 97 家业绩不佳的零售门店，受此影响，进行了 35.24 亿美元的商誉减值，导致该财年亏损高达 28.55 亿美元。此后的 4 年中，受持续的债务和减值压力影响，公司业绩几乎一直在亏损。

2014 年起，SuperValu 开始扭亏，但由于零售业务一直处在分散和低效的状态中，业绩至今依旧没有太大的起色。2016 年 10 月，公司将旗下最有吸引力的资产 Save-A-Lot 以 13.65 亿美元出售给加拿大 PE 基金 Onex。2016 财年中，Save-A-Lot 贡献了 SuperValu 营业收入的 26%，并在全美拥有 472 家直营店和 896 家加盟店。公司管理层表示，Save-A-Lot 业务出手后，公司将把精力放在食品批发分销业务上。

美国批发行业分析

批发行业在美国是一个有百年历史的老行业，兼具统合产销、分配调拨、价格发现、融通资金、储藏运输、分级包装、经纪和代理等功能。根据全美批发商协会（National Association of Wholesaler-Distributors，简称 NAW）的统计，全美 2015 年批发行业的交易额为 5.35 万亿美元，从业者有 590 万人。批发行业在美国经济体系中扮演着重要的角色，2015 年贡献了全美 GDP 的 6%。

批发行业的业态在美国大致经历了三个阶段：由最初交易各类商品的共同市场，发展到交易一定种类商品的专业批发市场，再发展为办理展示和交易已分级的产品。目前美国的批发行业有如下特点：

- 生产、批发和零售之间的界限比较模糊，相互渗透很强。连锁经营模式在美国大型零售业巨头中十分普遍，零售商可直接向厂家下达订单，由厂家直接配送商品。此外，许多生产商采取顾客定制的生产模式、专卖店的销售模式、全国或全球联保的服务模式，使消费者和厂家的直接联系更加密切。

- 现代科技如 IT 技术、互联网、物流等的发展弱化了批发商的职能。互联网使批发商的信息和价格优势不再明显,生产者和消费者可以建立直接联系,使配送路径更短、产品价格更低。而第三方交易平台、快递公司、远程交易的电子支付、连锁企业中的 ERP 系统目前已被广泛使用,也使批发商为下游零售客户提供的许多传统增值服务被逐渐取代。

- 在食品供应链中,批发市场作用依然十分重要,每年完成约 2 400 亿美元的食品批发。特别是通过合同农场协议模式,批发商为分散的农场主与超市之间建立了直接联系。

该行业的市场集中度也比较低,2012 年年底美国各类批发机构约 61.7 万家,数量发展较为稳定。除了 SuperValu 外,目前行业中体量比较大的公司有 McLane Company、C&S Wholesale、Core-Mark、Eby-Brown、H.T. Hackney 等。其他具有代表性的中型批发商有 Alex Lee、Associated Wholesalers、Bozzuto's、Sherwood Food 等。其中上市公司非常少,绝大部分都是私人企业,所以可获得的公开数据也比较有限。这里介绍几个主要市场参与者。

McLane 公司。伯克希尔·哈撒韦旗下控股的公司,总部位于得克萨斯州的坦普尔市。截至 2015 年年底,公司共有员工 22 500 人,2015 财年营业收入为 482.2 亿美元。McLane 在全美 50 个州为便利店、折扣店、仓储店、药店、军队、快餐店和饭店提供批发配送服务。沃尔玛是它目前最大的客户,贡献了 2015 年营业收入的 24%。另外两大重要客户是 7-11 和 Yum!,合计贡献了 2015 年营业收入的 10% 左右。公司有三大业务板块:杂货批发配送、食品批发配送和饮料批发配送。2015 年,杂货和食品批发配送业务占总营业收入的 98.5%。杂货批发配送业务在全美 19 个州有 23 个配送中心,客户包含 47 000 家零售门店。食品批发配送业务在全美 16 个州有 18 个配送中心,目前为 21 000 家连锁快餐店提供服务。

C&S Wholesale 公司。创立于 1918 年,总部位于新罕布什尔州的董恩市。

根据《福布斯》2016 年的排名，C&S 是全美第十大私有企业，也是全美最大的批发分销商。截至 2015 年 9 月，公司有员工 17 000 名，2015 年营业收入为 300 亿美元。公司的产品共有 170 000 个 SKU，通过全美 75 个批发配送中心服务于 6 500 多个客户，包括 Giant-Carlisle、Giant-Landover、Stop & Shop、Safeway Inc.、A&P Supermarkets、Winn-Dixie、塔吉特和一些中小型零售门店及大卖场。和 SuperValu 类似，除了批发业务，C&S 也向下游延伸，布局了零售端。公司零售业务板块拥有著名的连锁商超 Piggly Wiggly，在全美 17 个州有 600 多家门店。

Core-Mark 公司。创建于 1888 年，总部位于西海岸的旧金山。相较大而全的 McLane 和 C&S，Core-Mark 的经营范围更为垂直，主要为全美和加拿大的便利店批发和分销新鲜冷冻的食品饮料。截至 2016 年 9 月，公司共有 4 400 名供应商，供应商品有 54 000 个 SKU，其中烟草类商品是主力，约占营业收入的 68%；通过美、加两国 32 个配送中心服务 44 000 多家便利店。公司核心客户包括 7-11、Esso、TurkeyHill、Murphy USA、RiteAid、QuikStop、MapcoMart 等便利店。截至 2015 年年底，公司共有 6 655 名员工，2015 财年实现营业收入 88.6 亿美元，净利润 5 150 万美元。

SuperValu 的竞争优势

供应链深度整合

SuperValu 在发展历程中，以批发分销商的身份来主导供应链的整合，这在零售行业中是不多见的。

面对上游，SuperValu 主要通过自有品牌策略来介入上游供应链，提升自身对于供应链的掌控能力。SuperValu 的自有品牌包括：

- 定位高端的 Culinary Circle 和 Stockman & Dakota：前者主打高端食材和调味品，后者主打高端牛排原料。
- Wild Harvest：提供 100 多种食材。
- 核心品牌 Essential Everyday 和 EQUALINE：前者主打高性价比的食品和日用百货，后者主打日常药妆产品。

面对下游，SuperValu 和下游零售商合作时，通过不断创新来提升批发分销的效率。1870—1926 年，公司建造了第一个食品物流中心，也是世界上第一家建立现代物流配送体系的批发分销商。1960—1970 年，公司开始使用 IT 系统帮助处理订单管理、库存管理和物流管理，提升了效率。2005 年，公司收购了第三方物流配送公司 Total Logistics，从而可以为下游客户提供仓储管理、运输、采购、物流工程等一系列服务。

SuperValu 还为下游客户提供物流以外的增值服务，1962 年成立了子公司 Planmark，专门为客户提供门店的建筑设计服务。1969 年又成立了一家名叫 Risk Planners 的保险经纪公司，负责为合作的零售商户提供保险产品。1994 年，公司开发了一项市场驱动力（market-driving capabilities）服务，主要通过品类管理来帮助零售商户提升营业收入。

SuperValu 与下游客户合作的另外一个更为简单粗暴的方式便是，通过跨区域并购连锁零售商，来进一步提升对下游的掌控和整合能力。从创立至今，公司在全美收购了 2 150 家零售门店，其中不乏艾伯森超市、Richfood Holdings 这样的区域龙头。

通过跨区域并购形成规模效应

跨区域并购的另一个好处是帮助公司在较短的时间内做大自身的规模，从而实现规模效应。SuperValu 激进的收购策略使其在 20 世纪 60 年代就已经在行业中脱颖而出，并顺利获得了资本市场的青睐，到了 20 世纪 90 年代，公司已经成为全美批发行业的龙头企业。

批发分销业务是一个薄利多销的生意，整个行业的平均毛利率都非常低，这点可以从另一家上市公司 Core-Mark 身上得到佐证。Core-Mark 自 2011 年到现在，每年的毛利率都维持在 7% 左右，而零售行业大部分企业都可以获得 20% 以上的毛利率。在这样的背景下，通过规模效应来降低成本是一个非常重要的竞争壁垒。

SuperValu 的价值评估

营业收入

2011—2016 财年 SuperValu 的营业收入分别为 173.6 亿美元、173.8 亿美元、171.4 亿美元、172.5 亿美元、179.2 亿美元和 175.3 亿美元。从营业收入结构上来说，2016 财年公司的营业收入比例为：批发分销 45%、折扣连锁店 Save-A-Lot 26%、传统零售门店 27%。

从图 8-1-1 中可以看出，金融危机和收购艾伯森超市失败对 SuperValu 在 2011—2013 年内造成了很大的影响。2013 年出售艾伯森超市后，公司管理层开始重整业务，业绩有了一定的恢复。但由于公司的零售业态没跟上当前的消费趋势，而且在地域上过于分散，缺乏高效的执行力，这两年依旧在拖累公司的收入表现。

从图 8-1-2 中可以更清晰地看出 SuperValu 零售业务表现的颓势：

- 除了 2015 年略有好转外，公司零售门店的同店销售增速始终是负值，这说明这些门店越来越留不住客人；
- 零售业务产生 EBIT 的能力远低于稳健的批发分销业务，2016 年第 2 季度甚至首度出现了负增长。

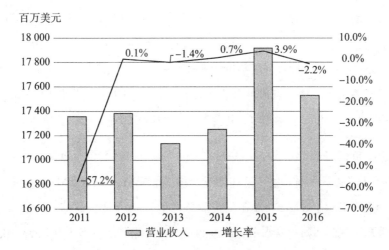

图 8-1-1　2011—2016 年 SuperValu 的营收情况

资料来源：Capital IQ。

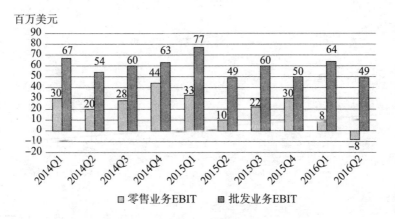

图 8-1-2　SuperValu 的零售及批发业务 EBIT

资料来源：SuperValu 公司年报。

盈利能力

比较 SuperValu 和 Core-Mark 的毛利率，可以看出，由于 SuperValu 的业务中约 50% 是零售生意，零售业的毛利高于批发配送业，而 Core-Mark 只专注做批发配送业务，所以 SuperValu 的毛利比 Core-Mark 高出许多。但回到净利率的对比上，会发现 SuperValu 由于自身业务问题，净利率在 2014 年以前低于 Core-Mark，而且最近三年由于零售业务的运营效率较差，并没有贡献太多的净利率优势。这一点也可以从双方的 SG&A 费用率上看出来，SuperValu 的费用是 Core-Mark 的两倍多，可见其低下的运营效率影响了控费能力。

由于负债问题严重，SuperValu 自 2013 年至今都是资不抵债，而 2011—2012 年又遭遇了亏损。鉴于这些情况，将 SuperValu 和 Core-Mark 的 ROA 做对比会更有意义。SuperValu 在重整业务之前，ROA 惨不忍睹，2014 年业务重整后开始逐渐回归正常水平。最近两年 SuperValu 的 ROA 比 Core-Mark 高，这可能与业态结构有关。SuperValu 的 ROA 更多体现的是零售商的水平，像沃尔玛最近两年的 ROA 也是在 7% 左右，而 Core-Mark 的 ROA 体现的则是批发商的水平（见图 8-1-3）。

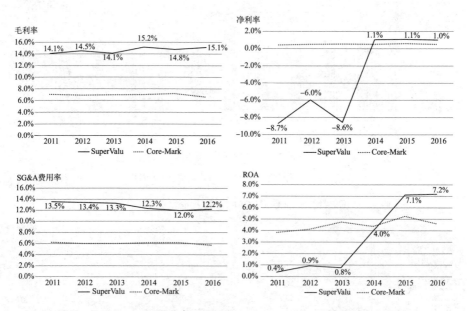

图 8-1-3　2011—2016 年 SuperValu 和 Core-Mark 的盈利能力比较

资料来源：Capital IQ。

SuperValu 的经营性现金流从 2011 年起有逐年恶化的趋势，2014 年一度接近负值，EBITDA 利润率也偏低，基本保持在 2%～4.6% 之间（见图 8-1-4）。

图 8-1-4　2011—2016 年 SuperValu 的 EBITDA 和经营性现金流情况

资料来源：Capital IQ。

股价

SuperValu 于 1968 年在纽交所上市，股票代码为 SVU。从上市一直到 20 世纪 80 年代，公司股价一直处于波澜不惊的状态。20 世纪 80 年代后，由于零售板块的逐步壮大，公司的业务结构发生转变，资本市场予以认可，股价也随之走高。巅峰股价出现在 2007 年，主要是受收购艾伯森超市的影响。可随着整合艾伯森超市的失败和自身业绩下滑，公司随后的股价便一落千丈（见图 8-1-5）。

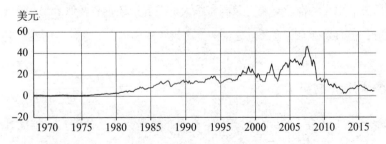

图 8-1-5　SuperValu 的股价走势（1968/01/02—2017/01/11）

资料来源：Capital IQ。

估值

从 1993 年 5 月 3 日至 2017 年 1 月 11 日，SuperValu 的 P/E 倍数的估值区间在 3.97 倍到 66.43 倍之间，平均值为 17.1 倍（见图 8-1-6）。

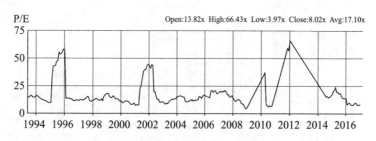

图 8-1-6　SuperValu 的 P/E 走势（1993/05/03—2017/01/11）

资料来源：Capital IQ。

纵观 SuperValu 的发展历程，它是为数不多从批发分销商的角度来主导供应链整合的公司。为了对下游零售商保持控制力，又逐渐收购了大量连锁零售门店，最终形成了如今批发 + 零售的混合业态。在中国市场，由于零售业的发展历史和本土的商业环境与美国有很大的差异，还没有类似 SuperValu 这样的企业，但 SuperValu 发展过程中的几个现象对国内企业非常有借鉴意义。

Save-A-Lot 的启示

Save-A-Lot 是 SuperValu 旗下零售业态中最为成功的资产，相比其他的零售业态，Save-A-Lot 的成功之道在于：

- 坚持定位于折扣连锁零售商，保持低价策略；
- 只做食品领域有限的 SKU，目前共有 2 500 个 SKU；
- 大力发展自有品牌，目前自有品牌贡献了 20% 的营业收入。

可以看出，Save-A-Lot 的成功是因为抓住了零售的实质，也就是供应链的效率。

混业经营是把双刃剑

站在 SuperValu 的角度，我们完全可以理解公司向下游延伸的逻辑，但核心问题在于如何把握主营业务和新增业务之间的平衡。很显然，SuperValu 在零售业务的开拓上比较冒进，很多连锁零售门店在区域上非常分散，很难形成协同效应。而管理层对于短期内激增的零售门店也缺乏有效的管控，使得各零售门店的运营效率和执行力都在下降，最终导致了目前零售业务板块的低迷不振，并且反过来拖累了上市公司的业绩。

杠杆收购要慎重

2007 年 SuperValu 杠杆收购艾伯森超市后，非但没有实现有效的业务整合，反而还使自身背负了高额的债务，严重影响了公司的运营能力，从而在2007 年之后的几年内业绩连年下滑。该案例很典型地反映了杠杆收购的缺点：如果无法在短期内通过有效的业务整合来实现现金流，公司将被自身的杠杆所吞噬。从图 8-1-7 中可以很清晰地看出，2006 年收购艾伯森超市之前公司的净现金流为正，利息支出也比较少。但 2007 年完成收购之后，利息支出大幅攀升，净现金流始终是负值。

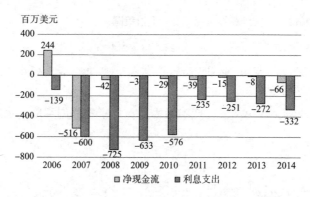

图 8-1-7　SuperValu 杠杆收购艾伯森超市的财务影响

资料来源：Capital IQ。

SuperValu 的出身

SuperValu 是批发商整合中小型零售商的典范，这对于中国零售批发业务的发展具有很深的借鉴意义。

SuperValu 在 1928 年加入了 IGA，该组织把美国和加拿大地区很多小型零售商聚合在一起，在成员内部实现供应链资源和 IGA 品牌资源的共享。1942 年公司战略性地脱离了 IGA 组织，但学习了 IGA 模式的一些核心理念，并在自己的零售商客户体系内成立了"virtual chain"组织，为这些零售商在全国范围内提供品牌建设、店面设计、广告咨询等服务，而这些零售商将使用 SuperValu 和 U-Save 的店面标识。随后公司开始发展供应链能力，对冷冻食品业务配送。10 年后，公司的业务已经横跨美国的 6 大州，为超过 560 家零售店服务。

其实，IGA 和 SPAR 两大组织在中国的中小型零售商中也有布局。但整体上，这两大体系大多在物流设计、海外活动、相互交流等方面进行一些初级合作，缺乏深度的供应链端、商品端，甚至资本端的合作模式。在今天的竞争格局之下，各地的区域零售商发展非常困难，如何形成一种合作共赢、共享供应链资源、协同发展的模式，具有非常现实的意义。

Chef's Warehouse（以下简称 Chef）是美国领先的特色食品分销商，主要向非连锁餐厅、高档正餐餐厅、乡村俱乐部、酒店、餐饮服务商、烹饪学校和专业食品商店配送特色食品。公司成立于 1985 年，总部位于美国华盛顿州，截至 2015 年年底，在美国、加拿大的 15 个核心市场服务 26 000 多个客户，与 1 700 多个供应商达成合作，配送 34 000 多种商品，运营着 25 个配送中心，约有 1 700 名全职员工。

公司供应的品类以餐厅菜品的原材料为主，包括牛排、羊排、海鲜等西餐类原材料，以及烘焙类材料、油、调味品、香料、乳制品、面粉、厨房用品等。公司提供的产品多为市场上的"非主流"产品，采购自全球各地，具有特别工艺和口味，每个品类下有多个 SKU 可供选择。

Chef 于 2011 年在美国纳斯达克上市，目前市值约 4 亿美元，P/E 为 65.35 倍。公司 2016 年营业收入 11.9 亿美元，净利润为 300 万美元（见表 8-2-1）。

表 8-2-1　　　　　Chef 的主要财务指标概览　　　　单位：百万美元

指标	2011	2012	2013	2014	2015	2016
营业收入	400.60	480.30	673.50	836.60	1 059.00	1 193.00
净利润	7.70	14.50	17.00	14.20	16.20	3.00
总资产	107.90	210.10	354.80	376.20	586.20	634.00

续表

指标	2011	2012	2013	2014	2015	2016
净资产	23.60	39.30	132.10	146.80	188.00	194.00
营业收入增长率	21.4%	19.9%	40.2%	24.2%	26.6%	12.7%
净利润增长率	−51.5%	88.5%	17.1%	−16.3%	14.0%	−81.5%
毛利率	26.4%	26.0%	25.6%	24.6%	25.5%	25.2%
净利率	1.9%	3.0%	2.5%	1.7%	1.5%	0.3%
ROE		46.2%	19.8%	10.2%	9.7%	1.6%
ROA	18.2%	11.6%	8.25%	5.6%	5.9%	0.5%
营业收入 / 总资产	3.71	2.29	1.90	2.22	1.81	1.88
总资产 / 净资产	4.57	5.35	2.69	2.56	3.12	3.27

资料来源：Capital IQ。

Chef 的成长路径

Chef 成立于 1985 年，于 2001 年在美国纳斯达克上市。公司通过并购的方式不断在地域和品类上进行扩张，并在每一个区域市场设立独立的配送中心，深挖市场。我们来看一下 Chef 自 2008 年以来如何通过并购进行不断扩张。

2008 年，公司以 510 万美元收购 American Gourmet Foods，扩大了在马里兰州的市场份额；2009 年，以 380 万美元收购 American Gourmet Foods 在旧金山的分支，扩大了在旧金山的市场份额；2010 年以 370 万美元收购 Monique & Me，进入迈阿密市场；2011 年以 890 万美元收购 Harry Wils，扩大了在纽约及周边的市场份额，并以 880 万美元收购 Provvista，进入波特兰、俄勒冈州、西雅图等区域。

2012 年，Chef 收购了 3 家公司：

- 以 1 950 万美元收购 Praml，该公司是内华达州领先的食品进口及批发分销商，Chef 借此扩大了在内华达州的市场份额，并成为内华达州领先的特色食品分销商。

- 以 5 350 万美元收购 Michael's，该公司业务集中于美国东北部的 7 个州，是西餐主食类领先的食品分销商，客户主要为当地领先的正餐餐厅等，Chef 借此进入上述区域扩大市场份额，同时丰富了西餐主食类的品类。

- 以 2 200 万美元收购 Queensgate，进入俄亥俄州、肯塔基州和印第安纳州市场。

2013 年，Chef 以 3 270 万美元收购了 Qzina Specialty Foods，该公司在烘焙及甜品类的原材料上具有优势，业务集中在加拿大的温哥华、埃德蒙顿、多伦多等城市以及美国的芝加哥等地。

2015 年，Chef 以 18.5 万美元收购 Del Monte，进一步扩展了在美国西部沿海的市场。2016 年 6 月并购了 M.T. Food Service，进一步扩展了芝加哥的市场份额。

美国食品分销行业分析

美国食品分销行业是一个高度分散、高度竞争的行业，有较强的地域性。该行业 2015 年市场规模为 2 620 亿美元，分销商公司超过 15 000 家。其中，规模最大的 3 家公司占据了约 29% 的市场份额，Chef 仅占 0.4%。

餐厅是美国食品分销行业的主要客户，占 59.6% 的市场份额，连锁餐厅和独立餐厅分别占其中的 46% 和 54%。Chef 的目标客户为占市场份额前 35% 的独立餐厅，2015 年占该市场的 4%（见图 8-2-1）。

Chef 通常进入经济水平相对较高的区域，并且精耕细作，目前已经成为纽约、华盛顿、旧金山和洛杉矶最大的特色食品分销商。

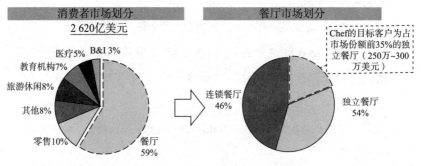

图 8-2-1　美国食品分销行业的情况

资料来源：Chef's Warehouse Canaccord Growth Conference August 2016。

Chef 的竞争优势

品类吸引：SKU 多且产品独特

Chef 供应 34 000 多个 SKU，远高于特色食品分销行业的平均水平（约 1 100 个 SKU）。公司的单品类 SKU 极为丰富，以橄榄油为例，其他大型全国食品分销商只能提供 5～10 个单品，而 Chef 能够提供超过 160 种，为顾客提供了很大的选择空间。

Chef 的客户以独立餐厅为主，对口味和菜式的独特性有很高的要求，因此 Chef 在全球选择采用特殊工艺、独特口味的产品。尽管产品较为独特，Chef 仍通过提高物流效率等手段使产品价格合理，并获得合理的盈利空间。

上下游小，利润空间大

Chef 上游有 1 700 多个供应商，分布于世界各地，这些供应商规模小，多为家族企业，在某些产品上采用别具特色的独特工艺。其中，最大的供应商所占份额不超过 5%，Chef 可以说是这些供应商最大的客户，具有很强的议价能力。

Chef 下游服务于超过 26 000 个客户，客户主要是独立正餐餐厅，其次是乡村俱乐部、酒店、餐饮服务商、烹饪学校和专业食品商店。下游客户多而分散，前 10 大客户营业收入占比不超过 10%，Chef 拥有很强的话语权。

Chef 在上下游拥有很强的话语权，这使得它有更大的盈利空间，毛利率和 EBITDA 利润率处于业内领先水平，高于 Sysco 和 US Foods（见图 8-2-2）。

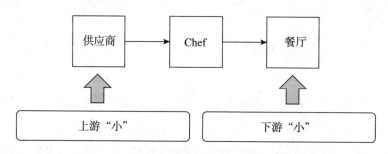

图 8-2-2　Chef 的产业链

物流配送系统：快速、准时

Chef 领先的仓储管理体系、配送系统和 25 个配送中心能够实现客户下单后 12 ~ 24 小时内完成配送，满足客户期望的 2 ~ 3 小时内精确配送需求。公司配送系统的精确率在 2010 年超过 99%，2015 年超过 97%，在食品分销行业中位居第一。

专业的销售专家团队

Chef 有 400 人的销售专家团队，每个销售专家平均负责 65 个客户。公司把销售专家团队按功能分为 3 组：第一组负责外部拓展，第二组负责维护现有客户，了解需求、推荐产品、安排订单等，第三组称为产品专家，主要负责教育引导客户，让客户认识新的产品，并为供应商提供建议，也为公司采购和库存水平提供建议。专业的销售专家团队使得 Chef 在下游网络不断扩大，并且与下游公司保持良好的关系，增强客户黏性，鼓励客户向当地烹饪学校和烹饪圈子推荐 Chef 的产品。

Chef 的价值评估

营业收入

Chef 在 2011—2016 年的营业收入分别为 4 亿美元、4.8 亿美元、6.74 亿美元、8.37 亿美元、10.6 亿美元和 11.93 亿美元。在并购的驱动下，营业收入自 2011 年以来基本以超过 20% 的速度增长，在 2013 年更是达到 40.2%。其中，2013 年的超高增长是由于公司在 2012 年进行了大规模并购，分别收购了 Praml、Michael's 和 Queensgate，极大地扩展了区域市场和品类（见图 8-2-3）。

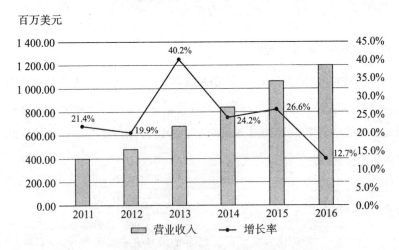

图 8-2-3　2011—2016 年 Chef 的营业收入及增长率

资料来源：Capital IQ。

盈利能力分析

Chef 的毛利率约为 25%，处于行业领先水平，比行业最大的两家食品分销公司 Sysco 和 US Foods 高约 8%，这是因为 Chef 是特色食品分销商，供应的产品独特且优质，产品定价较高，再加上上下游均为小型企业，因此具备很强的议价能力，保证了较高的毛利率（见图 8-2-4）。

Chef 的 EBITDA 利润率从 2011 年的 7.3% 下降至 2016 年的 5.53%，虽然6 年间下降了 2%，但仍然处于行业领先水平，高于 Sysco 与 US Foods。公司的 SG&A 费用率从 2011 年的 19.5% 上升到了 2015 年的 20.7%，并在 2016 年出现大幅上升，达到 22.13%，这是导致公司 EBITDA 利润率下降的原因之一（见图 8-2-5）。

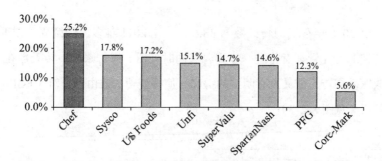

图 8-2-4　美国食品分销行业各公司的毛利率对比

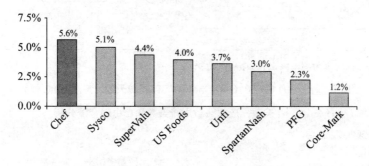

图 8-2-5　美国食品分销行业各公司的 EBITDA 利润率对比

资料来源：Chef's Warehouse Canaccord Growth Conference August 2016。

Chef 的净利率从 2013 年的 2.5% 下降至 2016 年 0.3%。营业收入虽然快速增长，但是净利润却一直低于预期，净利率没有出现增长，这使得投资者对于公司缺乏信心，股票价格自 2014 年后一跌再跌（见图 8-2-6）。

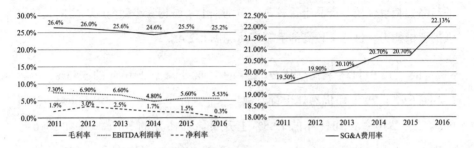

图 8-2-6　2011—2016 年 Chef 的盈利能力分析

资料来源：Capital IQ。

Chef 2016 年存货周转天数为 38.6 天，比 2011 年多出约两周，说明公司的供应链和库存管理有待进一步完善。同时公司的应付账款周转天数在下降，而应收账款周转天数又没有明显的提高，使得公司的自由现金流（FCF）表现不太健康（见图 8-2-7）。

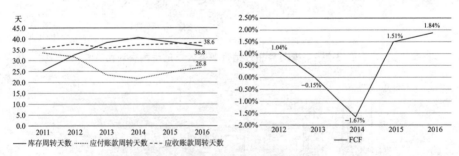

图 8-2-7　2011—2016 年 Chef 的库存周转天数、应付账款周转
天数、应收账款周转天数和自由现金流分析

资料来源：Capital IQ。

Chef 的 ROA 和 ROE 走势大致相同，2016 年分别为 0.5% 和 1.6%。公司
2011 年至 2016 年净利润大体呈上升趋势，但是净利润的增速小于总资产增速，

且远小于净资产的增速，因此 ROA 和 ROE 均呈下降趋势，ROE 下降得更为
明显（见图 8-2-8）。

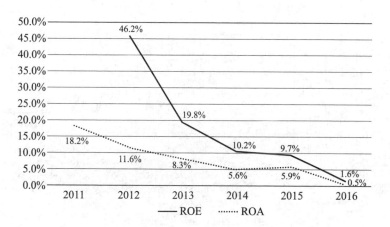

图 8-2-8 2011—2016 年 Chef 的 ROA 和 ROE 走势

资料来源：Capital IQ。

股价

Chef 于 2011 年在纳斯达克上市，股价呈上涨趋势，2012 年 4 月达到每股
24.9 美元，2014 年 1 月达到历史最高点——每股 29.24 美元。此后股价持续
下跌，其中虽然有几波反弹，但是反弹乏力，截至 2016 年年底，公司股价约
为每股 15 美元，相当于 2011 年刚上市时的水平。公司营业收入虽然快速上涨，
但是净利润的增长却不如人意，再加上公司每年在并购、供应链、配送中心等
方面投入大量资金，现金流状况很不理想，导致市场投资者对 Chef 缺乏信心，
股价持续下跌（见图 8-2-9）。

估值

2011 年至今，Chef 的 TEV/LTM EBITDA 大致维持在 10 倍到 20 倍区间段，
2015 年后，受股价下跌影响，该指数呈下降趋势，当前约为 11.49 倍。公司 P/E

大致维持在 25 倍到 38 倍, 2016 年 7 月底, 由于净利润大幅度下滑, P/E 骤然
上升, 当前约为 65.35 倍 (见图 8-2-10)。

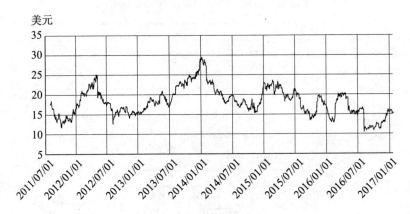

图 8-2-9　Chef 的股价走势

资料来源: Capital IQ。

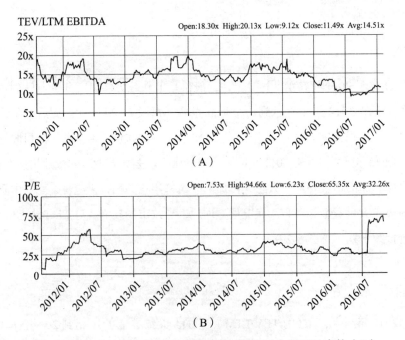

图 8-2-10　Chef 的 TEV/LTM EBITDA 走势 (A) 和 P/E 走势 (B)

资料来源: Capital IQ。

The Future of New Retail

新零售启示：Chef 模式

对第三方食品分销商的启示

食品分销商的成长路径主要是并购，通过激进但有选择性的收购在有吸引力的区域获得本地市场份额，增加品类优势。同时需在本地市场设立独立的配送中心，以本地化为中心，而非全国化。

配送中心的效率是食品分销商的核心。公司可以通过并购、供应链优化、系统整合和技术创新来提高规模效应。我们看到，Sysco 和 Chef 的每个配送中心产生的营业收入分别为 2.29 亿美元和 0.44 亿美元，每 90 平方米的配送中心产生营业收入分别为 166 万美元和 71 万美元。

上下游客户尽可能"小"，分销商才具备更强的话语权，更加有利可图。同时，作为特色食品分销商，上游应选择更为独特且高品质的产品，下游应多选择独立且档次较高的餐厅作为顾客，这样才能合理地提高产品价格，获得更大的盈利空间。

除了提供基础的食品供应服务，分销商还可以提供更多一站式服务。比如，Sysco 为客户提供了管理咨询、市场分析、菜单设计、定价策略、业务规划等服务，以此掌握第一手的客户需求信息及市场数据，鼓励客户将部分管理职能外包。Chef 扮演着食品专家的角色，通过教育客户、帮助客户，来增强客户黏性。

第三方食品分销商模式在中国面临的机会

中国餐饮行业市场巨大，整体市场价值超过万亿元，食材采购规模达

8 000亿元。然而,在采购方面,中国缺乏像Sysco和Chef一样的第三方食品供应商,中国大多数餐饮企业,尤其是中小企业,仍然采用传统的批发市场自采模式,这使得中间渠道链接太长,损耗太多。这些企业既无法通过规模效应获得更加实惠的价格,又无法有效保障食品的安全和品质。

近三年来,国内各种类型的餐饮供应链企业纷纷崛起,包括餐饮企业合营采购平台类、食品工厂延伸类、单品类经销商转型类、冷链物流企业跨界类、互联网平台类等。从菜品研发、菜品预加工到冷链物流配送的各个环节,供应商都越来越成熟。随着国内门店租金、人工费持续上涨,餐饮企业竞争更为激烈等,个体户模式将面临更大挑战,后台集中化是大势所趋,餐饮企业的采购和后台管理将逐步走向规范化。

第三方食品分销商模式在中国面临的挑战

中国市场目前绝大部分是中式餐饮,中式餐饮标准化程度低,类型相当分散,对食材选择和烹饪技术有更多的要求。自身标准化问题无法解决,第三方食品供应商将难以提供一站式的产品服务。

尽管餐饮连锁企业正快速发展,地域性的中小餐饮门店仍然占据中国大部分市场份额。这些中小餐厅位置分散、需求多种多样,且食材需求量不能达到一定规模级别,这使得第三方供应商需要有很多SKU和配送中心,很难获得规模经济的优势。

总体来看,中国餐饮行业缺乏专业的管理人才,科学化管理能力较低,技术和基础设施的投资还处于初期阶段,这可能导致与第三方分销商的合作存在障碍。

中国农产品上游标准化程度低,第三方分销商可能无法确保持续稳定的供应标准和成本。

餐饮供应链龙头 Sysco

Sysco 是美国最大的食品分销商，主要为餐厅、医疗保健、教育机构、住宿场所等客户配送食品产品。公司成立于 1969 年，总部位于得克萨斯州的休斯顿市，目前服务于约 42.5 万客户，员工超过 5 万人。公司在美国、加拿大、巴哈马群岛、爱尔兰设有 199 个配送中心，总面积达 2 071 551 平方米，拥有车辆 10 200 辆，其中 95% 为自营。

Sysco 分销的主要食品包括速冻食品、罐头、干类食物、新鲜时蔬、肉类、海鲜、乳制品、饮品等。同时还分销与食品相关的产品，包括餐饮和酒店业使用的设备和用品。Sysco 还有自营品牌，占总营业收入约 46%。

Sysco 于 1970 年 3 月在纳斯达克上市，目前市值约 365 亿美元。公司 2016 年营业收入 504 亿美元，净利润为 9.5 亿美元（见表 8-3-1）。

表 8-3-1　　　　　　　　Sysco 主要财务指标概览　　　　　　单位：百万美元

指标	2011	2012	2013	2014	2015	2016
营业收入	39 323.50	42 380.90	44 411.20	46 516.70	48 680.80	50 366.90
净利润	1 152.00	1 121.60	992.40	931.50	686.80	949.60
总资产	11 385.60	12 137.20	12 678.20	13 141.10	17 989.30	16 721.80
净资产	4 705.20	4 685.00	5 191.80	5 266.70	5 301.50	3 555.00
营业收入增长率	5.6%	7.8%	4.8%	4.7%	4.7%	3.5%
净利润增长率	−2.4%	−2.6%	−11.5%	−6.1%	−26.3%	38.3%

续表

指标	2011	2012	2013	2014	2015	2016
毛利率	18.8%	18.4%	18.0%	17.6%	17.6%	17.9%
净利率	2.9%	2.6%	2.2%	2.0%	1.4%	1.9%
ROE	27.0%	23.9%	20.1%	17.8%	13.1%	21.4%
ROA	11.8%	9.6%	8.0%	7.2%	4.4%	5.5%
营业收入/总资产	3.45	3.49	3.50	3.54	2.71	3.01
总资产/净资产	2.42	2.59	2.44	2.50	3.39	4.70

资料来源：Capital IQ。

Sysco 的成长路径

1969 年，Sysco 的创始人约翰·鲍格（John Baugh）说服其他 8 个小型食品配送商，与他拥有的零度食品公司（ZeroFoods）进行合并，以便在所覆盖的区域内配送任何食品。

20 世纪 70 年代，鲍格开始收购一些小的食品配送商，在选择收购对象时，他非常注意地理区域，以实现为顾客提供独特服务的目标。1970 年，Sysco 在纳斯达克上市并收购了 Arrow Food Distributor。1976 年又收购了 Mid-Central Fishand Frozen Foods Inc。

20 世纪 80 年代，Sysco 继续开展收购，不同的是，开始着眼于更大的公司。1981 年，Sysco 成为美国最大的食品配送公司，并开始向超市和其他机构提供肉类和冷冻主菜；1984 年，从 Sara Lee 购买了 PYA Monarch 旗下的三个公司；1988 年以 7.5 亿美元收购了当时全美第三大食品配送商 CFS Continental。截至 20 世纪 80 年代末，Sysco 进行了 43 次并购，服务区域几乎覆盖整个美国，年营业收入达到 68.5 亿美元，占 8% 的市场份额。

20 世纪 90 年代，Sysco 继续采取收购策略，于 1991 年创建了 SYGMA 网络，专门服务于连锁饭店。1995 年推出"折叠式"扩张策略深挖市场，在距离现有运营地较远的地方建立新的配送中心，从其他地方调配人手，建立新的独立运营中心以服务新市场。截至 1997 年，SYGMA 已包含 11 个配送中心，服务于全美 37 个州的顾客，同年贡献了 13 亿美元的可观收入。

2000 年至 2010 年，Sysco 的收购策略继续进行，截至 2012 年，公司总并购数约为 157 个。其中，2000 年收购了达拉斯的 FreshPoint；2002 年收购了加拿大的 SercaFood service；2003 年与星巴克公司达成合作协议，独家负责向那些没有与星巴克建立合同关系的公司分销星巴克产品。

2015 年，Sysco 取消与美国第二大食品分销商 US Foods 和 Performance Food 的合并协议，表示将专注于核心业务，并寻找新的途径增加营收和控制成本。2016 年，Sysco 以 31 亿美元的价格收购了伦敦食品服务经销商 Brakes Group，这家公司旗下有 4 000 多个自营品牌，供应产品超过 5 万个，2015 年营业收入约为 50 亿美元。

Sysco 的竞争优势

品类丰富，区域覆盖广

Sysco 旗下最早的 9 家公司均分布在美国的农业大州，之后进行的并购多围绕区域和品类两方面积极拓展。在品类方面，公司目前配送 40 多万种产品，包括冷冻食品、罐头、干类食物、新鲜时蔬、肉类、海鲜、乳制品、饮料品等，其中还有约 4 万种自营品牌产品。在地域方面，除了怀俄明州，公司在美国所有的州都设有配送点，截至 2016 年 7 月，公司在美国、加拿大、巴哈马群岛、爱尔兰共设有 199 个配送中心。

配送以本地化为中心

Sysco 的成长路径主要是并购驱动的，公司通过激进但有选择性的收购在有吸引力的区域获得本地市场份额，保证配送以本地化为中心，有效利用区域性的规模经济，保证利润率。

为了体现以本地化为中心配送的重要性，就不得不提一下由于构建全国性配送网络而失败的公司 AmeriServe，该公司专门服务于大型连锁餐饮的食品提供商，主要客户有 Burger King、肯德基、塔可钟、DQ 等。AmeriServe 通过跨区域扩张，销售收入从 1999 年的 4 亿美元，三年内增至 75 亿美元，然而一年后，其毛利率急剧下降了 10 个百分点。这主要因为配送规模经济只存在于配送中心层面，而不是全国性层面，AmeriServe 构建的全国性配送网络忽略了地区性市场份额，导致配送中心网络利用率严重不足。

供应链实力雄厚，上下游为中小企业，利润空间大

Sysco 每年运送的食品箱数量超过 13 亿，从原材料供应商到终端消费者，公司 199 个配送中心和超过 1 万个销售代表为供应链的每一个环节提供强大支持。除此之外，Sysco 从 2009 年开始对 ERP 系统进行再造，并在过去十年不断地投资完善供应链体系，以降低成本、提高规模效应。公司庞大的基础设施建设和投资规模使其在行业中稳居领导地位。

Sysco 的上下游企业数量众多，规模偏向中小型，这使得公司具有较强的议价能力，利润空间较大。截至 2016 年 7 月，公司服务于 425 000 个客户，单个客户的营业收入占比不超过总销量的 10%，单个供应商的采购量占比也不超过总采购量的 10%。

自营品牌，提供全方位服务，提高盈利

Sysco 十分注重自营品牌的建设，旗下自营品牌数量众多，覆盖高、中、

低各档产品，品类包括肉类、海鲜、牛奶、甜点、饮料、咖啡、农产品、蔬菜、水果、特色产品等。公司自营品牌有 4 万多个 SKU，占营业收入的比重约为46%，高出行业平均水平 10 个百分点。

除了食品及食品相关产品的供应，Sysco 还为客户提供全方位的服务，包括管理咨询、市场分析、菜单设计、定价策略及业务规划。公司通过这些业务能够第一时间掌握客户需求信息及市场数据，鼓励客户将更多的业务外包给自己，以提高公司的盈利水平。

Sysco 的价值评估

营业收入

Sysco 在 2014 年至 2016 年的营业收入分别为 465 亿美元、487 亿美元、504 亿美元，增长率分别为 4.7%、4.7%、3.5%（见图 8-3-1）。从品类来看，公司 2016 年肉类营业收入占比最大，约 20%，其次是罐装食品和干类食品，占总营业收入的 17%。从顾客类型来看，餐厅是公司最大的客户，2016 年占营业收入的比重为 63%（见图 8-3-2）。

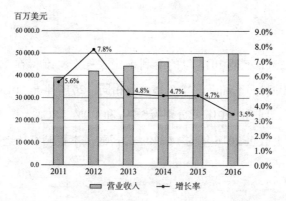

图 8-3-1　2011—2016 年 Sysco 的营业收入及增长率

资料来源：Capital IQ。

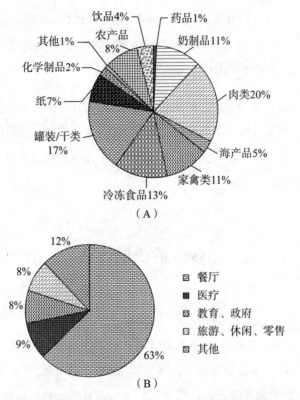

图 8-3-2　Sysco 的品类营业收入占比（A）和顾客类型营业收入占比（B）

资料来源：Sysco 公司年报，Factsheet。

盈利分析

Sysco 在 2011 年至 2015 年的毛利率比较稳定，维持在 17.6%～18.8% 区间。EBITDA 利润率和毛利率走势大致相同，2011 年至 2015 年逐年下降，2015 年年底开始回升，2016 年分别为 5.2% 和 1.9%。SG&A 费用率从 2011 年的 13.3% 持续上升至 2016 年的 14.3%，公司的成本控制有待进一步提高（见图 8-3-3）。

图 8-3-3 2011—2016 年 Sysco 的盈利能力分析

资料来源：Capital IQ。

Sysco 的存货周转天数从 2011 年的 21.9 天延长至 2016 年的 23.9 天，反映了公司库存管理能力和库存变现能力有所下降。2016 年应付账款周转天数为 26.1 天，较 2011 年延长了约 3 天，应收账款周转天数从 2014 年的 26 天减少至 2016 年的 24 天。应付账款周转天数的延长和应收账款周转天数的缩短体现了公司在上下游的议价能力稳步提高，有利于公司现金流的周转和流动（见图 8-3-4）。公司近年来资金使用效率显著提高，2016 年无杠杆现金流占比较 2011 年增长了一倍，达 3%（见图 8-3-5）。

图 8-3-4 2011—2016 年 Sysco 的库存周转天数、应付
账款周转天数、应收账款周转天数

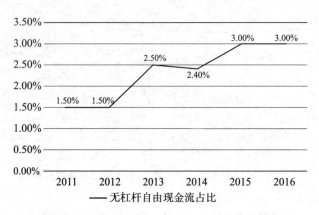

图 8-3-5 2011—2016 年 Sysco 的现金流情况

资料来源：Capital IQ。

Sysco 的 ROA 和 ROE 走势大致相同，2011 年至 2015 年逐年递减，2016 年开始回升。2011 年至 2015 年，公司总资产和净资产持续增加，净利润持续下降。2015 年由于取消并购协议，Sysco 分别向 US Food、Performance Food 支付了 3 亿美元和 1 250 万美元的解约金，导致净利润大幅下滑。2016 年，由于净利润回升，再加上总资产和净资产的减少，ROA 和 ROE 均开始回升（见图 8-3-6）。

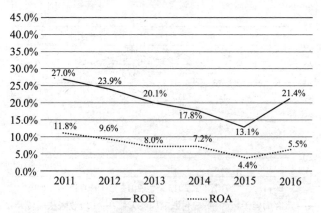

图 8-3-6 2011—2016 年 Sysco 的 ROA 和 ROE 走势

资料来源：Capital IQ。

股价

总体来看，Sysco 的股价从上市以来一直保持增长，在上一个互联网周期，即 1997—2001 年达到高点。互联网泡沫破灭后，股价于 2004 年再度创下历史新高。经历金融危机引起的下跌后，公司股价平稳回升，于 2015 年成功突破 2004 年创下的高点并继续快速上升，目前公司股价位于历史最高位，约为 53.81 美元（见图 8-3-7）。

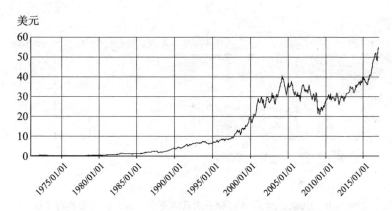

图 8-3-7　1970—2015 年 Sysco 的股价走势

资料来源：Capital IQ。

估值

Sysco 的 TEV/LTM EBITDA 值在金融危机后平稳上升，2010 年至 2014 年中期，该指标在 7.5 倍到 10 倍区间震荡上升，之后快速上升至当前的 13.04 倍。公司 P/E 在 2008 年至 2014 年维持在 10 倍到 20 倍之间，2014 年后开始缓慢上升。2015 年年底，由于股价快速上升以及净利润的大幅下滑，公司 P/E 快速上升至 37.58 倍的历史高位。到 2016 年年底，随着净利润的提升，公司 P/E 迅速下跌至约 28.96 倍（见图 8-3-8）。

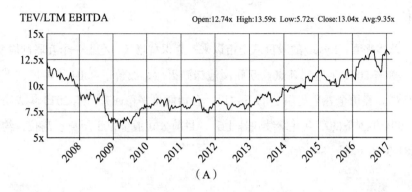

TEV/LTM EBITDA   Open:12.74x High:13.59x Low:5.72x Close:13.04x Avg:9.35x

（A）

P/E   Open:25.68x High:38.05x Low:10.74x Close:29.76x Avg:20.31x

（B）

图 8-3-8　Sysco 的 TEV/LTM EBITDA 走势（A）和 P/E 走势（B）

资料来源：Capital IQ。

The Future of New Retail

新零售启示：Sysco 模式

中国餐饮供应链业务正在快速崛起，分为轻模式和重模式两种。轻模式主要是提供互联网平台吸引传统供应商，网站地推人员帮助入驻商户开发订单，网站收取交易流水。这类模式的优点是成本比较低，没有仓储和物流。但缺点也很明显，供应链无明显缩短。对于入驻供货商来说，价值不明显（区域供货商能提供的服务半径本就有限），新商户很难增长而原有商户不可能贡献出对于餐厅来说，无论是货品还是服务，本身与线下并无区别，网站黏性不强，唯一吸引力在于网站提供的补贴。

重模式的代表企业，如美菜，主要是自己负责供应链各环节，赚取商品差价。重模式的优势是直接配送，对商户把握紧密。有机会汇聚采购量后切入上游，获得更大利润空间。缺点在于由于餐饮商户要求配送时间集中，每辆配送车在配送时间段内仅能配送 10 ~ 12 家，仓储及物流成本总体过高，无法降低，在时效上难以保证。如用总仓模式，配送路径无法最优。

总体上，重模式的壁垒比较高，企业的整体估值也往往比较好。如何在技术上突破配送效率，获得进一步提升是个有待解决的问题。

另外，一般来说，餐饮供应链企业的地域优势特征很明显，而且在品类上也往往有独特的优势才能有竞争力，如冻肉就是一个大品类。此外，如海鲜类在中国也是一个快速崛起的大市场。

The

Future

of

New Retail

09

生活家居与家居百货创新

韩国化妆品巨头爱茉莉太平洋集团

爱茉莉太平洋集团（以下简称爱茉莉）始建于 1945 年，一直致力于"亚洲之美创造者"这一企业使命。爱茉莉在韩国率先成立化妆品研究室，并专注于研究亚洲的天然原料，开发适合亚洲人皮肤的技术与产品，截至目前，已在全球设有 6 个研发中心。作为韩国首个出口化妆品的集团，爱茉莉不断引领韩国的化妆品产业发展壮大。集团旗下拥有雪花秀（Sulwhasoo）、兰芝（LANEIGE）、悦诗风吟（innisfree）、伊蒂之屋（ETUDE HOUSE）等近 30 个化妆品品牌，业务主要覆盖亚洲、北美和欧洲地区，全球员工人数超 16 000 名。

截至 2016 年年末，爱茉莉的总资产为 7.09 万亿韩元，净资产为 6.9 万亿韩元，资产负债率为 3.65%。2016 年爱茉莉营业收入为 6.7 万亿韩元，实现净利润 8 120 亿韩元。2016 年毛利率为 75.27%，净利率为 11.08%（见表 9-1-1）。

表 9-1-1　　　　　　　　　爱茉莉的财务数据概览　　　　　单位：10 亿韩元

指标	2010	2011	2012	2013	2014	2015	2016
营业收入	2 686	3 059	3 432	3 895	4 712	5 661	6 698
净利润	329	376	347	355	497	674	812
总资产	3 828	4 255	4 516	4 922	5 500	6 148	7 090
净资产	3 041	3 358	3 634	3 909	4 323	4 888	6 881
营业收入增长率	21.04%	13.88%	12.20%	13.51%	20.96%	20.15%	18.31%
净利润增长率	38.16%	14.32%	-7.82%	2.39%	40.12%	35.49%	20.40%
毛利率	67.84%	68.59%	70.46%	69.21%	72.24%	75.01%	75.27%

续表

指标	2010	2011	2012	2013	2014	2015	2016
净利率	12.25%	12.30%	10.10%	9.11%	10.56%	11.90%	11.08%
ROE		11.75%	9.93%	9.41%	12.07%	14.63%	13.79%
ROA		9.30%	7.91%	7.52%	9.54%	11.57%	12.26%
营业收入/总资产	0.70	0.72	0.76	0.79	0.86	0.92	0.94
总资产/净资产	1.26	1.27	1.24	1.26	1.27	1.26	1.03

资料来源：Capital IQ。

爱茉莉的成长路径

1932 年，尹独亭女士生产出了山茶发油并开始售卖，爱茉莉的美丽旅程自此开始，通过制造真诚的产品获得顾客的忠实信赖。1945 年，尹独亭女士将亚洲之美的价值精神传递给其子徐成焕，并创建了太平洋化学工业社（爱茉莉前身）。在向海外扩张的愿景下，爱茉莉在韩国成立了首家化妆品研究中心。秉持对美丽的热情和承诺成为爱茉莉的品牌 DNA 与独特的根基，帮助公司定义并领导韩国的美妆行业。

20 世纪 90 年代，爱茉莉发展成为一家囊括 25 家附属公司的集团性企业，除化妆品外，业务还横跨金融、媒体和电子产品。彼时多元化经营面临严峻挑战，爱茉莉重新评估业务结构，迅速将业务重心重新集中至化妆品，并推出数个重点品牌。1997 年，徐庆培被任命为爱茉莉的新任董事长，带领公司以多元化的品牌组合走向国际舞台，推出知名的雪花秀品牌，并通过悦诗风吟拓展销售渠道。2002 年，爱茉莉在韩国美妆市场的营业收入首次突破 9 亿美元。

2003 年，爱茉莉开始加速进军全球市场。在美国推出旗舰品牌 AMOREPACIFIC，并在亚洲各地推出兰芝、雪花秀、梦妆等其他冠军品牌。

为强化在全球市场的独特品牌定位，爱茉莉宣布了"亚洲之美创造者"的使命。2006 年，爱茉莉控股集团组织架构构成型，旗下设爱茉莉太平洋公司、伊蒂之屋、悦诗风吟等多家子公司。2008 年集团成立 ARITAUM 集合品牌专卖店，进一步拓展销售亚洲之美的化妆品。其后更通过推出 IOPE 多效气垫粉凝霜，成为全球美妆行业新标杆。2010 年，爱茉莉开设了美智 UM 研究中心，2012 年在韩国乌山开设亚洲最大的化妆品生产基地"美丽妆园"（Beauty Campus），并作为全球生产和物流中心。

2013 年，爱茉莉制定了愿景，2020 年成为一家"卓越的全球化品牌公司"。其中，"卓越"意味着将以创新驱动为主导，实现更优成本收入结构以及更高质量的增长；"全球化"意味着将有至少 50% 的营业收入来自海外市场，以及带来的更强全球品牌影响力；"品牌公司"意味着从顾客的需求出发，培育至少 5 个世界级冠军品牌（见图 9-1-1）。

图 9-1-1　爱茉莉 2020 年愿景规划图

资料来源：《爱茉莉可持续发展报告》。

韩国化妆品行业分析

2015 年全球化妆品市场规模为 1 670 亿美元。其中，护肤类产品和彩妆类产品分别占到整体销售的 66% 和 34%。根据 Euromonitor International 预测，2020 年全球化妆品市场规模将达到 1 980 亿美元，1995—2020 年将维持 3.5% 的年均复合增速。

20 世纪 60 年代中期，化妆品在韩国开始大量销售，此后近十年保持每年 30% ~ 40% 的增长速度。1975 年后，行业进入一个相对稳定的成熟期。总体上看，行业增长与宏观的 GDP 增长之间开始呈现非常明显的线性关系。至 2003 年，当韩国人均 GDP 约为 1.35 万美元时，人均化妆品销售额约为 54 美元。另根据 Mintel 数据，2013 年韩国本土的化妆品市场规模约为 62 亿美元。

韩国的化妆品产业发展迅速。根据韩国海关数据，自 2011 年起韩国化妆品每年以 36.9% 的增长速度出口，至 2015 年达到 24.5 亿美元。另外根据韩国食品药品监督管理局数据，2015 年韩国超过美国和日本成为继法国之后的第二大中国化妆品市场出口国，出口规模达到 11 亿美元。在过去 5 年，韩国最大的两家化妆品公司爱茉莉和 LG 健康，在全球的市场份额分别提升了 0.4% 和 0.3%，至 2015 年，分别位列全球化妆品公司第 16 名和第 22 名。这主要得益于韩国领先的产品研发和市场策略。

爱茉莉的竞争优势

爱茉莉采用金字塔式的多品牌战略，各品牌结构层次分明、定位清晰，涵盖高、中、大众三个档次，以应对不同类别的消费者需求（见表 9-1-2）。

表 9-1-2 　　　　　　　　　　　　爱茉莉的主要品牌分类

档次 / 定位	代表品牌
高	雪花秀、HERA、AMOREPACIFIC
中	兰芝、梦妆、IOPE
大众	吕

　　爱茉莉的全球化进程于 2003 年前后开始加速，目前销售主要覆盖亚洲、欧洲和北美。爱茉莉拥有从高档到低档的多个子品牌。除了大力推广中档品牌兰芝和高档品牌雪花秀外，爱茉莉面向海外市场，塑造了多个冠军品牌，例如深受亚洲消费者喜爱的梦妆、悦诗风吟、伊蒂之屋等（见表 9-1-3）。

表 9-1-3 　　　　　　爱茉莉在一些国家或地区的品牌布局情况

进入国家 / 地区	首次进入时间	品牌
中国大陆	2002 年	兰芝、梦妆、雪花秀、悦诗风吟、伊蒂之屋、吕、IOPE
中国香港	2002 年	兰芝、梦妆、雪花秀、悦诗风吟、伊蒂之屋
中国台湾	2004 年	兰芝、雪花秀、悦诗风吟、伊蒂之屋、吕
马来西亚	2007 年	兰芝、雪花秀、悦诗风吟、伊蒂之屋
日本	2006 年	AMOREPACIFIC、伊蒂之屋、吕、IOPE
法国	1997 年	Lolita Lempicka、ANNICK GOUTAL
美国	2003 年	AMOREPACIFIC、雪花秀、兰芝、梦妆、IOPE、ANNICK GOUTAL

　　2016 年，爱茉莉的海外销售合计达到 16 482 亿韩元，占到总收入的24.6%，同比增长 35.1%。海外市场增长动力强劲，且中国为爱茉莉最大的海外市场（见图 9-1-2）。2015 年中国市场收入约为 6.89 亿美元，同比增长64.72%，这主要得益于悦诗风吟和雪花秀两大品牌突出的销售业绩表现。

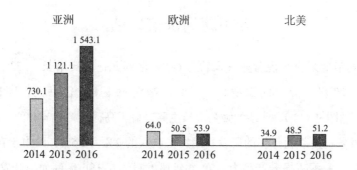

图 9-1-2　2014—2016 年爱茉莉的海外营业收入（10 亿韩元）

资料来源:《爱茉莉可持续发展报告》。

伊蒂之屋和悦诗风吟是爱茉莉旗下专卖店品牌。其中，伊蒂之屋品牌诞生于 1995 年，主打少女情怀。2016 年实现收入 3 166 亿韩元，同比增长 22.8%。截至 2016 年年末在全球 15 个国家或地区拥有超过 200 家门店。悦诗风吟品牌诞生于 2000 年，主打纯净自然和健康之美。2016 年实现收入 7 679 亿韩元，同比增长 29.7%。截至 2016 年年末在全球拥有超过 1 330 家门店。相比伊蒂之屋，悦诗风吟自然健康的品牌定位深得消费者的广泛信赖，产品溢价能力更高，未来增长的空间更大。

除单品牌专卖店外，爱茉莉旗下品牌更为重要的销售渠道是集合品牌专卖店、折扣店、直销、百货专柜、免税店、电商等。2014 年近 200 家免税店取代 36 000 多个销售代表成为爱茉莉最大的营业收入来源，占比由 2013 年的 17% 提升至 25%，这主要得益于中国出境游客的增加。据统计，2014 年中国消费者对免税店的营业收入贡献占比高达 74%，雪花秀、兰芝、HERA 是这一渠道最主要的增长动力。特别值得关注的是，百货专柜和折扣店渠道销售增长进入瓶颈期，销售占比逐年萎缩。另外，2014 年 ARITAUM 集合品牌专卖店门店数量超 1 300 家，以销售兰芝、梦妆、IOPE 等中档及以下产品为主，约贡献 17% 的销售收入。

爱茉莉的价值评估

2016 年爱茉莉实现营业收入约为 6.7 万亿韩元，同比增长 18.3%；营业利润 10 828 亿韩元，同比增长 18.5%；净利润 8 115 亿韩元，同比增长 20.4%（见图 9-1-3）。业绩的强劲增长主要得益于高标准、差异化的产品能力和顾客服务。爱茉莉每年的研发费用约占收入的 2%～2.5%，致力于在原料、工艺和包装上不断提升产品力。2016 年研发投入 1 196 亿韩元，开发了 392 个创新产品，海内外申请专利 466 个，成功注册 118 个，研究人员发表学术性期刊论文 51 篇。另外，爱茉莉极其重视顾客服务，超过 99.1% 的顾客投诉得到了有效处理，顾客满意度常年维持在 80% 以上水平（见图 9-1-4）。

为了更好地分析爱茉莉的盈利能力，我们将其与欧莱雅、宝洁做了一番比较。长期来看，欧莱雅的毛利率水平较为稳定，约为 71%。然而近 10 年来，爱茉莉的毛利率水平不断提升，由 2006 年的 66% 提升至 2016 年的 75%，提升了约 9%。总体上看，作为化妆品公司的爱茉莉和欧莱雅，其毛利率普遍比综合性的日化企业宝洁高出约 20%。这主要是由于各自产品结构的差异造成的。2016 年爱茉莉的净利率为 11.08%，低于欧莱雅的 12.02% 和宝洁的 16.09%。值得注意的是，从长期来看，爱茉莉由于较高的 SG&A 费用率导致净利率总体上会略低于欧莱雅和宝洁（见图 9-1-5）。

图 9-1-3　2014—2016 年爱茉莉的盈利情况（10 亿韩元）

资料来源：《爱茉莉可持续发展报告》。

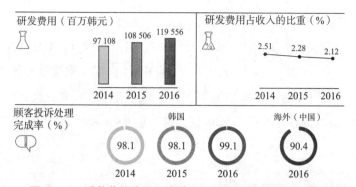

图 9-1-4　爱茉莉的产品研发情况和顾客投诉处理完成情况

资料来源:《爱茉莉可持续发展报告》。

图 9-1-5　2006—2016 年爱茉莉、欧莱雅、宝洁的毛利率和净利率比较

资料来源: Capital IQ。

2015 年爱茉莉的经营性现金流为 7 365 亿韩元,稍高于净利率 6 739 亿韩元。从长期来看,经营性现金流情况仍有较大的改善空间。特别是在存货的运营周转效率上,爱茉莉从 2006 年的 2.14 次 / 年提升至 2015 年的 3.7 次 / 年。相比于宝洁 2015 财年的 6.2 次 / 年,爱茉莉未来仍有较大的提升空间(见图 9-1-6)。

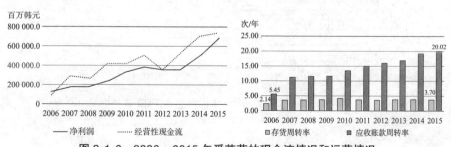

图 9-1-6　2006—2015 年爱茉莉的现金流情况和运营情况

资料来源: Capital IQ。

截至 2017 年 1 月 26 日，爱茉莉股价为 136 500 韩元，总市值为 105 000 亿韩元，10 年实现了 36 倍的增长（见图 9-1-7）。市盈率 TTM 为 49.45 倍（欧莱雅 32.47 倍，宝洁 27.27 倍），市销率 TTM 为 1.54 倍（欧莱雅 3.78 倍，宝洁 3.53 倍）。近 10 年的市盈率 TTM 区间在 5.85 倍到 128.91 倍之间，近 10 年的市销率 TTM 区间在 0.26 倍到 3.06 倍之间（见图 9-1-8 和图 9-1-9）。

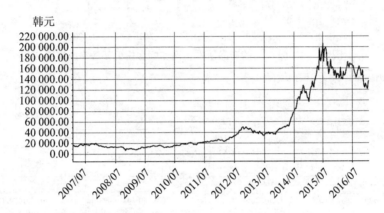

图 9-1-7　爱茉莉近 10 年的股价走势

资料来源：Capital IQ。

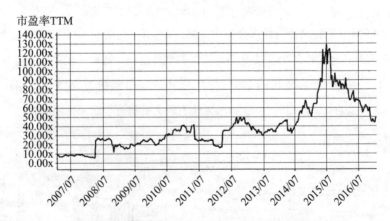

图 9-1-8　爱茉莉近 10 年的市盈率 TTM 走势

资料来源：Capital IQ。

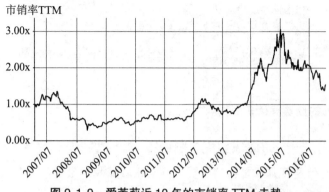

市销率TTM

图 9-1-9 爱茉莉近 10 年的市销率 TTM 走势

资料来源：Capital IQ。

爱茉莉中国成立以来，以兰芝（2002 年）为开端，相继推出了梦妆（2005 年）、雪花秀（2011 年）、悦诗风吟（2012 年）、伊蒂之屋（2013 年）、吕（2013 年）、IOPE（2015 年）等品牌与中国消费者见面。兰芝已经入驻上海、北京、广州等全国 100 多个主要城市的 300 多个一线百货商店，梦妆已在全国 270 多个城市的 800 多家百货商场柜台及 1 700 多个专营店与广大中国顾客见面。雪花秀自北京 1 号店开业以来，在北京和上海等 10 多个主要城市的顶级百货商场开设了 40 多个柜台，深受顾客的喜爱。2012—2013 年，悦诗风吟和伊蒂之屋依次在上海开设专卖店，让更多的中国顾客了解到韩国美妆。

2015 年，吕在以家庭购物和网络为中心进行销售的同时，将渠道逐渐扩大到了药妆店。在 CeCiChina 举办的 K-Beauty 节上，吕摘得了中国人最喜爱的洗发水品牌的桂冠，且正在努力成为亚洲顾客喜爱的品牌。气垫盒的鼻祖品牌 IOPE 自 2015 年在北京设立第一个专柜后，陆续开设了多个专柜，得到了广大顾客的极大关注。

自 2002 年正式进入中国市场以来，爱茉莉中国的销售业绩年均复合增长率高达近 50%。2015 年中国市场贡献约 7 658 亿韩元的销售收入。

The Future of New Retail

新零售启示：爱茉莉太平洋集团模式

爱茉莉的成功有诸多因素。

首先，对于产品的研发和快速迭代是非常关键的一环。悦诗风吟和伊蒂之屋的产品更新速度几乎是目前中国市场上化妆品牌中最快的。在每年 700 至 800 个单品中，会有 100 多个产品被强制淘汰，也会有 100 多个新产品或升级产品上架。韩国消费者的反馈非常快，这使得韩国护肤品周期特别快。产品上市一旦卖得不好，全部会被淘汰。

其次，打造爆款的思维是高增长的核心来源。同样走创新路线，欧美强调配方，不直观，消费者代入感慢；爱茉莉注重体验，例如睡眠面膜、气垫霜都非常直观，消费者直观感受强。

再次，极度细分的产品逻辑是成功的另一要素。针对不同功能、特定年龄区间以及各种价格带，都有对应的产品。爱茉莉的产品线非常丰富，对消费人群进行了全方位的覆盖。

最后，快速适应渠道变化，从最初的直销模式，到品牌集合店、折扣店、百货专柜、免税店、电商、购物中心、自建自有品牌零售商渠道等，实现多渠道布局。

此外，爱茉莉的成功离不开韩国文化产业的成功。2016 财年海外市场收入上涨了 35.1%。爱茉莉真正在中国家喻户晓，依靠的是 2013 年那部现象级韩剧《来自星星的你》，剧中女主角全智贤使用的艾诺碧气垫粉底霜、兰芝唇膏、韩律洗面奶等都是爱茉莉旗下的品牌和产品。1998 年金大中先生当选韩国总统，在亚洲金融危机之后担起了重振韩国经济的重任。在过去将近半个世纪的基于制造业的出口导向经济几近失灵的背景下，他提出了用"文化立国"

战略取代以制造业为主的战略。文化内容产业的附加价值产出效果非常庞大，在国际市场上是相关产业进军海外的辅助性核心服务产业，承担着举足轻重的角色。

但由于中韩两国近期出现了关系的倒退，到韩国旅行的消费者大大减少，导致爱茉莉的业绩也出现了非常大幅度的下滑，进军海外之路受到严重的挑战。

美国最大美容产品连锁 Ulta Beauty

Ulta Beauty（以下简称 Ulta）成立于 1990 年，总部位于美国伊利诺伊州，是美国最大的美妆连锁零售商，除了提供化妆品、香水、护肤品和护发用品之外，还在每家门店设有沙龙服务，提供护肤、美发、修眉等服务。截至 2016 年年底，公司在美国 48 个州有 974 家实体店，旗下 SKU 超过 2 万个，品牌数超过 500 个，其中包括一部分独家品牌和自有品牌。

Ulta 的门店主要位于城郊，地区内覆盖约 7.5 万～10 万个家庭。选址的首要标准是客流量，通常把门店设在较强的零售中心，比如毗邻强势的零售商等，当前公司超过 80% 的门店位于购物中心和社区中心。Ulta 主力门店的面积约 1 万平方米，沙龙服务约占 950 平方米。

Ulta 于 2007 年在美国纳斯达克证券市场上市，当前市值 171 亿美元，P/E 为 46.2 倍。2016 年营业收入 48.55 亿美元，净利润为 4.5 亿美元。

表 9-2-1　　　　　　　　Ulta 的主要财务指标概览　　　　单位：百万美元

指标	2011	2012	2013	2014	2015	2016
营业收入	1 776	2 220	2 671	3 241	3 924	4 855
净利润	120	173	203	257	320	446
总资产	957	1 275	1 603	1 983	2 231	2 552
净资产	585	787	1 003	1 248	1 443	1 550
营业收入增长率	22.09%	25.00%	20.28%	21.37%	21.06%	23.73%

续表

指标	2011	2012	2013	2014	2015	2016
净利润增长率	69.3%	43.5%	17.6%	26.8%	24.5%	39.4%
毛利率	34.7%	35.3%	35.2%	35.1%	35.3%	36.0%
净利率	6.8%	7.8%	7.6%	7.9%	8.2%	9.2%
ROE	24.4%	25.2%	22.7%	22.9%	23.8%	29.8%
ROA	14.3%	15.5%	14.1%	14.3%	15.2%	18.6%
营业收入/总资产	1.86	1.74	1.67	1.63	1.76	1.90
总资产/净资产	1.64	1.62	1.60	1.59	1.55	1.65

资料来源：晨星公司年报。

Ulta 的成长路径

1990 年以前，美国的美容商品市场格局比较固化：百货商店里只销售高端品牌，药妆店、大卖场等只销售大众品牌，沙龙服务则是由专业服务机构如美容院独立提供。当时理查德·乔治（Richard E. George）认为，市场中应该存在一种商业模式，能够综合各种产品和服务，为女性购买美容产品提供更好的体验。于是，他在 1990 年创立了 Ulta 公司，开创了美容商品市场新零售模式一站式消费：不仅为顾客提供全品牌选择，还为顾客提供沙龙服务。

Ulta 的门店面积非常大，目前主力店约为 1 万平方米，并且通常将门店开在人流量大的城郊零售中心。

Ulta 的成长策略是不断地开店，即便在金融危机期间也没有停止扩张的步伐：1999 年年底有门店 75 家，2006 年年底增长至 196 家，2009 年年底达 346 家，2012 年年底达 550 家，2013 年年底达 675 家，2015 年年底达 907 家，2016 年年底扩张至 990 家。随着规模不断扩大，公司的营业收入也快速增长，营业收入从 1999 年的 2.06 亿美元增长至 2016 年年底的 48.55 亿美元，增长了约 18 倍。

Ulta 于 2007 年在美国纳斯达克市场上市，上市次年就在美国亚利桑那州建立了第二个配送中心，支持前端门店的不断扩张。

美国美容产品行业分析

美容商品市场在美国是一个庞大且快速增长的市场。2016 年 9 月，该市场的规模约 1 270 亿美元，美容产品市场和沙龙服务市场分别为 740 亿美元和530 亿美元。再来看一下更加具体的市场细分，在美国的美容商品市场中，沙龙服务，比如护发、护肤、美甲服务等的市场份额最大，为 41%；其次是其他类，包括洗浴产品、止汗露、口腔护理产品等，占据了 23% 的市场份额；护发产品、护肤产品和化妆品市场份额分别为 11%、10% 和 5%（见图 9-2-1）。

Ulta 在美国美容商品市场中占有约 3% 的市场份额。在沙龙服务市场，美国的沙龙服务市场极其分散，公司的主要竞争对手为沙龙连锁和独立的沙龙店；在美容产品市场，公司的主要竞争对手为传统百货商店的美妆专柜、美容商品专卖店、药妆店、美妆网店等。

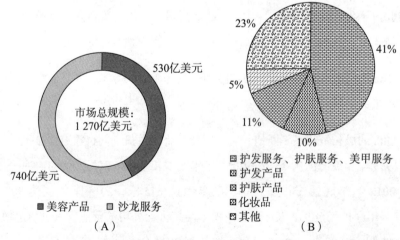

图 9-2-1　2016 年美国美容商品市场细分（A）和美容商品市场份额（B）

资料来源：Ulta 公司年报。

Ulta 的竞争优势

产品丰富，独家产品多

Ulta 经营的产品覆盖从高端到大众等不同档次，为顾客提供超过 2 万个 SKU、500 多个品牌，其中还有很多自营品牌和独家品牌（Ulta 独家品牌在 2016 年贡献了 3% 的营业收入来源）。

无论是药妆店、品牌专卖店还是百货商场的化妆品专柜，其销售的品牌都很有限，顾客只能根据自己的肤质和日常消费习惯专门去某个店铺购置化妆品。而在 Ulta，顾客在美容产品方面的所有需求和消费偏好都能够被满足。顾客不需要明确地知道自己的所需，只要对美妆方面感兴趣，都可以来 Ulta。再加上 Ulta 销售很多独家产品和自营产品，不仅吸引更多消费者驻足，还增加了顾客在广泛选择中产生的购物乐趣。

店内提供沙龙服务

不同于大多数美容零售商，Ulta 在每家门店内专门设有护肤、护发、修眉等沙龙服务，为顾客提供了便利，同时提高了顾客的品牌忠诚度。消费沙龙服务的顾客多为品牌的忠实会员，他们的消费总量和消费频率均是不消费沙龙服务顾客的两倍。

用户忠诚度极高，购物体验好

Ulta 的顾客忠诚度非常高，公司设立有 Ultamate Rewards 计划，顾客消费后会产生积分，积分有效期大于一年，可以用于兑换公司销售的任何产品。Ulta 通过 Ultamate Rewards 掌握顾客的信息和消费习惯，并通过 CRM 平台向顾客推送有针对性的定制化广告，提高购买频率。2015 年，Ulta 的 1 800 万活跃会员为其贡献了 80% 的营业收入来源。

除此之外，在 Ulta 店内购物还非常舒服。Ulta 门店内的销售人员不会一直跟着顾客，给顾客带来购买的压力和困扰，顾客可以随心所欲地慢慢看、慢慢挑，需要帮助时找服务员询问即可，非常轻松自在。

线上线下融合消费，非常便捷

Ulta 的门店非常多，2016 年年底在美国共有 974 家，未来还计划开设超过 1 200 家。门店多位于交通便利、人流量大的地方，顾客可以很便利地消费。除此之外，顾客还可以通过 ulta.com 网页端或者移动端进行消费。

Ulta 的价值评估

营业收入

Ulta 2011 年至 2016 年营业收入均保持两位数的增长速度。2016 年年底，公司营业收入 48.55 亿美元，增长率为 23.73%。其中门店零售是公司最主要的营业收入来源，占比 87.9%，沙龙服务、线上销售分别贡献了 5% 和 7.1% 的营业收入（见图 9-2-2）。

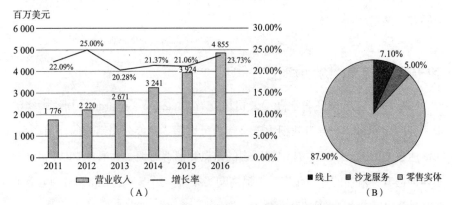

图 9-2-2　2011—2016 年 Ulta 的营业收入及增长率（A）和收入细分（B）

资料来源：Ulta 公司年报，Capital IQ。

Ulta 收入的增长是通过同店增长和外延增长共同驱动的。从门店扩张来看，公司基本上以每年新开 100 家门店的速度发展（见图 9-2-3）；从同店增长来看，2016 年年底公司线下同店增长率、线上同店增长率、整体同店增长率分别为 8.8%、30.7% 和 9.3%。虽然线上零售近年来增长速度极快，但是零售沙龙，即线下收入，仍是整体同店增长的核心（见图 9-2-4）。

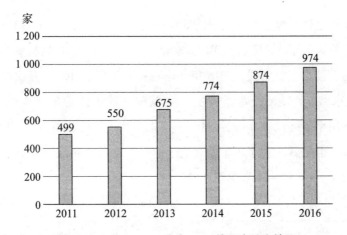

图 9-2-3　2011—2016 年 Ulta 的门店扩张情况

图 9-2-4　2011—2016 年 Ulta 的营业情况

资料来源：Ulta 公司年报，Capital IQ。

盈利能力

Sally Beauty（以下简称 Sally）成立于 1964 年，总部位于美国，是世界上最大的专业美容用品代理零售商，销售美容、护肤、护发、美甲等产品，目前在全球拥有并经营超过 4 800 家门店。我们将 Ulta 与这家公司相比较，以更好地了解 Ulta 的整体运营情况。

Ulta 的毛利率约为 35.3%，比 Sally 低约 14%，这主要是因为 Ulta 更多地聚焦在平价大众品牌，毛利空间比高端化妆品小很多。营业毛利率方面，Ulta 近年来运营能力不断增强，2016 年营业毛利上升至 13.49%，首次超过 Sally；成本方面，由于 Ulta 经营范围主要在美国，其整体管理成本低于 Sally，SG&A 费用率始终比 Sally 低约 10%。整体来看，虽然 Sally 的毛利率大幅领先于 Ulta，但是其净利率水平始终低于 Ulta，2016 年年底 Ulta 和 Sally 的净利率分别为 9.2% 和 5.6%（见图 9-2-5）。

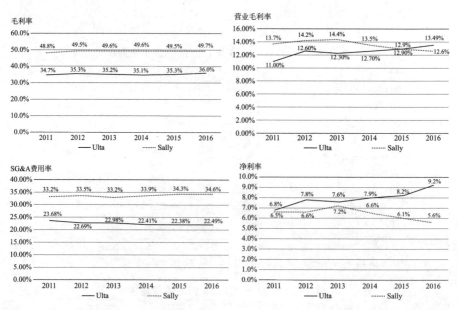

图 9-2-5　2011—2016 年 Ulta 与 Sally 的盈利情况对比

资料来源：晨星公司。

Ulta 的库存周转率较 Sally 快许多，2016 年年底两家公司库存周转天数分别为 100.18 天和 164.42 天；应付账款周转天数分别为 26.78 天和 50.19 天，这么大的差距主要是因为 Sally 的门店规模更为庞大，议价能力也更强。

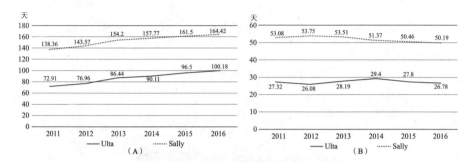

图 9-2-6　2011—2016 年 Ulta 与 Sally 的库存周转天数对比（A）

和应付账款周转天数对比（B）

资料来源：晨星公司。

Ulta 的 ROE 较高，2016 年达到 29.8%，ROA 保持在 14.1%～18.6%，比 Sally 平均高出 8%（见图 9-2-7）。

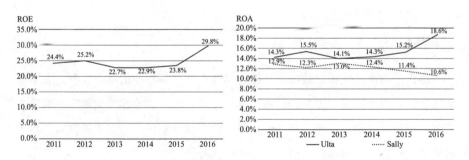

图 9-2-7　2011—2016 年 Ulta 的 ROE 和 ROA 走势

资料来源：晨星公司。

股价与估值

Ulta 于 2007 年在美国纳斯达克市场上市，上市以来股价持续上涨，表现大幅度超越纳斯达克综合指数。2007 年年末股价仅为 17.15 美元，当前股价已达到 275.15 美元，上涨了超过 15 倍（见图 9-2-8）。

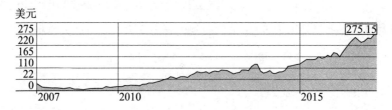

图 9-2-8　Ulta 的股价走势

资料来源：晨星公司。

Ulta 作为美国最大的线下美容产品零售商，有很多值得中国企业家和投资人学习和借鉴之处。

扩充品牌和品类，多类别经营

由于美容产品定价比较统一，综合类美容产品零售商的核心竞争力在于能为顾客提供多少产品，尤其是独家产品和自营产品。如果顾客只能在一家店中买到他想要的品牌或产品，那他自然而然会选择这家店，如果能再完善会员系统和奖励机制，会员的忠诚度也就逐渐地建立起来了。

除此之外，国内少有多类品牌共同经营的美容产品零售商，我们常看到的基本都是药妆店、欧美品牌专柜集合、日韩品牌专柜集合、廉价品牌集合。倘若零售商可以把不同类型的品牌一起陈列出来供客户选择，比如将日韩品牌和欧美品牌一起陈列，这将为顾客提供更多的便利和选择。

通过提供更多附加服务，获得稳定的流量和黏性

从 Ulta 的经营模式中我们可以看到，美容产品零售商不仅可以单纯售卖产品，还可以考虑提供更多的附加服务，比如开设关于护肤、护发、修眉、美甲、美妆等的课程。这些服务的消费频率都很高，美容产品零售商既可以通过自身的优势吸引客流，又可以通过这些服务增强顾客黏性、提升顾客的体验，无形中也就增加了顾客的消费量。而大店模式使得服务可以有较好的体验场景，良好的体验又进一步塑造了品牌价值。

优化后台会员系统，推送定制化广告

美容产品和服务是一个天生的会员体系，增加消费者黏性是核心竞争优势。Ulta 的一大竞争力就是可以很好地利用会员系统，通过后台数据分析，为顾客提供定制化的广告和消费者教育。对于美容产品或服务来说，顾客的消费是差异化的，也是感性的，通常看到一本杂志或买手推荐等便去消费体验。因此，推送若能够打动顾客，就与顾客的消费呈显著正相关。美容产品零售商想要吸引更多的消费者，就应该通过分析后台会员数据，为顾客推送针对性强和定制化的广告。从经营商品开始，逐步走向经营会员，为有黏性的会员提供优质商品和有价值的服务，通过大数据和互联网为会员提供便利和信息交流，这本身就是互联网化的目标。

全球最大的建材家装零售企业家得宝

家得宝创立于 1978 年，当前员工人数超过 38 万，是全球最大的建材家装零售商。门店面积通常在 10 000 平方米左右，采取仓储式零售模式，提供一站式的购物体验。主要面向"自己动手"（Do-It-Yourself，DIY）顾客、"请人代劳"（Do-It-For-Me，DIFM）顾客和专业客户，销售室内园艺、油漆、厨卫、室外园艺、电器、建筑材料、管道等家庭改善型建材家装产品，提供优质的安装及售后服务。经过近 40 年的发展，截至 2016 年年底，家得宝共拥有 2 278 家门店，其中美国本土 1 977 家，加拿大 182 家，墨西哥 119 家。

2016 年，家得宝的总资产规模为 429.66 亿美元，营业收入达到 945.95 亿美元，同比增长 6.86%。实现净利润 79.57 亿美元，同比增长 13.53%（见表 9-3-1）。

表 9-3-1　　　　　家得宝的财务数据概览　　　　　　单位：百万美元

指标	2010	2011	2012	2013	2014	2015	2016
营业收入	67 997	70 395	74 754	78 812	83 176	88 519	94 595
净利润	3 338	3 883	4 535	5 385	6 345	7 009	7 957
总资产	40 125	40 518	41 084	40 518	39 946	42 549	42 966
净资产	18 889	17 898	17 777	12 522	9 322	6 316	4 333
营业收入增长率	2.75%	3.53%	6.19%	5.43%	5.54%	6.42%	6.86%
净利润增长率	25.44%	16.33%	16.79%	18.74%	17.83%	10.46%	13.53%
毛利率	34.27%	34.47%	34.57%	34.15%	34.13%	34.19%	34.16%

续表

指标	2010	2011	2012	2013	2014	2015	2016
净利率	4.91%	5.52%	6.07%	6.83%	7.63%	7.92%	8.41%
ROE	17.44%	21.11%	25.42%	35.55%	58.09%	89.64%	149.44%
ROA	9.01%	10.32%	12.10%	14.04%	16.26%	17.73%	18.61%
营业收入/总资产	1.69	1.74	1.82	1.95	2.08	2.08	2.20
总资产/净资产	2.12	2.26	2.31	3.24	4.29	6.74	9.92

资料来源：Capital IQ。

家得宝的成长路径

1978—2000年：创始扩张阶段

1978年，伯纳德·马库斯（Bernard Marcus）和阿瑟·布兰克（Arthur Blank）被公司解雇后，与一个刚走出破产窘境的爱尔兰人以及一个经营私人融资业务的意大利人，租下了亚特兰大一家经营不善的超市的大仓库，将里面塞满家用五金工具，家得宝就这样开张了。当时家得宝的门店面积比竞争对手要大，并成功获得投资银行家肯尼斯·朗格尼（Kenneth Langone）的资金支持。1981年，仅有4家门店的家得宝通过挂牌变成公众公司，后又转至纽约证券交易所进行公开交易。

2000年以前是家得宝创立后的高速成长期。在这一阶段，家得宝的商业模式与其他竞争对手并无本质上的区别，都属于自营型零售。但是，家得宝深谙零售业的本质，创业之初即定位于全品类商品，采取仓储式零售模式，提供比竞争对手更全且更具性价比的商品，体现了其背后强大的供应链效率。同时，家得宝倡导DIY消费理念，招募了大批技术精良且训练有素的水管工、电工以及各种技术人才，为顾客提供专业教学服务，并作为营销手段来增强客户黏性，取得了良好的效果。

1999 年，家得宝的营业收入达到 384 亿美元，且 1978—1999 年收入年化增速一直维持在 20% 以上水平。家得宝营业收入的增长主要来自门店数量的扩张以及单店平效的提升，其中 1995—2000 年，年均开店数量为 140 家，且平效由 4 200 美元水平逐步提升到 4 500 美元水平。

2000—2006 年：调整阶段

2000 年起罗伯特·纳德利（Robert Nardelli）接任家得宝首席执行官职位。入职家得宝之前，他曾在通用电气工作数年，和伊梅尔特等 3 人一起列为通用电气 CEO 杰克·韦尔奇的继任者之一。2000 年 12 月落选后，他在几个小时内即被任命为家得宝的新任首席执行官。纳德利是一位优秀的职业经理人，给家得宝带来了通用电气的许多优秀管理经验，如六个西格玛管理方法等。

上任之初，纳德利即砍掉很多支出，大幅裁员，将大量的全职岗位改变为非全职岗位，员工士气受到极大的影响，并因此影响到了门店的顾客服务。更为关键的是，在他的带领下，家得宝很少将金钱和注意力花在门店的翻新维护上，门店越来越破旧，购物体验越来越差。同时，他又实行积极的对外扩张策略，通过一系列的收购建立起 HD Supply 批发业务，主要针对建筑商、政府等大型客户。

2000 年之后，家得宝的营业收入增速逐步放缓，成长性减弱。这主要是由于门店数量增速由于基数效应开始出现下滑，且门店平效逐步从 4 500 美元降至 3 800 美元，并最终导致 2006 年营业收入首次出现负增长。

随着美国人口结构以及消费趋势发生变化，家得宝也进行了很多的创新尝试。与 1946—1964 年出生的"婴儿潮"一代不同，美国新一代的年轻人钱包丰满但时间欠缺，倾向于请人代劳，而不是自己动手。于是，家得宝几乎在所有的门店都推出安装、维修、送货上门的服务，将 DIY 推向了"DIY + DIFM + PRO"的新时代组合。同时，家得宝还在纽约、芝加哥等大城市大力推出

EXPO 设计中心店，加强家装设计服务能力。EXPO 设计中心店主要针对高档公寓房客户、生活节奏快的白领人士和城市时尚消费群体。这些门店更注重设计，相比于家得宝普通门店，销售商品更具针对性，主要是一些室内设计产品，如厨卫、软硬地板、窗户灯具等。

在这一阶段，面对经营的瓶颈，家得宝也开始进行相应的产业链并购整合，以增强自身的顾客服务能力。2003 年，收购了两家历史悠久的安装企业 RMA 和 IPUSA，以引进它们的专业技术。RMA 是美国第三大替换窗户和外墙盖板安装商，IPUSA 是全国性的屋顶安装集团。2005 年，家得宝先后开设 10 Crescent Lane 和 Paces Trading Company 网上商城，布局线上销售。10 Crescent Lane 专门销售家饰用品，Paces Trading Company 专门销售灯具。2006 年，家得宝进一步收购 Home Decorators Collection 以加强线上销售，依托家得宝的线下门店为顾客提供便利的 O2O 服务体验。

2007 年至今：崛起阶段

纳德利的改革举措充满争议，员工和股东的意见越来越大，且家得宝的估值持续下滑，资本市场的压力也越来越大。最终在董事会的决议下，2007 年纳德利拿到高达 2.1 亿美元的补偿后离开家得宝。

接替纳德利的是他在 GE 时的旧部下弗兰克·布莱克（Frank Blake）。早在 2002 年布莱克就来到家得宝，负责运营、门店选择等方面。和前任 CEO 的独断风格完全不同，布莱克在保留前任一部分举措的同时积极倾听整个团队的声音。他不认为应该按照制造业的方式去管理家得宝，同时致力于恢复家得宝的企业文化，激发员工士气，积极给店长放权。2007 年，家得宝以 130 亿美元的价格将 HD Supply 批发业务出售给一家私募股权基金。这项决定实在是明智之举，就在出售后不久，金融危机来临，HD Supply 的销售收入出现大幅下滑。2008 年房地产市场一片萧条，家得宝果断关闭 EXPO 设计中心店等非标准零售门店，取消新开门店计划，并关闭表现不佳的美国门店，把经营重心重新回到仓储式零售门店模式。

除了对过去业务进行调整，布莱克还推出许多新的改革举措，并最终将家得宝带向了辉煌。

- 一是对核心零售业进行改革，以提高顾客的满意度为宗旨，提升销售助理的专业知识和顾客服务水平，在金融危机期间抓住有利时机招募大量失业的水电工，并培养他们成为销售助理。
- 二是改革配送体系，由原先的以门店直送模式为主改为中央化的集中配送，门店内的存货预定和存货管理的时间大幅下降，销售助理可以将时间更多地转向为顾客进行服务。
- 三是停止对海外的扩张，并于 2012 年退出中国市场。

2014 年，布莱克退居幕后出任公司董事长，由当时 57 岁的克雷格·米尼尔（Craig Menear）出任新 CEO。米尼尔早在 1997 年即加入家得宝，具有丰富的零售和管理经验。2015 年，家得宝斥资 16 亿美元从高盛手中收购保养及维修产品经销商 Interline Brands，以进一步提升自身的顾客服务能力。

美国建材行业分析

20 世纪 60 年代之前，美国的建材市场都是传统的细分市场，比如油漆店卖油漆，水电行卖水管，木板店卖地板等。专业承包商、建筑企业和房主需要来回奔波于五金店、木料商店、油漆店等，才能购齐自己所需的装修材料。与此同时，百货商店和邮购在 20 世纪中期发展起来，消费者的行为习惯开始改变，除了去传统建材细分市场外，也会选择去百货商店采购或邮寄购买五金等建材产品。

20 世纪 60 年代之后，以劳氏为代表的一站式家庭装潢购物中心出现，打破了人们对建材家居消费的常规做法。之前房主或专业家装人士如果打算进行家庭装潢，他们必须跑好几个地方才能购齐各种材料，而且他们还不知道到哪里去获得装潢信息和专业指导。而一站式家庭装潢购物中心让所有想装修的人都尝到了一站式购物的便利。

20 世纪 80 年代之后，以家得宝为代表的超级大卖场开始出现，门店面积至近 10 000 平方米。此举吸引劳氏公司模仿，劳氏于 1990 年开出第一家 9 290 平方米的大卖场，并逐步关掉小型门店。超级卖场的特征是超低的价格、众多的选择以及最好的服务。在一站式满足顾客购物的基础上，大卖场还会有经验丰富的服务人员提供完备的装潢知识指导以及提供专业的售后装修服务，提供极致顾客体验。

根据美国权威机构家居改善研究所发布的数据，当前美国建材装修市场规模约为 3 万亿美元，且呈不断增长趋势。建材家装产品的销售与房屋的需求高度相关，新住房的建造以及公寓和出租房的二次装修都将促进行业的发展。加之美国 85% 的房屋都是 1980 年以前建造的，经常需要翻新，这对建材家装行业来说无疑是一个重要的驱动因素。根据美国银行的内部数据，美国房屋改善型建材装修市场在经历 2006—2009 年的下行周期后，2010 年开始复苏，这主要得益于美国经济的复苏以及随后房地产市场的回暖。

家得宝的竞争优势

家得宝始终坚持以顾客为中心的理念，且不断适应变化的消费者趋势。当前家得宝的目标顾客主要分为三类：DIY 顾客、DIFM 顾客和专业顾客（见表 9-3-2）。其中，DIY 顾客是最主要的消费群体。针对不同的顾客，家得宝提供不同的服务以满足各自不同的需求。值得注意的是，家得宝并不满足专业大客户的需求。通常，这类型的专业大客户年购置金额在 20 万美元以上，他们倾向于向制造商或经销商直接采购,很少选择像家得宝这样的装潢卖场。家得宝难以为其单独提供多层级的价格标准、大幅度的折扣以及强大的运输支持。加之该类型客户所需的钢材、水泥混凝土之类的大型工程材料,家得宝几乎不经营售卖,所以这部分客户并不是家得宝的目标客户群。

表 9-3-2　　　　　　　　　　家得宝的目标客户群体分析

目标客户	对应的客户服务
DIY	传统型美国男人,喜欢自己买东西、自己动手。针对这部分顾客,家得宝销售助理提供产品介绍和相关装潢信息、解答相关安装问题。每周开设家装培训课程和研讨会,增强该部分客户的动手能力以及培养客户的忠诚度。
DIFM	针对该部分客户,家得宝通过自有工人或专业的第三方承包商提供无缝的一站式售后安装服务,并推出"安装 to go"系统,将 DIFM 顾客的支付信息第一时间传达到安装工人手机上,简化顾客的体验并提升安装透明度。
小型专业客户	主要包括专业装修商、承包商、维修工和商人。针对这部分顾客,家得宝提供预定、配送以及专业员工服务,还提供信贷支持。

　　家得宝销售的前 5 大商品为室内园艺、油漆、厨卫、室外园艺和电器。除此之外,还销售轻型建筑材料、管道、地板、工具类等产品,为顾客提供一站式建材家装商品购物体验。从 2015—2017 年的数据看,家得宝整体的商品结构稳定(见表 9-3-3)。

表 9-3-3　　　　　　　　　　家得宝的销售商品结构

商品类别	2017/01/29		2016/01/31		2015/02/01	
	净销售额(美元)	净销售额占比(%)	净销售额(美元)	净销售额占比(%)	净销售额(美元)	净销售额占比(%)
室内园艺	9 204	9.7	8 227	9.3	7 486	9.0
油漆	7 666	8.1	7 497	8.5	7 342	8.8
电器	7 362	7.8	6 539	7.4	5 718	6.9
厨卫	7 184	7.6	6 909	7.8	6 639	8.0

续表

商品类别	2017/01/29		2016/01/31		2015/02/01	
	净销售额（美元）	净销售额占比（%）	净销售额（美元）	净销售额占比（%）	净销售额（美元）	净销售额占比（%）
管道	6 985	7.4	6 364	7.2	5 755	6.9
木材	6 828	7.2	6 284	7.1	6 054	7.3
室外园艺	6 789	7.2	6 505	7.3	6 319	7.6
建材	6 774	7.2	6 416	7.2	6 068	7.3
工具	6 668	7.0	6 060	6.8	5 388	6.5
地板	6 477	6.8	6 215	7.0	6 011	7.2
电气设备	6 090	6.4	5 837	6.6	5 656	6.8
五金器具	5 629	6.0	5 296	6.0	4 975	6.0
机制门窗	5 139	5.4	4 937	5.6	4 707	5.7
房间装饰	2 906	3.1	2 730	3.1	2 554	3.1
照明	2 894	3.1	2 703	3.1	2 504	3.0
总计	94 595	100.0	88 519	100.0	83 176	100.0

资料来源：家得宝公司财报。

深受沃尔玛的启发，家得宝采取常年低价策略。家得宝门店提供 3 万 ~ 4 万种商品，价位通常比传统五金店低 30%，且比一般的家居中心还低 15% ~ 20%。这主要得益于家得宝强大的全球直采能力和中央配送物流体系，构成了其核心竞争壁垒。

家得宝在全球拥有 300 多家供应商，且多为 F2C（Factory to Consumer，工厂直接到消费者）直采模式，去除层层经销，重塑整个供应链的效率。家得宝的供应商集中度高，前 10 大供应商采购占比约为 20%，并因其巨大的采购量获得议价能力。家得宝的最大供应商为马斯可集团，约占采购规模的 4%。马斯可集团是世界领先的家装材料以及涂料生产和销售商，产品包括龙头、阀门管件、橱柜和浴室柜、建筑涂料、淋浴设施、按摩浴缸、门窗、电子锁具和其他建筑五金等。

自 2000 年以来，家得宝开始重视自有供应链建设，收购多家仓库，并开始布局物流系统。2007 年布莱克上任之后，决心大规模改善仓储物流体系，特别是引进快速部署中心（RDC），精细化管理每一个产品订单，提高运输和存货管理效率，为产品配送规划最优路线。供应商门店直送占比由 2006 年的 60% 下降至 2013 年的 5%。在中央化的集中配送模式主导下，物流费用持续下降，下降幅度近 50%。截至 2013 年年末，家得宝在美国运作有 18 处快速部署中心、34 处大型配送中心，以及 10 个专业配送中心，负责离岸整合和退货物流。

早在 2005 年，家得宝即开设 10 Crescent Lane 和 Paces Trading Company 网上商城，专门销售家饰和灯具产品。2006 年收购 Home Decorators Collection，开始基于线下门店布局 O2O 业务。2012 年，家得宝又收购家装撮合电商 Redbeacon，为有家装服务需求的美国居民推荐家装服务，这进一步加强了家得宝的线上获客及转化能力。同时，家得宝于 2011 年开始培养自己的家装产业工人团队，以确保顾客的极致、无缝对接的服务体验。

家得宝的顾客或用户可以通过 HomeDepot.com、Home Decorators Collection、Blinds.com 等网站以及 APP 来搜寻产品并下单。作为传统企业互联网化，家得宝的线上零售主要依托 2000 多家实体店网络来落地，前期主要采取 BOSS（Buy Online, Ship to Store）、BORIS（Buy Online, Return In Store）、BOPIS（Buy Online, Pick-up In Store）三大策略。2014 年家得宝推出"最后一公里"配送服务，加入 BODFS（Buy Online, Deliver From Store），这主要得益于 4 个独立运营中心的建立，并确保美国境内 90% 以上的网络订单两天内送达。

截至 2014 年，家得宝的互联网销售占比仅为 4.5%。但是值得关注的是，2013 年和 2014 年的增长率分别达到 50% 和 36.9%。可以预见，随着消费者习惯的进一步转变，家得宝的互联网销售未来仍将保持一个较高的增速。

家得宝的价值评估

2016 年，家得宝的营业收入为 945.95 亿美元，同比增长 6.86%。实现净利润 79.57 亿美元，同比增长 13.53%。值得注意的是，在次贷金融危机的影响下，2007—2009 年家得宝收入明显下滑，这主要是由于房地产市场疲软，新屋开工急剧减少导致的（见图 9-3-1）。

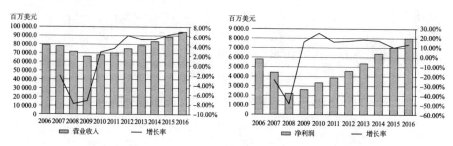

图 9-3-1 2006—2016 年家得宝的营业收入及利润情况

资料来源：Capital IQ。

在危机处理方面，布莱克展现出非凡的领导才能，倾听顾客的心声，鼓舞员工士气，对核心零售业务实行大刀阔斧的改革举措，如重新重视门店服务、积极推进集中配送、停止海外扩张、关闭变现不佳的本土门店等。2009 年，在收入下跌 7.2% 的情况下实现净利润 17.74% 的增长，且后续业绩持续改善。这主要得益于家得宝正确的内涵式发展战略，坚持"门店质量大于门店数量"理念（见图 9-3-2）。

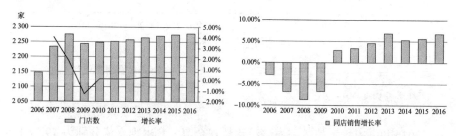

图 9-3-2 2006—2015 年家得宝的门店增长情况及门店同店增长情况

资料来源：Capital IQ。

与全球最大的零售商沃尔玛一样，家得宝同样采取常年低价的策略吸引顾客。但作为专卖店，家得宝拥有比大卖场更高的毛利率水平，约高出近 10 个百分点。值得注意的是，家得宝与沃尔玛的净利率水平却在逐年拉开距离，由 2009 年的 0.5% 的净利差扩大到 2016 年的 5.60%（见图 9-3-3）。

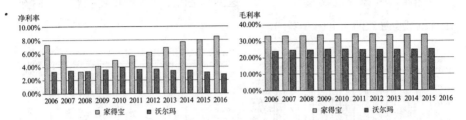

图 9-3-3　2006—2016 年家得宝与沃尔玛的毛利率和净利率比较

资料来源：Capital IQ。

相比沃尔玛 SG&A 费用率的稳中有升，家得宝则表现出明显的下降趋势，自 2008 年以来下降约 4%。这主要得益于它在 2007 年后加速推进建设大型仓储及中央化物流配送体系，供应链效率的提升使得物流费用大幅下降（见图 9-3-4）。

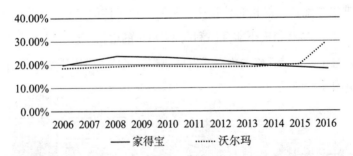

图 9-3-4　2006—2016 年家得宝与沃尔玛的 SG&A 费用率比较

资料来源：Capital IQ。

2016 年，家得宝的净利润、经营性现金流、自由现金流分别为 79.57 亿美元、97.83 亿美元、81.62 亿美元，同比增长分别为 13.5%、4.4%、3.5%（见

图 9-3-5）。总体上，现金流良好，这主要取决于极短的应收账期和不断提升的存货周转效率（见图 9-3-6）。值得注意的是，2009 年之后家得宝的经营性现金流和自由现金流的差值不断收窄，这主要是由于大幅减少资本支出，选择采取内涵式的增长模式。

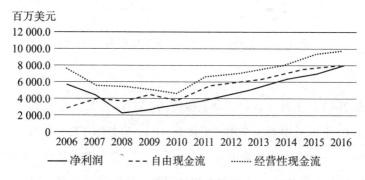

图 9-3-5　2006—2016 年家得宝的现金流情况

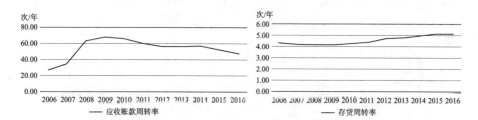

图 9-3-6　2006—2016 年家得宝的存货周转率和应收账款周转率情况

资料来源：Capital IQ。

2013—2016 年家得宝的 ROE 分别为 35.55%、58.09%、89.64%、149.44%，远高出沃尔玛约 20% 的水平，呈逐年提高趋势。这主要是由于较高的杠杆导致的，家得宝的杠杆比率从 2013 年的 2.69 提升到了 2016 年的 9.92。值得关注的是，家得宝考虑杠杆之后的资本回报率（Return On Invested Capital，简称 ROIC）逐年提升，增长的质量仍处于较高水平。但是，高杠杆所带来的高风险仍值得警惕（见图 9-3-7）。

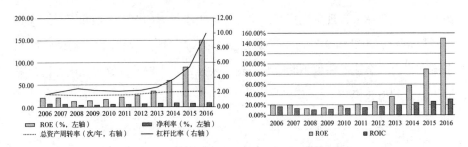

图 9-3-7　2006—2016 年家得宝的财务状况分析

资料来源：Capital IQ。

截至 2017 年 1 月 6 日，家得宝股价为 133.53 美元，总市值为 1 631.12 亿美元，10 年市值增长了 7 倍（见图 9-3-8）。市盈率 TTM 为 21.7，市销率 TTM 为 1.75。2007 年布莱克上任以来，采取了一系列改革举措，奠定和稳固了家得宝行业龙头地位，运营效率和盈利能力远超劳氏公司。同时，资本市场也给予高度的认可。近 10 年的市盈率 TTM 区间在 9.35 倍到 26.10 倍之间，近 10 年的市销率 TTM 区间在 0.44 倍到 2.00 倍之间（见图 9-3-9）。

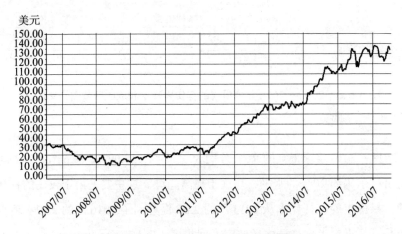

图 9-3-8　家得宝近 10 年的股价走势

资料来源：Capital IQ。

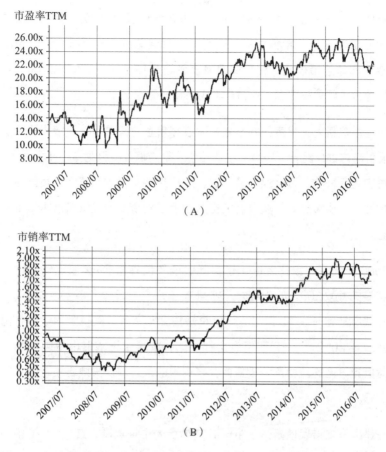

图 9-3-9 家得宝近 10 年的市盈率 TTM 走势（A）和市销率 TTM 走势（B）

资料来源：Capital IQ。

中国建材家装市场被商场运营商掌控，且高度分散。2014 年，中国 5 大建材家装零售企业——红星美凯龙、居然之家、金盛集团、月星集团及武汉欧

亚达集团，零售总额为 1 268 亿元，仅占市场份额的 9.1%。其中，红星美凯龙商场数量 158 个，零售总额 550 亿元，排名第一。若将行业进一步细分为连锁模式和非连锁模式，红星美凯龙占到连锁商零售总额的 10.8%，处于行业领导地位。红星美凯龙于 2015 年成功登陆香港 H 股。

以红星美凯龙为代表的本土建材家装零售企业采取租赁经营模式，提供场地，吸引商户进厂经营，向商户收取租金，旱涝保收，因此核心能力在于招商。以家得宝为代表的外资采取自营模式，自己采购、自主销售、自负盈亏，企业的自主性大，能够更好地获取利润空间，但是对企业的经营管理水平提出极大的考验。

2006 年年底，家得宝以 1 亿美元收购了世界家居 12 家建材超市，进入中国家装市场。2007 年 8 月起，家得宝在北京、天津、西安、郑州、沈阳、青岛等城市陆续开设 12 家门店。但是短短 2 年之后，家得宝的中国各门店陆续停业。至 2012 年，12 家门店全部关闭，家得宝正式退出中国市场。家得宝作为世界一流的建材家装零售商，在中国的运营却以失败告终，其经验教训值得反思。

一是家得宝错误地高估了中国 DIY 消费的市场规模。其实，DIY 模式在中国仅占很小的市场份额。根据弗若斯特沙利文咨询公司统计，2014 年以 DIY 模式为特征的宜家、百安居在中国的市场销售份额仅为 0.5% 和 0.2%。短期内看，消费者的习惯难以改变。但类比美国经验，未来人口结构发生变化，或许有机会迎来转机。

二是家得宝进入中国时正值中国房地产行业蓬勃发展，是建材经销商发展的黄金期，商场模式处于强势扩张阶段。整个市场处于供不应求状态，上游的建材品牌商极其分散且生存门槛极低，侧面来说对家得宝这种先进的流通模式的需求并不强烈，因此家得宝在中国当时的环境下，上游议价能力并未能体现。必须指出的是，以家得宝为代表的家居建材自营模式需要超强的供应链效率作为支撑，其规模化和集约化的特征代表了建材家装市场的流通趋势，传统的经销商体系必将受到冲击。从长期来看，随着产业链供需关系的逆转，商场租赁模式不具有可持续性，以供应链效率为基础的自营模式是未来发展的方向。

日本生活方式零售商无印良品

无印良品 1980 年诞生于西友百货公司旗下，之后独立经营，直到 2005 年在中国开设第一家分店，这个来自日本的生活方式用品品牌掀起了流行热潮，以独特、简约的风格著称。

无印良品刚推出时只有约 40 种商品，其中包括 9 种家居产品和 31 种食品。1980 年，世界经济正值低谷，而日本遭遇能源危机更是雪上加霜，使得消费者期望低价购入质优的商品，无印良品因此成为消费者追捧的对象。随后，无印良品快速增加商品数量，在 1982 年达到 220 种，并于 1983 年在东京青山开设了第一家直销店铺，也是第一个独立的门店。

"无印良品"意为"没有商标的优质商品"，旨在通过彻底实现商品生产流程的合理化，制造简洁而舒心的低价位商品。具体做法是"精选材质""修改工序""简化包装"，重新审视商品。无印良品追求的是"这样就好"，让顾客保持理性的满意度。"这样才好"多少包含了利己主义和不和谐因素，而"这样就好"却包含抑制或让步的理性因素。

无印良品的母公司株式会社良品计画 2016 年营业收入 3 332.8 亿日元（见表 9-4-1）。

表 9-4-1 　　　　株式会社良品计画主要财务指标概览 　　　　单位：百万日元

指标	2012	2013	2014	2015	2016
营业收入	188 350	220 619	260 254	307 532	333 281
净利润	11 099	17 209	16 644	21 614	25 851
总资产	119 360	140 229	186 947	200 919	214 705
净资产	93 794	108 135	186 947	200 919	214 705
营业收入增长率		17.1%	18.0%	18.2%	8.4%
净利润增长率		55.1%	−3.3%	29.9%	19.6%
毛利率	46.4%	46.1%	47.2%	48.9%	49.8%
净利率	5.9%	7.8%	6.4%	7.0%	7.8%
ROE		17.0%	11.3%	11.1%	12.4%
ROA		13.3%	10.2%	11.1%	12.4%
营业收入／总资产	1.58	1.57	1.39	1.53	1.55
总资产／净资产	1.27	1.30	1.00	1.00	1.00

资料来源：晨星公司。

无印良品的成长路径

1980 年 12 月，无印良品作为西友百货公司的自有品牌，由西友集团的创始人创建。西友是日本的大型超市公司，隶属于西武集团（Seibu-Saison），主要经营连锁超市、杂货商店事业。从门店数上来看，西友是世界第二大零售集团。

20 世纪 80 年代后期到 90 年代初的泡沫经济时期，西友的经营理念与无印良品的"简单质朴"理念出现较大差异。为了品牌的长久发展，无印良品事业部决定与西友分离，成立了"株式会社良品计画"，并在 1990 年 3 月从西友手中取得所有的经营权。独立后的良品计画于 1995 年在东京交易所 OTC 市场上市，2000 年进入东京交易所一部（主板）。

经济泡沫破灭之后，日本生活关联产业出货额从 1991 年的 48 兆日元下滑到 2004 年的 25 兆日元，日用品产业从最高的 9 兆日元下滑到不足 5 兆日元。国内市场萎缩，加上劳动力成本提升，推动日本企业向海外扩张。无印良品相比 20 年前，海外店铺数量猛增 20 多倍，截至 2016 年年底，已拥有超过 800 家连锁门店，海外占比近 50%，遍布超过 26 个国家和地区，成为世界知名连锁零售企业（见图 9-4-1）。

无印良品在日本的门店分为直营店、加盟店、西友店中店三种。其中直营店是发展的重点，占每年新增门店的绝大比重。日本直营门店平均面积大约 730 平方米，近年来保持在相对稳定的状态。主要销售品类为家居、服装、食品，2016 年家居类产品营收占比为 54.5%，服装和食品分别占 35.5% 和 8.7%，此比例基本保持稳定状态。无印良品销售的商品品类形式多样，从家具、床上用品、化妆品到办公用品、男女服饰、零食饮料等，面面俱到。

在海外市场，以中国和韩国为主的东亚是无印良品门店分布最主要的区域，共有 279 家门店，均为直营门店（见图 9-4-2）。除了无印良品的品牌门店外，公司还与日本著名的全家便利店（同为 7&i 控股旗下公司）合作，在店内贩售棉麻类家居服、短袜等生活用品。

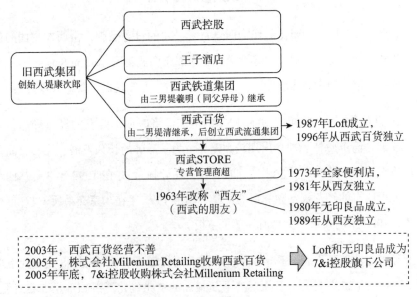

图 9-4-1　无印良品的成长路径

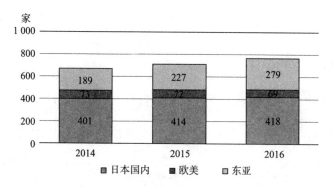

图 9-4-2 2014—2016 年无印良品门店数量及分布

资料来源：日本无印良品官网及年报。

日本生活杂货行业分析

1978 年 12 月，全球爆发第二次石油危机，日本由于自身能源主要依赖进口，经济受到严重打击，居民消费能力面临下行压力。在居民消费价格指数（Consumer Price Index, CPI）居高不下的情况下，居民消费占 GDP 比重逐渐下降，消费者对商品价格极其敏感，开发物美价廉的产品就成为各大超市企业寻求突破的重要战略。

具体来说，一方面日本经济泡沫破灭之前，国民大都崇尚物质享受，追捧高价产品，经济破灭之后则勒紧裤腰带过日子，与物质相关的开支减少，节约意识增强，从"买好的、买贵的"转变成"买又好又便宜的"。另一方面，国民对生活品质和精神层面的需求稳步提升。2004 年日本内阁府的国民生活调查显示，日本国民的精神与物质追求呈剪刀型增长。根据日本总务省家庭收支年报显示，日本国民家庭饮食起居的日用品费用明显下降，而在教育、医疗、保险和旅游方面的支出稳步增长。在此背景下，日本重点推进"生活创造产业"项目，生活方式类杂货店如雨后春笋般不断成长，成为日本人生活中不可或缺的一部分（见图 9-4-3）。

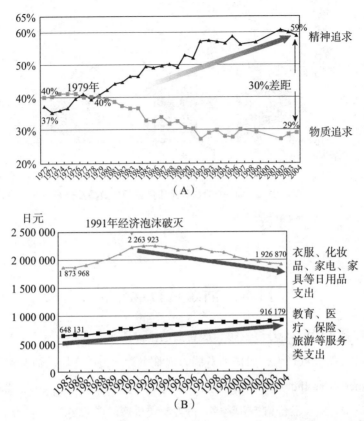

图 9-4-3　日本国民生活意识的变迁（A）和国民家庭支出变化（B）情况

资料来源：2004 年日本内阁府国民生活调查和总务省家庭收支年报。

无印良品的竞争优势

无印良品以追求实用和性价比为核心，在保障价格吸引力的同时实现较高盈利，主要围绕三方面：

● 商品结构。将商品职能划分为战略商品和高附加值商品，前者引流，后者攫取溢价，打造客流与盈利的平衡点。

- 供应链管理。数字化管理库存，以销量定产量，寻找低成本生产基地，减少供应商数量，提高单个供应商的采购量和议价力，保障高毛利。
- 费用管控。成立 30% 委员会把控费用。

商品结构

"1 款品质好的基本款"+"n 款加入时代感的新基本款"，通过与大师合作，为无印良品的商品加入时尚元素。无印良品的商品品类虽然繁多，但在设计风格上始终保持带有日本和式风格的极简主义美学，坚持简单、朴素的原则，力求设计从生活出发，以实用性为根基。艺术总监把关，同时广泛与外部设计师合作，是无印良品多年来一直沿用的方法（见图 9-4-4）。

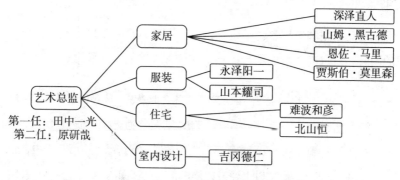

图 9-4-4　无印良品合作的设计大师

资料来源：弘章资本研究整理。

在家居产品设计上，无印良品采取的方法是：

- 成立"生活良品研究所"，在网上收集顾客的构思，同时留心观察生活，从生活中获取设计思路。2002 年通过网络投票设计出的懒人沙发，至今依然是招牌产品。
- 采用"单款定胜负"的销售策略，创造明星产品。同时，店铺随时汇报热销商品前十位的情况，并把商品摆放在显眼位置，以明星产品带动客户进店消费。

"战略商品"有两大特征，一是选用高质量的原材料，同时保持较低价格；二是属于需经常购买的消耗品，低价的同时还要具有一些能吸引回头客的特色。比如无印良品推出战略性商品如卸妆水、化妆棉等，这些商品属于需要经常购买的品类，同时性价比较高，可以显著增加顾客的人数。而高附加值商品如直角袜、高领不刺痒羊毛衫，会在顾客反复光顾门店的过程中带动销售。

无印良品对商品结构和价值进行重新定位后，战略性商品和高附加值商品的占比逐渐提升，公司客流及客单价都得到显著改善，直营门店平效目前高达5 550万日元 / 坪 / 月；并且盈利能力得以提升，毛利率与净利率分别从2008年的45.6%和4.3%提升至2016年的49.8%和7.8%。

供应链管理

无印良品采用和工厂签订单生产的方式而非自己建工厂生产，在保证商品品质的同时，通过高效的成本管控和库存管理来降低产品成本。

- 库存可视化，以销量定产量。对于零售企业来说，库存管理是成本控制的重中之重。为了实现以销量定产量，公司将销售数据统一管理，一次生产1个月的量以及门店展示所需的数量。在产品上市后3周内，若销量超过预期30%以上便及时增产，不及预期的70%就变更设计。新的库存方法实施后，服饰部门的库存问题得到解决，公司的存货周转率有了显著提升。

- 在海外劳动力更廉价的国家进行采购，控制生产成本。无印良品很早就将除食品外的生产线放在海外劳动力更便宜的中国，近些年由于中国的劳动力价格不断提高，公司将生产线逐渐转移至劳动力更为廉价的东南亚国家。

- 与生产企业建立长期合作关系，进行集中采购，减少合作厂商数量。无印良品销售几千种商品，如果每件商品均与不同工厂签订单，将导致生产数量过小，无法产生规模效应从而失去与厂商的议价能力。近些年公司努力缩减合作厂商数量，同时与厂商建立长期合作关系，从而以更低的价格采购。

费用管控

从西友独立出来 1 年后，无印良品便开始投入开发 POS 系统，对单品进行收益管理。1993 年成立物流子公司 RK Truck，并在日本拥有 4 大物流中心，用来更好地控制物流成本。2003 年完成了产品设计的改革之后，公司成立由社长直接领导的"30% 委员会"，旨在通过削减经营上逐个细节的费用，将费用率控制在 30% 以下，进一步提高经营效率。

无印良品的价值评估

营业收入

无印良品 2016 年营业收入超 3 333 亿日元，比 2015 年增收 8.4%，纯利润 259 亿日元，比 2015 年同期增长 19.6%，创历史新高。总店铺数 821 家，其中日本国内 424 家，海外 460 家，海外店铺营业收入达到 1 176 亿日元，比 2015 年增长 7.8%，占总营业收入的 35.28%，直营门店平均月平效 5 550 万日元。

盈利能力

无印良品的盈利能力稳定提升，海外门店扩张效率和规模化效应凸显，净利润维持在 7% ~ 8% 的高水平。而且无印良品正处于高速扩张的对外投资阶段，经营性现金流较稳定，预计未来几年公司整体业务会随着投资现金流的不断投入呈现较大增长（见图 9-4-5）。

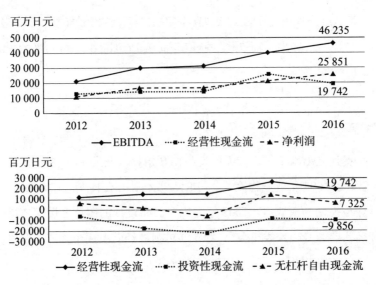

图 9-4-5　2012—2016 年无印良品的经营情况

资料来源：晨星公司。

股价与估值

无印良品作为自有产品型生活方式店，门店复制能力是其估值增长的基础，产品议价能力和盈利水平是其重要的影响因素。2015 年和 2016 年二级市场表现良好，2015 年 7 月底市值达到历史最高点 7 639.6 亿日元（见图 9-4-6 ）。

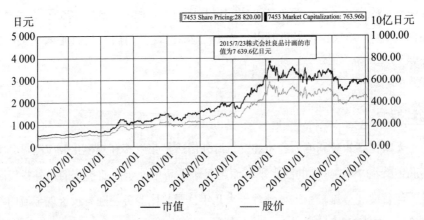

图 9-4-6　株式会社良品计画的股价走势（左轴）和市值走势（右轴）

无印良品的 P/E 从 2015 年开始相对稳定在 1.4 倍到 2.8 倍之间。TEV/LTM EBITDA 倍数在 2014 年后相对稳定在 12 倍到 23 倍之间（见图 9-4-7）。

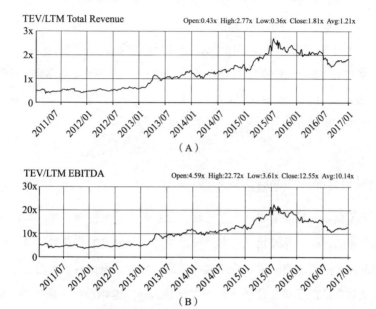

图 9-4-7　株式会社良品计画的 TEV/LTM Total Revenue 走势（A）和 TEV/LTM EBITDA 走势（B）

资料来源：Capital IQ。

The Future of New Retail

新零售启示：无印良品模式

日本过去五年的零售增长主要是生活杂货品类的快速崛起

日本经济泡沫破灭之后，日本国内市场萎缩，加上劳动力成本提升，推动了日本企业的海外扩张。无印良品相比 20 年前，海外店铺数量猛增 20 多倍。

生活关联产品和日用品产业的竞争格局经历了三个阶段：

- 上游物资资源紧张，拥有商品所有权和客户资源的流通企业、批发商和商社掌握产业价值链的话语权。
- 产品变得丰富，掌握渠道话语权的大卖场和大型百货是产业的核心。
- 消费者对设计和独特性要求高，自有品牌专业零售商通过对商品的研发设计、门店个性化设计和优秀的服务水平，得到消费者的认可，从而掌控产业的话语权，比如优衣库、无印良品、大创等。

无印良品自有品牌的品牌外延之路

当无印良品的粉丝形成巨大黏性后，品牌开始趁机打情怀牌，实现产品跨界，从自身的基础产品开始，逐渐延伸出各种品牌推动的产业生态链。如近几年无印良品在中国迅速扩展，将自然、简约、质朴的设计理念，通过丰富的产品线和精致简约的品牌文化传达给中国年轻人，快速培养出了庞大的"MUJI"粉用户群。

当无印良品的品牌文化和消费理念潜移默化地全面渗透到粉丝用户的消费行为中时，用户的消费习惯也被培养出来了，它所倡导的"生活方式"深深嵌入到了用户的骨子里。

2016 年 12 月 19 日，无印良品在上海大悦城开设了第一家咖啡馆 Café MUJI，显示了做餐饮的野心。2015 年年底在上海淮海 755 旗舰店开设餐厅，还引入了 MUJI Books，2016 年 9 月，在上海中山公园龙之梦店引入 MUJI 面包房。同年，无印良品宣布设立一个名为"新规事业部"的部门，主要负责餐饮和酒店。为什么品牌要"不务正业"地做跨界餐饮？餐厅内的桌椅、餐具、水杯其实都是不对外销售的，开餐厅并不是为了卖餐具，而是传递品牌理念。无印良品把自己当作一个品牌，而不是一个通路，每一个能够接触消费者的管道都是经营粉丝最佳的机会。非餐饮品牌开餐厅，归根到底，做的是品牌理念。

做餐饮对品牌产生的最直接的效果，就是让消费者得到体验，而"吃"正是体验最容易入门的一种方式。

无印良品在上海大悦城开设的这家 Café MUJI 咖啡店，面积不到 200 平方米，设有 52 个座位。这家咖啡店的主打是精品咖啡，手冲咖啡被放到了同类菜单的第一位，但茶饮却成了"重头戏"，有六种现泡茶以壶为单位出售。实际上，无印良品最终想改变的是人们的生活习惯，打造整体消费闭环。开完咖啡馆一周之后，无印良品又宣布要开全球第一家酒店了。

也许有一天，人们穿着 MUJI 的衣服，走入 MUJI 的咖啡馆，看着 MUJI 的书，喝着 MUJI 的茶，饿了走去 MUJI 的餐厅，累了再去 MUJI 的酒店，躺在 MUJI 的床单上睡去……这就是 MUJI 的野心。从无印良品的"跨界"行为可以看出，它正在将所承载的日本设计文化和简约的生活方式通过全面的生活覆盖，让顾客从简单地购买转向价值观的认同。

电商化自有品牌商的中国实践和趋势

1. 网易严选电商

网易严选在 2015 年 11 月基于网易推出内测，并在 2016 年 3 月开始正式运营，是网易旗下主打原创生活类商品的自营电商平台，被称为"中国平价版无印良品"电商。商品整体风格与无印良品的简约风格类似。网易严选的口号：好的生活，没那么贵。

网易严选的经营模式本质是一家优秀的买手团队，找国际大牌的中国制造商来定制产品，摒弃品牌溢价，提供与大牌同品质却价格更低的商品。网易严选剔除品牌溢价，虽与大牌是同样的供应商、同样的品质、相似的设计，但价格仅为大牌的 1/10 ~ 1/3。网易严选所选取的国际大牌的制造商生产的商品占总数的 43.61%，其中以服装配饰类目下涉及的大牌制造商数量和占比最高。商品的售价总体上遵循"成本价 + 增值税 + 邮费"的规则，同类商品较无印良品的产品便宜约 40%。截至 2016 年 9 月，月均成交额为 6 000 万元，注册用户 3 000 万，其中男女比例为 6∶4，复购三次以上用户占比 50% 以上。网易严选承诺 30 天无理由退换。

2017 年 8 月初，网易严选在杭州滨江区开出第一家与亚朵合作的酒店。亚朵·网易严选酒店是以亚朵酒店为主体，打包了大堂设计和 14 间客房的内部设计。这是网易严选做出的电商和场景结合的第一步，将线上电商产品，比如被单、被套、牙刷、香皂、香熏机、鲜果冻、咖啡、岩茶等有机融入场景。并且结合当下主流支付手段——扫码，用户在场景体验的过程中，就可扫码下单，将产品和房屋软装设计带回家或者邮寄回家。

2. 小米生态链

小米以手机获得的粉丝人群为核心进行了庞大的生态链布局。目前小米内部生态链团队有 200 多人，为生态链企业提供产品定义、供应链支持、品质监控等多关键节点服务。小米生态链奉行开放、不排他、非独家策略，初期以参股企业为主，后期会开放生态链。小米在初期主要以参股的方式来推进，获得 20% ~ 30% 的持股比例。等到成熟后，小米会开放生态链，团结一切可以团结的合作伙伴，既欢迎初创企业，也拥抱家电巨头，最大程度利用体外孵化来开发生态链产品。

小米选择品类和投资合作的六大原则：

- 产品市场规模大；
- 解决用户痛点，即该领域产品仍然存在不足，如性价比不足等；
- 产品可迭代，行业关注度高；
- 产品符合小米的用户群，小米的 1.5 亿用户群主要是理工科背景为主的 18 ~ 35 岁的年轻男性；
- 拥有强大的创业团队；

● 与小米价值观一致，即不求暴利、不赚快钱，专心做好产品。

米家 APP 是小米生态链产品的控制中枢和电商平台，集设备操控、电商营销、众筹平台、场景分享于一身，是以智能硬件为主，涵盖硬件及家庭服务产品的用户智能生活整体解决方案。米家 APP 不仅连接米家旗下的生态链公司，与所有小米及生态链的智能产品实现互联互通，同时也开放接入第三方的产品，致力于构建从产品智能化接入、众筹孵化、电商接入到触达用户、控制分享的完整生态闭环。目前米家 APP 已经接入超过 4 000 万个在线设备；安装用户超过 5 000 万，日活跃用户超过 500 万。

小米之家是小米的自营品牌实体门店，立志成为"科技界的无印良品"。第一家小米之家成立于 2015 年 9 月，2016 年小米开始大规模尝试这种新零售模式，目前已在全国各主要城市开设 55 家分店，2017 年计划再开 200 家，未来三年将开设共计 1 000 家。主要选址在购物中心内，类似 Apple Store 的简洁明亮风，重视顾客与产品的交互与体验。一线城市的门店面积在 200 ~ 400 平方米，二线城市的门店面积在 100 ~ 180 平方米。且随着小米生态链的扩张和品类的扩充，线下门店的面积也会随之扩大。

日本最大的家具零售商宜得利

　　宜得利成立于 1967 年，是日本最大的家庭用家具连锁批发零售商，研发能力显著，早年开始进口家具销售，并在海外设有物流中心和分公司（见图 9-5-1），集团员工数量达 23 000 人，会员卡发行数量近 3 000 万张。这是一家让宜家都畏惧三分的日本家具零售巨头。

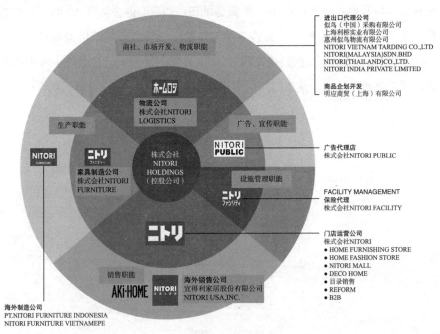

图 9-5-1　宜得利的子公司设置

资料来源：宜得利年报、官网。

截至 2016 年 2 月，宜得利的门店总数达 420 家，其中中国大陆 11 家、中国台湾 27 家、美国 5 家。旗下品牌包括宜得利、DECO HOME、宜得利家居、Aki-Home、宜得利家居 & 家具。在日本国内，宜得利的门店主要集中在北海道、东京和大阪。2016 年，宜得利在日本市场销量第一，占比超过 53%，营业收入约 5 130 亿日元，增长率为 12%（见表 9-5-1）。

表 9-5-1　　　宜得利的财务数据概览　　　　单位：百万日元

指标	2012	2013	2014	2015	2016
营业收入	348 789	387 605	417 285	458 140	512 958
净利润	35 847	38 454	41 477	47 001	60 045
总资产	284 290	321 703	404 793	414 541	487 813
净资产	209 728	247 855	310 462	330 867	394 631
营业收入增长率		11.1%	7.7%	9.8%	12.0%
净利润增长率		7.3%	7.9%	13.3%	27.8%
毛利率	55.2%	52.0%	52.3%	53.2%	54.2%
净利率	10.3%	9.9%	9.9%	10.3%	11.7%
ROE	18.6%	16.8%	14.9%	14.7%	16.6%
ROA	13.0%	12.7%	11.4%	11.5%	13.3%
营业收入 / 总资产	1.23	1.20	1.03	1.11	1.05
总资产 / 净资产	1.36	1.30	1.30	1.25	1.24

资料来源：晨星公司。

宜得利的成长路径

从 0 到 1 阶段，模式成形（1972—1985 年）

● "全屋计划"成功

● 海外扩张成功

● 札幌证券交易所挂牌

第一个 100 家店（1989—2003 年）

- 第一个 100 家店花费 14 年时间
- 外延扩张开店
- 后台系统搭建，自动仓储系统建立，2002 年竣工日本最大规模关东物流中心，进出口量居日本首位
- 2002 年，东证所正式上市

第二个 100 家店（2004—2009 年）

- 第二个 100 家店缩短到 5 年
- 实行主动降价策略（降价 5%）
- 业务扩大：一体化厨房，装修业务
- 保修服务升级

第三个 100 家店（2010—2013 年）

- 第三个 100 家店仅用时 4 年
- 渠道升级，开发三个新的业态，适应时代环境
- 建立在线商城
- 实施第二次降价

第四个 100 家店（2013 年至今）

- 第四个 100 家店仅用 2 年时间
- 海外 Aki-Home 模式开业
- NITORI APP 上线，白井俊之任社长
- 2015 年营业收入达 4 581.4 亿日元

宜得利的竞争优势

宜得利有三大零售业务：NITORI MALL、DECO HOME 和 Aki-Home。

- NITORI MALL 在日本国内有 4 家，大多开设在自驾车才能到达的郊外，每个店铺占地面积约 6 万平方米，停车位 1 000 个以上。NITORI MALL 进驻到大型复合商场，一楼多为商超及合作品牌商铺如优衣库、AOKI、ABC MART、餐饮等，二楼为宜得利家居 & 家具，布局类似宜家，按生活场景细分为客厅、卧室、卫生间、厨房，从家具到家居用品一应俱全。

- DECO HOME 在日本国内有 46 家，主要开设在东京都内居民生活区，店铺面积较小，聚焦时尚家居小物、精选人气商品。在 "每天都来转转的店铺" 概念下，DECO HOME 在商品陈列与店铺设计等方面进行着全新的尝试。

- Aki-Home 主要瞄准美国市场，在加利福尼亚有 2 家，都开设在新开发住宅区域，每个店铺的面积在 1 000 平方米以下。

商品开发和制造

宜得利 90% 的成品都在海外生产，公司内部评定 "质量鉴定师" 和 "品质管理技术员"，从原材料选取、制造方法、生产顺序到质检管理，每一步都严格按照日本宜得利规范审核筛选。公司为寻找质量好、价格低的原材料，从世界各地采购，在中国、泰国、马来西亚等 7 个国家 18 个地方布局工厂和采购中心，每年都会去各种展销会寻找更新、更好、更便宜的材料，同时在印度尼西亚和越南两地建立自有工厂宜得利家具厂，两工厂占地约 25 万平方米，4 700 多名员工年均生产 80 万套家具（见图 9-5-2）。

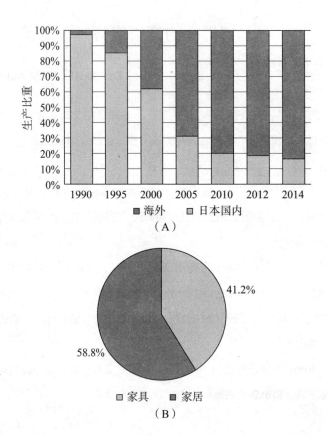

图 9-5-2　宜得利在日本国内外的生产比重（A）和在海外工厂生产的商品类别比（B）

资料来源：宜得利公司年报。

物流和售后

宜得利拥有超群的物流能力和日本最大的仓储仓库，能够确保快速物流周转，极大地节约成本，解决进口、物流、配送问题，再加上完善的售后服务，提高客户满意度。1980 年宜得利引进自动立体仓库，2015 年配送总量达 16 万个集装箱、266 万件商品，日本国内日均配送 9 000 件商品（见图 9-5-3）。

● 日本国内设有 10 处物流中心，进口家具仓储，配送日本全国 400 多家门店。海外物流中心有 3 处。

- 日本国内 77 处销售所、9 处配送中心，专门负责需要组装、安装的橱柜
  等大型家具，配送员除了司机外，还有具有专业组装技能的员工。
- 售后服务中心设在物流中心和销售所内，负责损坏家具的维修、定期维
  护和零件供应。

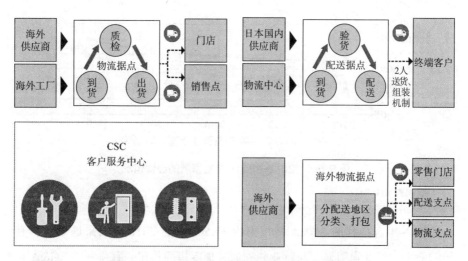

图 9-5-3　宜得利强大的物流体系与完善的售后

宜得利的价值评估

营业收入

宜得利连续 29 年营业收入、利润呈增长态势，2016 年营业收入约 5 130 亿日元，净利润约 600 亿日元。

盈利能力

2016 年宜得利的毛利率为 54.2%，在行业中处于较高水平，2010 年开始与同样高毛利的大塚家具一起呈下降趋势。但宜得利通过对上游供应商的选择

和把控，使毛利率在 2013 年逐渐呈上升趋势。

宜得利盈利增长稳定，EBITDA 与净利润提升幅度一致，2016 年净利润率 11.7%，保持较高的净利水平（见图 9-5-4）。

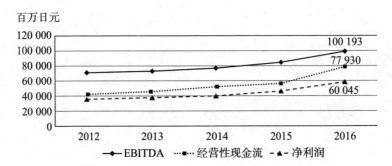

图 9-5-4　2012—2016 年宜得利的经营情况

资料来源：晨星公司。

2016 年宜得利的 SG&A 费用率为 37.50%，自 2010 年以来这项指标有压缩潜力，但反弹明显。与行业领先的其他零售商相比，宜得利的 SG&A 费用率处于合理水平，整体运营效率处于提升瓶颈期（见图 9-5-5）。

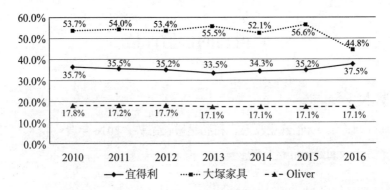

图 9-5-5　宜得利与竞争对手的 SG&A 费用率对比情况

资料来源：晨星公司。

从图 9-5-6 中可以看到，宜得利的经营规模对上游企业有较强的议价能力，经营性现金流保持与 EBITDA 和净利润相同的增长趋势。而投资活动放缓，投资现金流从 2013 年开始大幅增加，有较充沛的自由现金流。

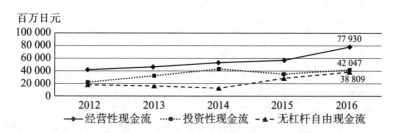

图 9-5-6　2012—2016 年宜得利的现金流情况

资料来源：晨星公司。

股价与估值

截至 2016 年 7 月，宜得利的股价为上市时的 87.5 倍。二级市场给予较高估值，在 2016 年 7 月达到市值历史最高估值 1.48 万亿日元（见图 9-5-7）。

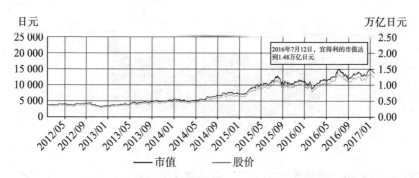

图 9-5-7　宜得利的股价走势（左轴）与市值走势（右轴）

资料来源：Capital IQ。

宜得利的 PS 倍数估值在 2 倍到 3 倍之间波动，TEV/LTM EBITDA 倍数在 2015 年后半年开始稳定在 12 倍到 17 倍之间（见图 9-5-8）。

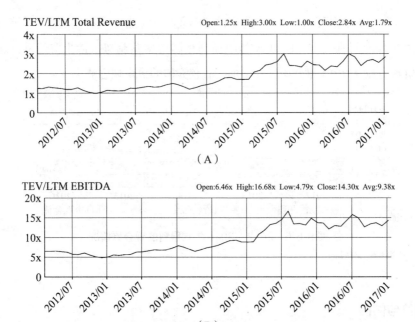

图 9-5-8　宜得利的 TEV/LTM Total Revenue 走势（A）和 TEV/LTM EBITDA 走势（B）

资料来源：Capital IQ。

宜得利被誉为"精华版的宜家"，商品能力是核心

无论是沙发、餐桌、橱柜等大型家居，还是窗帘、地毯、床上用品和家居用品，宜得利不仅价格优惠，在产品细节的处理上也值得称道，被网友评价"在细节上完爆宜家"，"性价比高，售后服务也非常感人"。从其发展来看，宜得利做对了两件事：优化产品、降低成本。

为了降低成本，从产品开发到物流配送，宜得利在各个环节都建立自有系统。产品由原来的采购制度逐渐过渡到自己建立海外工厂生产。目前宜得利卖场中70% 的商品由公司独立开发，将近 90% 的产品由公司自己制造。同时，宜得利会根据店铺的需求，将商品从海外直接送到离店铺最近的物流中心，以店铺为单位进行保管。这样的做法可以大幅减少配送动线，以达到削减成本的目的。

然而，真正让消费者选择宜得利的原因，还是在于它对产品功能和细节的把握。无论是生活用品还是大家具，宜得利会把产品规格、零件、使用方法等详细列出，供顾客全面了解。例如一个衣柜，从板材到螺丝，宜得利都会标好数字和相对应的组装流程。对于宜得利来说，如果产品出现品质问题，公司就会从商品的规格式样书、构造、生产说明书等各个环节进行确认，找出问题点，有针对性的具体改善。对于消费者来说，一份人性化的说明书有助于更好地了解和使用产品，提高用户体验。

宜得利的中国布局

2014 年宜得利进军中国大陆，陆续在武汉、上海、杭州等地开店，目前已有 11 家门店，计划 2020 年开设 100 家。2015 年 8 月，宜得利正式登陆天猫。宜得利中国门店的产品价格与日本基本一致，个别款式的价格甚至比日本还要便宜。由于产品众多，宜得利一开始就上架所有产品并不实际，因此学习了女装上新的做法，即每周上新两次，每次更新 10 款左右产品。上新产品以节气和场景为主题，通过收纳、防潮、保暖等关键词，以及匹配卧室、厨房、客厅等场景，搭配组合产品。通过数据监测到的线上热卖特供款产品，也会尝试在门店展出销售。目前宜得利天猫店内商品 SKU 为 5 000 多，占整个宜得利品牌商品的 30%，在产品结构上，较为热卖的家纺占比最高，达到了 40%。

总体而言，家具行业在中国是非常大的市场，未来那些能够对供应链、产品以及用户做到重度垂直运作的公司，将具有非常强的竞争优势。

美国高端家居用品全渠道零售商威廉姆斯－索诺玛

威廉姆斯 - 索诺玛（以下简称 WSM）由查克·威廉姆斯（Chuck Williams）于 1956 年在美国加州旧金山创建，1983 年上市，员工 28 100 人，其中全职员工 11 600 人，是一家美国高端家居用品全渠道零售商。WSM 旗下运作 Williams-Sonoma、Pottery Barn、Pottery Barn Kids、West Elm、PBteen、Rejuvenation、Mark and Graham 等数个家居品牌。截至 2016 年年末，WSM 在美国、加拿大、澳大利亚、英国合计拥有 629 家门店。WSM 的邮购目录和电子商务分别始于 1972 年和 1999 年，截至目前，线上销售占比超过 50%，已成为名副其实的全渠道零售商。

截至 2016 年年末，WSM 的总资产为 24.77 亿美元，营业收入为 50.83 亿美元，实现净利润 3.05 亿美元。毛利率为 37.05%，净利率为 6.01%（见表 9-6-1）。

表 9-6-1　　　　　　WSM 的财务数据概览　　　　　　单位：百万美元

指标	2010	2011	2012	2013	2014	2015	2016
营业收入	3 504.16	3 720.90	4 042.87	4 387.89	4 698.72	4 976.09	5 083.31
净利润	200.23	236.93	256.73	278.90	308.85	310.07	305.39
总资产	2 131.76	2 060.84	2 187.68	2 336.73	2 330.28	2 417.43	2 476.88
净资产	1 258.86	1 255.26	1 309.14	1 256.00	1 224.71	1 198.23	1 248.22
营业收入增长率	12.94%	6.19%	8.65%	8.53%	7.08%	5.90%	2.16%

续表

指标	2010	2011	2012	2013	2014	2015	2016
净利润增长率	158.55%	18.33%	8.36%	8.64%	10.74%	0.39%	−1.51%
毛利率	39.21%	39.24%	39.39%	38.84%	38.32%	37.06%	37.05%
净利率	5.71%	6.37%	6.35%	6.36%	6.57%	6.23%	6.01%
ROE		18.85%	20.02%	21.75%	24.90%	25.59%	24.97%
ROA		11.30%	12.09%	12.33%	13.24%	13.06%	12.48%
营业收入 / 总资产	1.64	1.81	1.85	1.88	2.02	2.06	2.05
总资产 / 净资产	1.69	1.64	1.67	1.86	1.90	2.02	1.98

资料来源：Capital IQ。

WSM 的成长路径

1947 年，查克·威廉姆斯在加州的索诺玛县开设了他的第一家五金商店。1953 年在去法国的一次旅行中，威廉姆斯疯狂地爱上了法国的厨具，并萌生出在美国销售法式厨具的想法。1956 年，他将自己的五金商店更改为厨具商店，从此第一家 WSM 商店正式诞生了。1972 年，威廉姆斯通过邮购目录的方式将生意扩展至整个旧金山湾区。1973 年，WSM 第二家店在比弗利山庄开业。1978 年 WSM 的营业收入约为 400 万美元。

1983 年，WSM 在 OTC 市场上市，成为公众公司，并开启了快速发展模式。1984 年，WSM 在田纳西州建设了第一个配送中心，为公司门店的扩张打下基础。1986 年，WSM 以 600 万美元的价格从 Gap 手中收购 27 家 Pottery Barn 门店。从此，WSM 开始进行双品牌运作，并每年以 12 家的速度快速新增门店。1989 年，WSM 的门店数突破 100 家。

20 世纪 90 年代，WSM 粗放式扩张模式的弊端开始显现。1991 年和 1992 年收入分别为 3.12 亿美元和 3.44 亿美元，收入增长乏力，且利润分别只有

160 万美元和 180 万美元,盈利能力大幅下降。面对经营困境,WSM 放缓开店节奏,开始把关注点放在门店设计、平效等运营上,并不断革新。1992 年,WSM 与 Time-Life Books 联合推出 Williams-Sonoma 学习菜谱,放在门店进行销售,取得不错的反响。1993 年,WSM 业绩绝地反弹,当年收入大幅增长至 4.1 亿美元,并实现利润 1 100 万美元。通过在店内进行商品组合营销以及定期策划月度主题活动,扩大新开的 Pottery Barn 门店面积,主张一站式购物体验,WSM 取得巨大的成功。1994 年,WSM 的销售达到 5.28 亿美元,实现利润 1 960 万美元,重新回到了快车发展轨道。

1998 年,WSM 在纽约证券交易所成功上市,当年收入高达 11 亿美元。新阶段伊始,WSM 管理层即开始思考多渠道的市场发展策略,在邮购目录的基础上,于 1999 年新推出互联网线上购买渠道。第二年,*Williams-Sonoma TASTE* 杂志也随即出版,主张生活方式传播,这进一步增强了与顾客的联结。2000 年前后,随着全渠道战略的推进,WSM 不断扩充产品的丰富度,如 WSM HOME 将生活方式从厨具延伸至更广泛的家居用品零售。在新品牌矩阵的扩展中,WSM 进一步精准细分顾客需求,如 1999 年创建 Pottery Barn Kids,主打儿童系列;2003 年创建 PBteen,主攻青少年群体;2003 年创建 West Elm,以自然材质和手工制作为特色;2011 年收购 Rejuvenation,主张复古元素等。

美国家居行业分析

随着美国房产市场的复苏,家居(含家具)市场获得较为显著的增长。美国家居用品市场规模巨大,2014 年规模为 964 亿美元。《今日家具》(*Furniture Today*)预测,2015 年至 2019 年,家居市场仍将保持 2.9% 的年复合增速,且 2019 年的市场规模将达到 1 110 亿美元。一般来说,家居用品按场景可分为厨房用品、卧室用品、客厅用品、室外用品、办公用品以及其他用品。依据《今日家具》发布的行业报告，客厅用品、卧室用品和厨房用品是最为重要的家居品类，市场容量占比位列前三，分别占 40%、33% 和 12%（见图 9-6-1）。

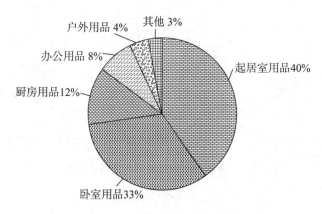

图 9-6-1　2014 年美国家居用品各品类占比

资料来源:《今日家具》。

依据《今日家具》的调研数据，"婴儿潮一代"消费群体，即 1946—1964 年出生的一代，占比虽有所增加，但消费能力及意愿却在减弱；而"X 一代"消费群体，即 1965—1979 年出生的一代，占比虽呈降低趋势，但消费能力及意愿逐渐加强。目前，从消费金额占比上看，"婴儿潮一代"和"X 一代"仍是美国家居用品市场的中坚力量，分别占到 2014 年家居用品市场消费总额的 36% 和 33%。特别值得关注的是，"千禧一代"，即 1980—1999 年出生的一代，正在成为美国家居用品最大的消费群体。2014 年，"千禧一代"已占到美国家居用品消费者人数的 37%，相比 2012 年增加了 23%。但"千禧一代"目前的收入仍较低，花费仍较少，但不可否认的是，随着社会地位和收入的提高，这一代人即将成为未来消费的主力。按消费金额计算，"千禧一代"2014 年占到家居用品总体消费的 28%（见图 9-6-2）。

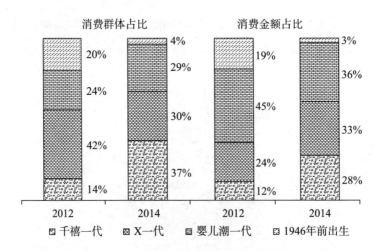

消费群体占比　　　　消费金额占比

图 9-6-2　美国各年龄群体的家居用品消费情况

资料来源:《今日家具》。

2014 年"千禧一代"在家居用品上的消费金额为 270 亿美元,相比 2012 年增长了 142%。"X 一代"的家居用品消费也有所增长,2014 年花费 318 亿美元,相比 2012 年增长了 43%。"婴儿潮一代"2014 年仅花费 347 亿美元,相比 2012 年减少了 17%。随着代际的更迭,家居用品零售商的增长策略也将发生改变。为了迎合"千禧一代"的消费偏好,家居用品零售商所提供的家居用品更加个性化、更加环保、更加小巧实用。同时,为"千禧一代"提供便捷的互联网线上购物渠道也是趋势使然(见图 9-6-3)。

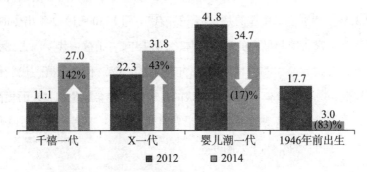

图 9-6-3　美国各年龄群体的家居用品消费金额变化(单位: 10 亿美元)

资料来源:《今日家具》。

WSM 的竞争优势

品牌

自 1986 年收购 Pottery Barn 开启多元化品牌之路以来，WSM 目前共拥有 6 个主要品牌。Williams-Sonoma 和 Pottery Barn 是 WSM 最主要的 2 个品牌，主要销售厨具、家具、床上用品、家饰、卫浴、灯具等家居用品，2016 年合计销售 30.26 亿美元，占到整体销售的 59.53%。新品牌的机会来自更加细分精准的人群定位，如 Pottery Barn Kids 和 PBteen 分别针对儿童和青少年，这个品牌 2016 年合计贡献 8.73 亿美元。特别值得关注的是，以自然材质和手工制作为特色的 West Elm 成为 2016 年 WSM 业绩增长的主要动力，贡献 9.72 亿美元收入，同比增长 18.32%（见表 9-6-2）。

表 9-6-2 　　　　　　　　WSM 旗下各品牌基本情况

品牌	创建或收购日期	门店数（家）	单个门店面积（平方米）	2016 年营业收入（亿美元）	2016 年收入增长率（%）
Williams-Sonoma	1956 年	234	594	10.02	0.86
Pottery Barn	1986 年收购	201	1 242	20.24	−2.4
Pottery Barn Kids	1999 年	89	675	6.35	2.2
PBteen	2003 年	—	—	2.38	−0.73
West Elm	2003 年	98	1 188	9.72	18.32
Rejuvenation	2011 年收购	7	810	—	—

渠道

2016 年，WSM 的线上营业收入达 26.34 亿美元，同比增长 4.4%，且占到整体营业收入的 51.8%。WSM 的邮购目录和网站相继开端于 1972 年和 1999 年，并成为线下渠道的重要补充。随着科技的发展以及消费群体的更迭，年轻的消费者越来越倾向于通过互联网获取信息。WSM 也为此做出相应调整，打造多个精致电子商务网站，成为消费者获取信息及购物转化的重要入口，并将邮购目录和 *Williams-Sonoma TASTE* 杂志逐步电子化。自 2004 年以来，WSM线上销售占比不断提升，已成为名副其实的全渠道零售商（见图 9-6-4）。

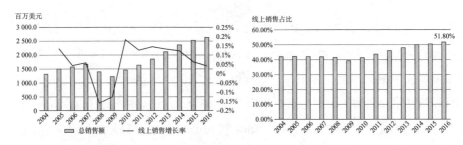

图 9-6-4　2004—2016 年 WSM 的线上销售情况

资料来源：Capital IQ。

竞争优势

与传统家居用品零售巨头 ASHLEY、建材家装零售巨头家得宝、大卖场巨头沃尔玛、百货巨头梅西百货（Macy's）等为代表的强劲对手相比，WSM的核心竞争优势即在于差异化的高端品牌定位以及无缝的全渠道连接能力。

WSM 从创建初期即定位于高端市场，与其说是销售厨具商品，不如说是向客户推销法国式的生活方式，深得高端客户的喜爱，WSM 的品牌影响力也逐渐形成。随后，WSM 由厨具向大家居全品类商品延展，并孵化出 Pottery Barn Kids、PBteen、West Elm 等品牌，以满足顾客对便利性以及更加精细化的需求。在多品牌的矩阵下，通过提供优质商品向顾客输出生活方式理念，已成为 WSM 的核心能力。

互联网时代来临之际，WSM 不仅没有受到冲击，反而找到自身的生存和发展之道，当前线上销售占比高达约 51%。WSM 线上成功的核心基础即在于1972 年开创的邮购目录。1999 年网站上线后，WSM 在顾客数据层面上与邮购目录业务无缝对接，从而顺利打通全渠道。值得关注的是，WSM 每年还寄出约 2.5 亿本打印邮购目录。消费者乐于收到印有精美商品图案的册子，这不仅传达了 WSM 旗下各品牌的生活方式调性，成为营销上不可替代的重要工具，还对互联网渠道予以补充，同时打造新的流量入口。

WSM 的价值评估

2014—2016 年，WSM 的营业收入分别为 46.98 亿美元、49.76 亿美元、50.84 亿美元，2015 年和 2016 年同比增长分别为 5.90% 和 2.16%。2014—2016 年，WSM 的净利润分别为 3.08 亿美元、3.10 亿美元、3.05 亿美元，2015 年和 2016 年同比增长分别为 0.39% 和 −1.5%。WSM 的营业收入增长主要来自线上业务的驱动，2014 年和 2015 年线上业务的营业收入增长率分别达到 6.4% 和 4.4%。值得关注的是，近两年 WSM 的线上销售已经达到总销售的 51.8%（见图 9-6-5）。

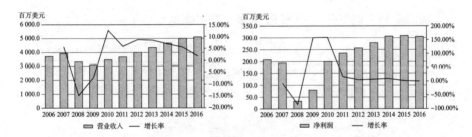

图 9-6-5　2006—2016 年 WSM 的营业收入和净利润情况

资料来源：Capital IQ。

长期来看，沃尔玛和家得宝的毛利率较为稳定。然而在过去 10 年，WSM 的毛利水平虽总体呈下降趋势，但仍普遍高于沃尔玛和家得宝（见图 9-6-6）。WSM 主要销售高端家居用品，主打生活方式理念，重设计感，产品附加值高从而带来较高的毛利。随后市场竞争不断加剧，WSM 的毛利率下降。除了面对传统百货、大卖场、传统家具零售商的竞争，新兴的电商渠道不断兴起，如互联网巨头全品类零售亚马逊、线上向线下家居用品门店精准导流模式 Wayfair、主打"容易安装"核心痛点的 Campaign、使用 3D 打印技术的 Drawn 等，给消费者提供便利的同时也提供了更加多元化的选择。这对 WSM 这类主张生活方式的家居用品零售商造成了一定的冲击。

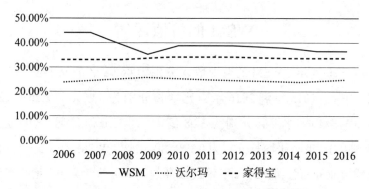

图 9-6-6　2006—2016 年 WSM 与沃尔玛、家得宝的毛利率比较

资料来源：Capital IQ。

随着毛利率的下降，WSM 的 SG&A 费用率也相应下降。总体上，WSM 的净利率稳定保持在约 6.5% 的水平，远高于沃尔玛的 3%，略低于家得宝的 7%。2006—2016 年，WSM 的经营性现金流一直强于净利润，盈利质量较高，发展态势良好（见图 9-6-7）。

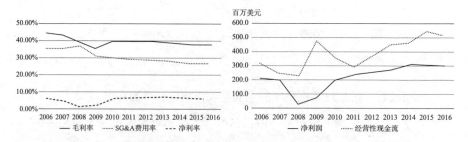

图 9-6-7　2006—2016 年 WSM 的盈利情况

资料来源：Capital IQ。

WSM 应收账款的周转效率表现不错，接近甚至超过沃尔玛、家得宝等一

线零售商的水平。不过，WSM 的周转效率仍存在较大的提升空间。以 2016
年为例，WSM 的存货周转率为 3.27 次，远低于沃尔玛的 8.26 次和家得宝的
5.11 次。主要原因在于沃尔玛和家得宝在仓储物流体系上的巨大投入和系统化
布局是大多数零售同行无法比拟的，从而构建起了核心壁垒。这也是 WSM 学
习和加强的地方（见图 9-6-8）。

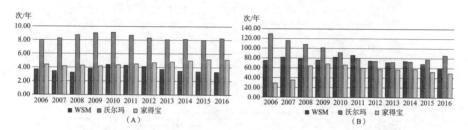

图 9-6-8　WSM 与沃尔玛、家得宝的存货周转率比较（A）和应收账款周转率比较（B）

资料来源：Capital IQ。

截至 2017 年 1 月 18 日，WSM 股价为每股 50.18 美元，总市值为 44.06 亿美
元，10 年间获得了 13 倍的增长（见图 9-6-9）。到 2017 年 1 月 18 日，WSM
的市盈率 TTM 为 15.02 倍，市销率 TTM 为 0.85 倍。近 10 年的市盈率 TTM
区间为 4.32 倍～295.69 倍，近 10 年的市销率 TTM 区间为 0.18 倍～1.73 倍
（见图 9-6-10）。

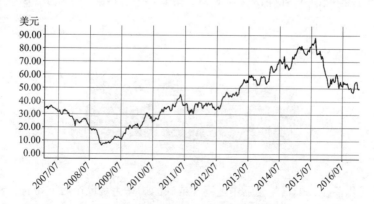

图 9-6-9　WSM 近 10 年的股价走势

资料来源：Capital IQ。

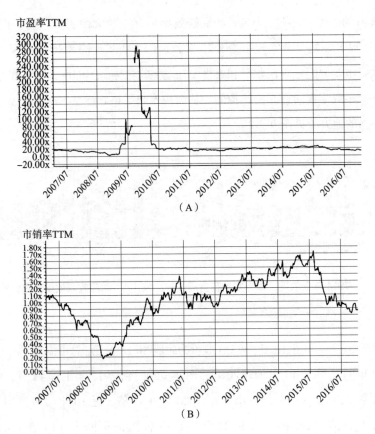

注：缺失数据部分的市盈率为负，无意义。

图 9-6-10　WSM 的市盈率 TTM 走势（A）与市销率 TTM 走势（B）

资料来源：Capital IQ。

The Future of New Retail

新零售启示：WSM 模式

　　家居用品在人们日常生活中是不可或缺的。作为房地产后市场的重要组成部分，我国家居用品零售也受到了房地产的周期影响，但从长期来看，其增长更多地是来自结构性消费升级趋势的推动。随着生活水平的提高，人们开始注重生活方式，注重服务体验、文化、个性、时尚等综合因素，这也对家居用品企业的零售策略产生了重大影响。

美国高端家居用品零售商 WSM 的成功即在于通过厨具这一单点来打造品牌，将产品从厨具延伸至大家居系列如客厅用品、卧室用品、室外用品等，并结合多品牌策略精准覆盖更加细分的人群，不断突破高端定位下增长的瓶颈。这亦值得国内的高端定位家居用品零售企业如美克美家借鉴。相比于受年轻人欢迎的宜家所代表的中等消费水平市场，我国高端家居用品市场仍处于起步阶段。类比国际经验，随着消费升级以及中产阶级消费群体的扩大，国内对高端家居用品的需求必将有所增加，这也为国内企业品牌的打造提供历史性的机遇（见表 9-6-3 ）。

表 9-6-3　　　　　　我国家居用品零售的三阶段

日期	消费者	渠道代表
1990 年以前	桌椅凳柜、锅碗瓢盆，仅满足基础功能	小店、装修队
1990—2005 年	组合柜成为"时尚家居"，开始对设计和装饰产生需求	红星美凯龙、居然之家
2005 年以后	开始追求生活方式，注重服务体验、文化、个性、时尚等综合因素	宜家、美克美家

此外，生活方式用品店是未来零售业的核心业态之一，成功的标杆企业具有以下四大核心优势：

● 商品开发能力。公司专门成立商品研发项目小组，最大化提升研发能力。生活方式用品呈现出量少款多的快周转模式，每月上新数百至上千款产品。减少食品、服装等成本较高、较易囤货的品类，从而提高利润率和运转周期。比如 SERIA 和无印良品通过精简食品种类，来减少过保质期扔掉造成的经济损失。

- 门店运营能力。提高自有品牌的占比,优秀企业一半以上门店为直营门店,不盲目拓展加盟连锁,力求将自由品牌深入消费者,提升品牌价值和品牌影响力。例如无印良品和宜得利彻底实行自有品牌销售策略。

- 供应链管理能力和渠道商管理能力。建立良好的供销关系,货源稳定,进货价透明。除自有直营店外,还在多个百货、便利店渠道设置柜台销售产品。

- 仓库管理能力。成功企业大都自建仓储物流,拥有优秀的单品管理能力和库存清理能力。例如宜得利自有仓储,且货源分批消化。

中国类似业态的主要问题在于流量偏少,作为一个独立业态属于偏低频的消费场景,毛利往往是没问题,但周转偏低。这也为互联网上这个品类的崛起创造了一些机会,借助更便宜的类似小米供应链流量来进行实现变现转化,也是一种新模式。

世界最大平价百货 TJX 集团

TJX 成立于 1956 年，总部位于美国马萨诸塞州的弗明汉，是一家以销售平价服装与家居产品为主的零售公司，产品售价比传统百货公司与专营店的原价产品低 20% ~ 60%。旗下有 4 个分支：Marmaxx、HomeGoods、TJX 加拿大部和 TJX 国际部。目前，TJX 共经营 10 个连锁品牌，跨越 3 个大洲共 9 个国家，并拥有自己的线上商店，门店数超过 3 600 家。TJX 的各项财务指标具体见表 9-7-1。

表 9-7-1　　　　　　　　　TJX 的主要财务指标概览　　　　　单位：百万美元

指标	2012	2013	2014	2015	2016	2017
营业收入	23 191	25 878	27 423	29 078	30 945	33 184
净利润	1 496	1 907	2 137	2 215	2 278	2 298
总资产	8 282	9 512	10 201	10 989	11 499	12 884
净资产	3 209	3 666	4 230	4 264	4 307	4 511
营业收入增长率	5.7%	11.6%	6.0%	6.0%	6.4%	7.2%
净利润增长率	11.4%	27.4%	12.1%	3.6%	2.8%	0.9%
毛利率	27.3%	28.4%	28.5%	28.5%	28.8%	29.0%
净利率	6.5%	7.4%	7.8%	7.6%	7.4%	6.9%
ROE	47.4%	55.5%	54.1%	52.2%	53.1%	52.0%
ROA	18.8%	21.8%	21.2%	21.3%	20.6%	18.9%
营业收入 / 总资产	2.80	2.72	2.69	2.65	2.69	2.58
总资产 / 净资产	2.58	2.59	2.41	2.58	2.67	2.86

资料来源：Capital IQ。

TJX 的成长路径

1919 年，马克斯·费尔德伯格（Max Feldberg）和莫里斯·费尔德伯格（Morris Feldberg）兄弟在波士顿成立了新英格兰贸易公司（New England Trading Company），专售女士内衣与袜子。经过 20 年的发展，公司成长为一家全方位的女性服装企业。到 1950 年中期，费尔德伯格兄弟不断扩大业务范围，公司更名为 ZayreCorporation，业务也转变为提供家庭所需用品的折扣百货连锁。

至 1970 年中期，Zayre 又转变为 TJX Company。在接下来的 40 年里，TJX 不断发展，现已稳坐百货行业的头把交椅，年销售额 300 多亿美元。

回顾 TJX 的成长史，集团经历过两次重大的转折。

1995 年收购 Marshalls。当时 Marshalls 是 TJX 在行业内的最大竞争对手，此次收购也可以说是行业第一对第二的收购。收购完成后双方成功进行了整合，整个交易过程非常顺利。虽然当时由于资金紧张，TJX 不得不卖掉旗下运营十分出色的 Chadwick's 品牌，所得资金用于偿付 Marshalls 当时留下的 5 亿美元债款，但现在看来，此次收购收获巨大。从历史股价上能看出，收购完成后，TJX 的股票走势扶摇直上，由此奠定了在行业中的龙头地位。

后金融危机转型。2008 年金融危机之前，TJX 还只停留在折扣百货业态，虽然发展得不错，但是由于销售尾货、过季商品的特性，本身属于一个缝隙市场，整体规模具有瓶颈。时至金融危机，大部分百货公司如梅西百货都受到了严厉的打击，此时许多供应商发现 TJX 可以有效地促进其销售，于是开始为 TJX 专门定制一部分商品。TJX 利用这一新趋势，将自己的购买范围慢慢扩大至应季商品。随着规模逐步扩大，供应商的数量增长，且具有店铺数量优势和物流优势，TJX 逐步从折扣百货转型为销售当季流行商品的平价百货公司。

整体来看，TJX 的转型与鞋类专营品牌折扣商 DSW 的转型有异曲同工之妙，DSW 早期也是打折销售断码商品、尾货、过季商品，两家公司在转型后都收获了非常好的效果。

TJX 的竞争优势

TJX 旗下有四大业务部（见表 9-7-2）：

- Marmaxx：T.J.Maxx and Marshalls 是美国地区最大的平价百货公司，目前门店 2 163 家。T.J.Maxx 成立于 1976 年，1995 年收购了 Marshalls，于是才成立了如今的 T.J.Maxx and Marshalls。两个品牌都出售家庭服装、小型家具与家居，但是 T.J.Maxx 包括高端珠宝首饰，Marshalls 则包含更多的鞋类，更专注男性市场，且在市场定位上更低龄化。2013 年自营线上商城 tjmaxx.com 上线。

- HomeGoods：成立于 1992 年，是以美国为主，并在国际上扩张的龙头平价家居零售品牌，产品囊括基本家居商品、礼品、时尚家具、台灯、墙面装饰品等等。

- TJX 加拿大部：旗下品牌包括 Winners、HomeSense 和 Marshalls，其中 Winners 在 1990 年被收购。Winners 就像是加拿大的 Marmaxx，被收购后发展迅速，现在在加拿大共 245 家门店。HomeSense 则像是加拿大的 HomeGoods，目前共 101 家门店。

- TJX 国际部：将旗下主要业务从北美市场推向以欧洲为主的国际市场。目前旗下 T.K.Maxx 在欧洲共 456 家门店；2015 年秋季收购澳大利亚平价百货 Trade Secret，后者在澳大利亚拥有 35 家门店。

表 9-7-2 　　　　　　　　　TJX 4 大业务部基本数据

业务部		门店数量（2016年）	平均面积（平方英尺）	商品品类
Marmaxx（美国部）		2 163	29 000	服装、家居
HomeGoods（美国部）		526	26 000	家居
TJX 加拿大部	Winners	245	28 000	服装、家居
	HomeSense	101	24 000	家居
	Marshalls	41	30 000	服装、家居
TJX 国际部	T.K.Maxx（欧洲部）	456	30 000	服装、家居
	HomeSense（英国）	39	21 000	家居
	Trade Secret（澳大利亚）	35	22 000	服装、家居
总和		3 614		

资料来源：TJX 公司官网。

TJX 公司业务以美国为主，门店总数 2 689 家，占比 74.4%。TJX 加拿大部的门店总数为 387 家，占比 10.7%。

在品类结构上，TJX 的服装品类占大头，为 58%，且占比有扩大的趋势；家具与家居占比近 30%，其余为珠宝饰品类。

消费者来 TXJ 很少有非常明确的购买目标，更多地是在逛店途中偶然发现，来 TJX 是为了寻找惊喜、特别、便宜的东西，即 TJX 称之为"惊艳"元素。一旦消费者找到这样的商品，就会有立刻买下来的冲动。因此，TJX 各类商品的周转都相当快，极少出现滞销，也无须通过打折来处理滞销商品，价格保持稳定，这是 TJX 的根本原则之一。这种探险式的购物寻宝体验不仅吸引了大众消费者，也吸引了大批的高收入阶层。

核心竞争力一：超强的买手团队

买手是商业成败的关键要素，主宰着本季和下季货品，是企业或品牌利润的创造者。买手对当前的时尚潮流非常了解，能用敏感的前瞻性眼光预测未来的流行。而 TJX 的买手团队可以说是百货公司界的战斗机，在如何购买这一环节，明显比同行了解更深。目前 TJX 的买手团队已经超过 1 000 人，这些买手只专注于某一个细分领域，并在此领域成为专家。

TJX 非常重视对买手的招聘与培养，公司拥有自己的大学招聘项目，希望将应届毕业生招入旗下成为买手团队中的一员。更重要的是对买手的培训体系，买手需要学习怎样选择最合适的商品，磨炼高超的谈判技巧，以及如何与供应商沟通。公司同时也完全信任买手，将大部分零售公司只有高管才有的采购权限分配给这些买手，买手们获得的信任也使得他们拥有更大的使命感与归属感。

核心竞争优势二：规模优势与高效配送

TJX 的规模优势在于拥有超高的门店数量，共 3 600 多家门店，其规模效应带来了物流配送效率的提升，以及各部门、各子品牌之间的联动效应。TJX 共有 22 个配送中心，分布在 6 个国家。单个门店每周收货 3 ~ 4 次，更新的商品数达到上万件。而且，配送中心以品牌为导向，每个品牌有对应的配送中心，使得从供应商那里采购的货物在配送中心时就已经分配完成，减少配送中心到各品牌店这一环节的交叉配送。在完善的采购及物流配送系统下，公司存货水平得到很好的控制。

核心竞争优势三：供应链优势

TJX 目前共有 18 000 家供应商，供应商来源超过 100 个国家，前 25 名供应商只提供了约 20% 的商品总量，对特定供应商的依赖性较小。传统百货公司往往由于对供应商的不断挤压，比如要求更大的广告支出分担，要求清仓甩卖时的返利，要求配送延迟的补贴，要求退货的权利等，使得与供应商之间的关系越发紧张。相较于传统百货公司，TJX 与供应商更像伙伴关系，不要求退货权，只要求大批量采购时的优惠价格。同时，TJX 超高的存货周转率使其回款更快，供应商对货款的回收也有更高的保障，因此供应商也愿意以更低的价格为 TJX 提供货物。这一模式的唯一缺陷是 TJX 并不像其他零售商那样将产品的销售情况反馈给供应商。供应商对自己产品的销售情况基本一无所知。

TJX 的价值评估

TJX 的营业收入 2016 年超过 300 亿美元，且一直保持相当高的增速。收入的增长主要来源于两个方面，一是同店增长，二是外延增长。

自 1982 年以来的 34 年里，TJX 只有 1996 年同店增长为负值，其余时间都保持了不错的增速。这在业内实在难能可贵，尤其是金融危机时期，TJX 门店销售不降反升，相比之下，梅西百货由于金融危机，销售大幅缩水。

TJX 的外延增长速度很快，常年保持着 5% 以上的增长率，且实际开店速度多年超过上年预期。2016 年门店数量达到 3 614 家门店，未来天花板预估在 5 600 家左右，因此目前仍然有约 50% 的门店增长空间。

我们选取了梅西百货和罗斯百货（Ross Stores）这两个平价品牌与 TJX 进行对比。梅西百货的营业收入曾遥遥领先 TJX，2008 年 TJX 的营业收入为 183 亿美元，只有梅西百货的 68%，但经过金融危机之后，TJX 在 2014 年的营业收入首度超越梅西百货，成为全球最大的百货公司。罗斯百货的营业收入较前两者都要小得多。2016 年 TJX 的营业收入为 309.45 亿美元，梅西百货为 270.79 亿美元，罗斯百货为 119.40 亿美元（见图 9-7-1）。

从营业收入的走势变化来看，梅西百货的增长受阻明显，整体在 250 亿美元上下浮动，金融危机对梅西百货影响较大，导致其营业收入连续三年降幅明显。相比之下，TJX 与罗斯百货受到金融危机的影响较小，过去 11 年保持着高速增长，TJX 的复合年均增长率（CAGR）为 6.2%，罗斯百货为 8.3%。

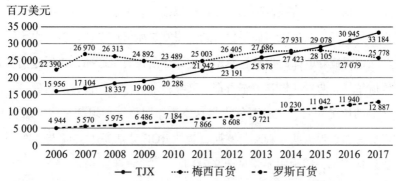

图 9-7-1 2006—2017 年 TJX 与梅西百货、罗斯百货的营业收入对比

资料来源：Capital IQ。

在利润率方面，TJX 由于实行平价百货模式，注定了其毛利较传统百货公司要低，但从走势上来看，TJX 与罗斯百货都保持稳定增长，这与 TJX 的模式转变（从卖尾货、过季产品到本季流行产品）密不可分。相比之下，梅西百货作为传统百货公司，虽然毛利率较高，常年保持在 40% 左右，但是反观其目前的净利率只有 2.4%，远低于 TJX 的 6.93% 与罗斯百货的 8.69%（见图 9-7-2）。

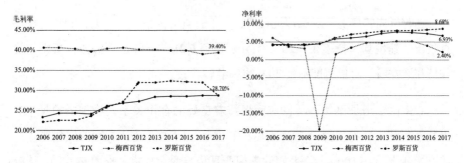

图 9-7-2 2006—2017 年 TJX 与梅西百货、罗斯百货的盈利比较

资料来源：Capital IQ。

高毛利率、低净利率与低毛利率、高净利率是传统百货与平价百货的区别，那么梅西百货所损失的利润到哪里去了呢？对比三家零售商的 SG&A 费用率，我们发现，梅西百货的运营成本远远大于 TJX 与罗斯百货，约在 30% 上下

浮动，而 TJX 与罗斯百货则保持在 20% 以内。梅西百货作为传统百货公司，走得仍然是打广告的老路，而平价百货走得则是压低成本让消费者得到物美价廉的产品，塑造好的品牌形象，营销品牌而非营销特定产品，再通过消费者的口碑传播品牌。两者在模式上本身都有其存在的合理性，没有孰对孰错，但从现实走势的情况来看，平价百货走得这条道路明显更加坦荡一些。这在 ROE 上的表现更加直观一些，TJX 与罗斯百货的 ROE 分别高达 53% 与 43%，而梅西百货只有 22%，差距明显（见图 9-7-3）。

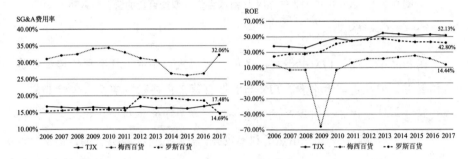

图 9-7-3　2006—2017 年 TJX 与梅西百货、罗斯百货的 SG&A 费用率和 ROE 比较

资料来源：TJX 公司年报。

在存货周转率上，对比传统百货，平价百货的优势显而易见，TJX 与罗斯百货出货速度均保持增长，2016 年分别达到 6.21 与 6.03，而梅西百货则始终保持在 3 左右，出货速度不及 TJX 的一半。

TJX 由于增长迅速，与供应商保持着良好的合作关系，最重要的是 TJX 出货效率超高，将货卖给 TJX 不用担心回款的问题，所以 TJX 的应付账款周转率常年保持在 10 以上，大幅领先梅西百货与罗斯百货（见图 9-7-4）。传统百货公司由于长期压榨供应商，如今供应商对此表示不满，这也是为什么梅西百货的应付账款周转率在过去 5 年一直在下跌。

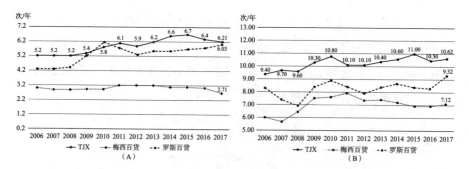

图 9-7-4　2006—2017 年 TJX 与梅西百货、罗斯百货的存货周转率比较（A）和
应付账款周转率比较（B）

资料来源：TJX 公司年报。

2016 年 TJX 每股收益为 3.33 美元，过去 10 年每股收益的年化增长率高达 17%，其回报之高可见一斑，因此 TJX 股票普遍被投资者看好，股价飞涨，市值目前逼近 500 亿美元，是梅西百货的 5 倍。从图 9-7-5 中也可看出，TJX 的投资回报率远远超过了大盘走势以及服装整体走势。

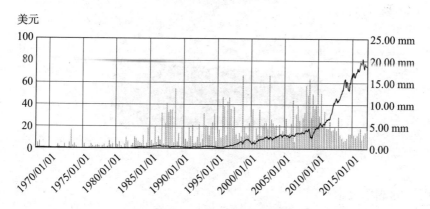

图 9-7-5　TJX 的历史股价走势

资料来源：Capital IQ。

TJX 的股价在上市后的前 30 年并没有太大的变化，增长基本开始于 2000 年以后，尤其是金融危机之后，股价急速飙升，从 10 美元多飙升至最高的 80 美元一股。2008 年的金融危机对许多百货公司都是非常沉重的打击，梅西百

货在金融危机时净利率曾跌至负 20%，但 TJX 化危机为机遇，抓住了经济下行时普通消费者对于高性价比产品的偏移，以及供应商对于传统百货长期压榨的不满，最终股价翻了近 8 倍。TJX 的 P/E 倍数常年保持在 18 倍到 24 倍之间，浮动比例相对较小（见图 9-7-6）。

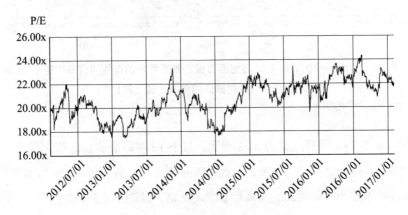

图 9-7-6　TJX 的历史 P/E 走势

资料来源：Capital IQ。

The Future of New Retail
新零售启示：TJX 模式

TJX 的成功之道

TJX 公司前 CEO 卡罗尔·梅罗维茨（Carol Meyrowitz）总结，TJX 提供给顾客的是"寻宝"似的购物体验，让他们以惊喜价淘到物超所值的名牌时尚服饰及其他高端商品，这是 TJX 的商业价值。买手才是 TJX 的核心和灵魂。我们认为 TJX 的成功主要抓住了两点：

- 金融危机后的成功转型：在传统百货遭遇滑铁卢时，TJX 抓住了与供应商之间的合作机会，转变、扩大了商品品类，从销售尾货、过季商品转型为销售当季流行商品。并由于低营销成本、低装修成本，高性价比的特点，打造了消费者心目中物美价廉的品牌形象。适应了金融危机给人们带来的更偏重高性价比的消费习惯上的改变。

- "寻宝式"购物体验：顾客来 TJX 是为了寻找惊喜、特别、便宜的东西，即 TJX 称之为"惊艳"元素。"现在不买未来后悔"最大化了冲动消费的意愿，这种模式有些类似日本堂吉诃德杂货店，将传统目的性较强的购物模式转变为"探险 + 淘宝"。这种探险式的购物寻宝体验不仅吸引了大众消费者，也同时吸引了大批的高收入阶层，是 TJX 成功的关键之一。

中国版本的 TJX：上品折扣

在中国传统百货业面临巨大生存困境时，上品折扣作为一家在联营模式下实现单品管理的全渠道百货零售企业，有点儿类似于 TJX 的逆势发展。特别是在今天社区商业变革的过程中，社区能够容纳下怎样的业态是一个需要深思的问题。

上品折扣是一家主要在北京发展的品牌折扣连锁卖场，经营门类涵盖百货业态的主要商品品类，商品均由品牌商或生产厂商直接提供。上品折扣的连锁门店没有奢华的装修，采用统一、简洁的货架陈列，能够为品牌商节约装修费用开支。此外，上品折扣在供应链变革方面已提前布局，多年来在 IT 系统方面投入巨大精力和资金，主要包括全渠道经营以及向上游实现单品管理。上品折扣为导购员配备的手持终端是实现单品管理的核心，功能主要包括商品信息和库存信息的录入、查询。构建商品数据库，以及与收银系统对接，大大提升了经营的效率。

这些创新尝试使得我们对传统百货业的变革有了一个新的探索方向。

新零售时代的投资启示

　　我们在上篇主要讲述了中国新零售概念在过去一年多的时间里是如何演化的，特别有意思的是，各大线上线下的零售企业都在新零售概念的启发下，进化出了很多不同逻辑的新模式。可以说在这些新物种的探索上，中国零售模式已经领先于国际上多数零售企业。下篇是我们用了 5 年时间研究的世界各地的很多零售连锁上市公司案例，包括美国、日本、欧洲，甚至俄罗斯、东南亚国家等，再从中精选出多个对中国企业家有启发意义的上市公司案例。从它们的成长路径中我们可以发现，随着消费者的变化和时代的演化，每个巨人都会经历非常痛苦的煎熬，很多次都是生死之战。能够成为股价大涨的龙头企业往往都是在正确的市场时机里面做对了某些模式的调整。当然由于这些主要的数据是我们从各公司网站和年报上摘取的，无法对企业家或家族进行分析和研究。其实从这些案例中可以看到中国企业的影子，有很多商业进化的逻辑其实都是相通的。很多国外发生过的趋势，对于中国企业来说也都会经历。所以，我们出版这本书的初心也是希望给予商业消费领域的各位朋友一点点新思路，在中国今天新零售带来的巨大消费变革期，能够找到自己的模式和策略，从而更坚定地为消费者创造出价值。

2012 年我开始创业时，零售和消费领域还被视为非常传统的领域，并没有出现像数字新媒体产业那样多的独角兽公司。但当时我认为整个投资圈比较浮躁，能够沉下心来进行研究的投资机构很少，很多商业中非常基本的概念没人讲得明白。所以，我想先研究清楚一些最基础的商业要点，如品类管理、自有品牌等。相比追求"快、极致"的互联网投资逻辑，我们更想追求一种"慢、极致"的投资状态，始终追求那些能够穿越商业周期而依然变化不大的行业领域，不依赖于"烧钱建立壁垒"，用较少的资本性支出就可以获得不错回报。所以，专注在零售这个赛道上也是我们的一个战略选择。

2016 年业界开始讨论新零售概念，我们也清晰地感觉到目前已经出现了一个崭新的大投资逻辑，这一逻辑开始优化线上和线下的效率，增加线上和线下的共同体验。新零售应该是一个明确的转折方向，只是大家演绎的版本都不一样。

新零售时代开启后，弘章资本看到了一些重要的投资机遇。第一个投资机遇是与新零售有关的零售技术与解决方案。如 CRM 会员管理系统、门店运营软件、消费者洞察和沟通系统、消费行为大数据等。这类技术解决方案提供商是实现新零售的核心差异能力。第二个投资机遇是区域零售商的升级改造，旧店改造可以增加门店为中心的流量，实现本地流量的电商化。所以第二个投资机遇的本质是零售连锁门店的资源价值重估。第三个投资机遇是体验性服务和零售的融合新门店模式。这一机会的背后逻辑是线上渠道与线下渠道的获客成本逐步发生逆转，线上流量红利渐入尾声，线上获客成本增加。而体验性的服务，如餐饮服务＋零售的模式，总体上是获得线下低成本流量的基础入口。比如超级物种是永辉超市自我革新发展的第 5 个业态。取名"超级物种"，一方面意在让消费者不断尝试创意生活；另一方面物种会不断演化，未来将持续升级，线下体验与线上元素充分融合。流量端的分散化和精准社群化的趋势会倒逼供应链端的升级，过去没有品牌价值但非常优质的制造资源开始变得有投资价值了。未来更多的自有品牌需求，会催生出专门的对接自有品牌的供应链制造商。

未来随着"不贫穷但不富裕"的新穷人阶层的兴起，消费行业将进入两极化时代，要么贵到极致（当然，要有贵的道理），要么便宜到极致，中间化的品牌将难有生存空间。这一现象已经在发达国家市场中出现。如日本已经进入到人口下降的第四消费时代。总体上，零售业演进过程就是零售效率不断提高的过程，业态演进过程中，总是效率更高的业态在竞争中生存并壮大。零售效率的构成主要为渠道效率、供应链效率和消费者效率。从行业角度看，效率体现为渠道冗余不断减少；从零售商角度看，效率体现为成本更低；从消费者角度看，效率体现为犯错成本降低。

长期来看，收入规模小的零售商将失去竞争力，在与大零售商和电商的竞争中逐渐受压，最后扩张不力，单店盈利逐渐萎缩，直至被并购。而已上市的区域零售商将最可能成为行业的整合者，如永辉超市、步步高和家家悦是国内民营零售的领先者，终将利用 A 股上市公司地位大大增加资本运作的能力和空间。此外，线上和线下将进一步融合，比如阿里体系并购宁波三江成为第二大股东。从整体上看，获得资本优势的电商上市公司向线下区域零售商进行整合和并购会是一个演化方向。

弘章资本的定位就是从价值判断走向价值创造。首先要构建一种特别的价值观和适合消费类企业的精益运营的逻辑，而且可以对外输出价值观，影响被收购的企业高管和员工，用投资建立自己的运营体系。我们希望未来构建的是一种独特的消费运作系统（Consumer Operation System，简称 COS）。这种适应于消费零售行业的组织和价值观，以消费者需求和变化的价值创造为中心，客观上构建一个融合创新、去中心化、不断进化的组织，推动具有变革精神的企业家实现价值创造，最终实现社会效率和资源的正向配置。

　　从社会资源分配角度来看，资本越来越不值"钱"，而能够持续创造价值的企业则将获得非常高估值和评价。所以，简单依靠资本套利获取收益的机会实际上越来越少，越来越难。弘章资本希望转型到价值创造端，回归到最本源的商业本质。

投资与人生

写这一篇后记时，我正在美国中部城市奥马哈的酒店倒时差，突然发现倒时差是非常有效率的写作时段。巴菲特的影响力不仅在于他超凡的投资业绩，更在于他对生活以及这个世界的深刻认知和体验。投资不仅是一种金钱博弈游戏，投资本身就是一种生活方式。

生活需要态度，投资者需要保持一种长期谨慎的乐观主义态度，相信价值创造，相信变革会带来生活效率提升，相信社会会不断进化和优化。从几千年来人类快速进化来看，整体上社会的资本回报是一个长期下降的过程，从陶朱公时代"候时转物"就能够当首富，到现代那么多资本竞逐优秀企业，收益率当然大大下降。从社会资源分配角度来看，资本越来越不值钱，而能够持续创造价值的企业给予了非常高的虚拟性质的价格评价。所以，简单依靠资本套利获取收益的机会实际上越来越少。套利型投资基金行业的门槛越来越低，弘章资本希望转型到价值创造端，回归到最本源的商业本质。未来会出现这样一种企业家，即资本企业家，他不再依赖于过去长期的资本积累，而是通过外部过剩资本的强力支持，直接运营有相当规模的企业，但依然立足于长期的价值创造。企业核心要素是精细化运作出来的，而不是计算出来的。

其实从巴菲特披露的伯克希尔·哈撒韦的投资信息中就可以看出，他的公司几乎是一个利用保险长线资金进行大量并购的大型上市投资集团。正如2016年巴菲特致股东的公开信中所说："具体来说，我们被动地在非控制企业上大额投资的意愿，给了我们很大的优势。以相似的方式，并不完全一样的方式，既愿意运作企业，又愿意被动投资的胃口扩大了伯克希尔为其无尽井喷的现金找到明智的使用方式的概率。除此之外，拥有巨额的有价证券组合给我们提供了开展重大收购时可以利用的资金储备。"这种模式的重要逻辑在于：第一，被收购企业需要和大股东价值观一致，有执行力的管理层要用合伙人的心态运营公司，这样才属于善意的并购。第二，伯克希尔·哈撒韦公司拥有强大的财务管理能力，可以管理控制旗下这些庞然大物所产生的大量现金流，并在一定程度上利用好这些现金用于继续并购。第三，估值模式不用所谓的市场价值法，而是看企业合并后的净资产的增长，所以某种程度上伯克希尔·哈撒韦不是从市值管理的角度去经营的，而是从现金能力角度，并购也尽量使用现金。如果按照投资银行家的逻辑，这些投资组合公司分拆上市的市值远大于把它们放在一起。但正是这种做实业的投资逻辑，才构成了一个持续发展的商业帝国。

其实，我们应该关注另一个与巴菲特紧密合作的大鳄——3G资本。[1]巴菲特在2015年的年会上提到他的三位巴西合伙人豪尔赫·雷曼、马塞尔·泰列斯和阿尔贝托·斯库彼拉，当时他们合作购买了美国最大的食品公司亨氏。3G资本合伙人看到固定收益和投行收益下降的趋势后，开始大规模转型，把从金融市场中赚的利润抽出来，投入实业。3G开始在全球投资后，收购了百威啤酒，建立了世界最大的啤酒集团，收购了卡夫和亨氏食品，建立了美国最大的食品集团。3G是一个典型的成本杀手和精益管理的高手，他们的名言是："成本就像指甲，需要不时剪一剪。"能创造价值的创新固然有用，但复制成功案例更加实用。除了零基预算和精益管理，3G合伙人非常重视人才的引进，

---

① 想了解3G资本的更多相关内容，推荐阅读由湛庐文化策划、浙江人民出版社出版的《3G资本帝国》。——编者注

他们认为一切生意归根到底就是人。他们把招聘当作生意的重中之重，对他们来说。招聘绝不仅仅是人力资源部门的事情，更是每个合伙人的心头大事。每个入职的员工都要经历车轮大战式的面试。据说雷曼招人有一个标准：贫穷、聪明、强烈的致富欲。所以，这种模式的核心恰恰不是资本运作，而是做出一个顶尖的实业企业，实现真正的价值创造。

另一家世界级的精益管理公司是美国的丹纳赫集团（Danaher），公司最早成立于1969年。自20世纪80年代中后期开始，丹纳赫以超过每月1家的速度收购企业，目前已经拥有600多家子公司。这些子公司分属6大战略平台，4个细分市场，并大多在所属的行业内处于领先地位。探究丹纳赫的成长路径，基本可以概括为：在高利基细分子行业中寻找可收购公司，收购后运用独有的DBS系统进行整合，创造附加价值，实现共同成长。DBS也是公司竞争优势的综合体现，要求上至总裁下至保安的每位员工每天都动脑筋改善自己的工作方法，打造一种负责任的企业文化，努力做到对事不对人，从而实现企业的优化运营。丹纳赫通过独有的50多个工具，在员工、计划、过程、绩效四个方面全面实施，最终达到制度流程优化合理，节约了成本，提高了利润率，提升了市场份额。

参考丹纳赫的经验，在零售连锁领域，我们把这种并购投资的打法归纳为改造、复制、优化三部曲，即改造原有连锁运营模式，资金推动快速复制，优化提升运营效率。最后我们进一步把这种价值观实现的路径归纳为：构建协同的商业生态链条，重视价值创造的过程导向，输出思想和方法论逐步改善绩效，极致研究，好奇生活，日益精进，信仰长线，成就自我。

有一部科幻电影《超体》在结尾讲述了生命的意义，任何生命首先都是追求永生，但永生并不存在，因此生命开始追求第二种意义所在，就是传承。一种生命的传承是通过DNA的复制和繁殖来获得意义，还有一种传承是知识经验的总结和传播。从宏大的宇宙视角来看，物质存在皆为偶然，生命也无特殊的意义。所以对于人类这种生活在自己编织的意义之网中的动物来说，都需要在无为中求有为，在无意义中寻找意义，即"看空而做多"。"意义"有内因和外因两层，内因是构建自己意义的王国，外因是传播和记录。影响力的传播和传承是外因的终极意义。

这也许正是本书的意义所在，我希望能够将自己一段生活和投资的心得进行传播，投资与生活是相互融合的，这就是我生命的意义所在。

未来，属于终身学习者

我这辈子遇到的聪明人（来自各行各业的聪明人）没有不每天阅读的——没有，一个都没有。巴菲特读书之多，我读书之多，可能会让你感到吃惊。孩子们都笑话我。他们觉得我是一本长了两条腿的书。

——查理·芒格

互联网改变了信息连接的方式；指数型技术在迅速颠覆着现有的商业世界；人工智能已经开始抢占人类的工作岗位……

未来，到底需要什么样的人才？

改变命运唯一的策略是你要变成终身学习者。未来世界将不再需要单一的技能型人才，而是需要具备完善的知识结构、极强逻辑思考力和高感知力的复合型人才。优秀的人往往通过阅读建立足够强大的抽象思维能力，获得异于众人的思考和整合能力。未来，将属于终身学习者！而阅读必定和终身学习形影不离。

很多人读书，追求的是干货，寻求的是立刻行之有效的解决方案。其实这是一种留在舒适区的阅读方法。在这个充满不确定性的年代，答案不会简单地出现在书里，因为生活根本就没有标准确切的答案，你也不能期望过去的经验能解决未来的问题。

湛庐阅读APP：与最聪明的人共同进化

有人常常把成本支出的焦点放在书价上，把读完一本书当作阅读的终结。其实不然。

时间是读者付出的最大阅读成本

怎么读是读者面临的最大阅读障碍

"读书破万卷"不仅仅在"万"，更重要的是在"破"！

现在，我们构建了全新的 "湛庐阅读"APP。它将成为你"破万卷"的新居所。在这里：

- 不用考虑读什么，你可以便捷找到纸书、有声书和各种声音产品；
- 你可以学会怎么读，你将发现集泛读、通读、精读于一体的阅读解决方案；
- 你会与作者、译者、专家、推荐人和阅读教练相遇，他们是优质思想的发源地；
- 你会与优秀的读者和终身学习者为伍，他们对阅读和学习有着持久的热情和源源不绝的内驱力。

从单一到复合，从知道到精通，从理解到创造，湛庐希望建立一个"与最聪明的人共同进化"的社区，成为人类先进思想交汇的聚集地，与你共同迎接未来。

与此同时，我们希望能够重新定义你的学习场景，让你随时随地收获有内容、有价值的思想，通过阅读实现终身学习。这是我们的使命和价值。

湛庐阅读APP玩转指南

湛庐阅读APP结构图:

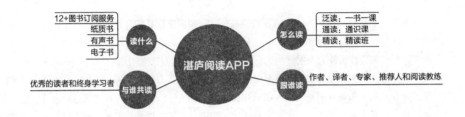

12+图书订阅服务
纸质书
有声书
电子书

读什么

湛庐阅读APP

怎么读

泛读:一书一课
通读:通识课
精读:精读班

优秀的读者和终身学习者

与谁共读

跟谁读

作者、译者、专家、推荐人和阅读教练

三步玩转湛庐阅读APP:

读一读 ▼

湛庐纸书一站买，
全年好书打包订

书城

听一听 ▼

泛读、通读、精读，
选取适合你的阅读方式

精读班　一书一课
通识课

扫一扫 ▼

买书、听书、讲书、
拆书服务，一键获取

扫一扫

APP获取方式：
安卓用户前往各大应用市场、苹果用户前往APP Store
直接下载"湛庐阅读"APP，与最聪明的人共同进化！

使用APP扫一扫功能，
遇见书里书外更大的世界!

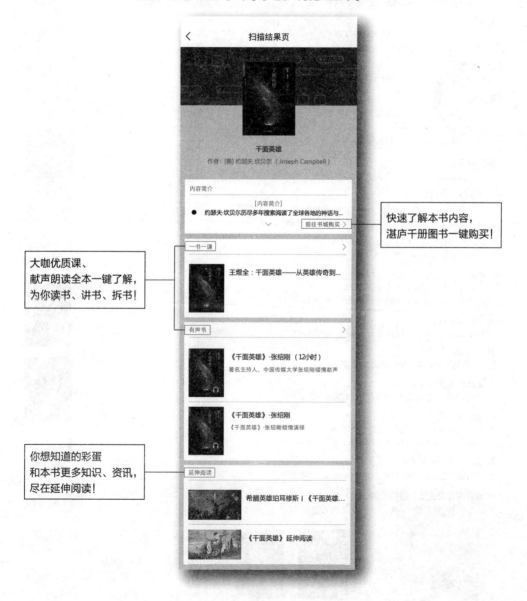

快速了解本书内容，
湛庐千册图书一键购买!

大咖优质课、
献声朗读全本一键了解，
为你读书、讲书、拆书!

你想知道的彩蛋
和本书更多知识、资讯，
尽在延伸阅读!

湛庐文化获奖书目

《爱哭鬼小隼》
  国家图书馆"第九届文津奖"十本获奖图书之一
《新京报》2013年度童书
《中国教育报》2013年度教师推荐的10大童书
  新阅读研究所"2013年度最佳童书"

《群体性孤独》
  国家图书馆"第十届文津奖"十本获奖图书之一
  2014"腾讯网·啖书局"TMT十大最佳图书

《用心教养》
  国家新闻出版广电总局2014年度"大众喜爱的50种图书"生活与科普类TOP6

《正能量》
《新智囊》2012年经管类十大图书,京东2012好书榜年度新书

《正义之心》
《第一财经周刊》2014年度商业图书TOP10

《神话的力量》
《心理月刊》2011年度最佳图书奖

《当音乐停止之后》
《中欧商业评论》2014年度经管好书榜·经济金融类

《富足》
《哈佛商业评论》2015年最值得读的八本好书
  2014"腾讯网·啖书局"TMT十大最佳图书

《稀缺》
《第一财经周刊》2014年度商业图书TOP10
《中欧商业评论》2014年度经管好书榜·企业管理类

《大爆炸式创新》
《中欧商业评论》2014年度经管好书榜·企业管理类

《技术的本质》
  2014"腾讯网·啖书局"TMT十大最佳图书

《社交网络改变世界》
  新华网、中国出版传媒2013年度中国影响力图书

《孵化Twitter》
  2013年11月亚马逊(美国)月度最佳图书
《第一财经周刊》2014年度商业图书TOP10

《谁是谷歌想要的人才?》
《出版商务周报》2013年度风云图书·励志类上榜书籍

《卡普新生儿安抚法》《最快乐的宝宝1·0~1岁》
  2013新浪"养育有道"年度论坛养育类图书推荐奖

延伸阅读

《超市里的原始人》

◎ 进化心理学应用在消费领域的颠覆性著作。

◎ 畅销书《影响力》作者罗伯特·西奥迪尼、畅销书《理性乐观派》作者马特·里德利、畅销书《演化心理学导论》作者迪伦·伊文斯联袂推荐。

使用"湛庐阅读"APP，"扫一扫"获取本书更多精彩内容
ISBN 978-7-213-07729-6

《不可消失的门店》

◎ 后电商时代的消费行为学。

◎ 首次深度剖析实体与电商发展历程，坚实奠定零售实践理论基础，引领实体与电商零售企业实现全渠道布局，构建场景新体验，打造未来新零售时代

使用"湛庐阅读"APP，"扫一扫"获取本书更多精彩内容
ISBN 978-7-213-07709-8

《屏幕上的聪明决策》

◎ "行为经济学之父"理查德·泰勒最欣赏的合作搭档、行为经济学巨星什洛莫·贝纳茨颠覆之作。

◎ 浙江大学经济学教授、跨学科社会科学研究中心主任叶航，信息社会50人论坛轮值主席姜奇平，中国零售业资深IT专家杨德宏，点我达产品专家、知乎30万赞同答主刘飞，诺贝尔经济学奖获得者、耶鲁大学经济学教授罗伯特·希勒，《怪诞行为学》作者丹·艾瑞里，《稀缺》的合著者埃尔德·沙菲尔等联袂推荐。

使用"湛庐阅读"APP，"扫一扫"获取本书更多精彩内容
ISBN 978-7-5502-8879-9

《用脑拿订单》套装

◎ 营销及销售行为专家、高级营销顾问孙路弘老师经典力作。

◎ 为中国销售人员量身打造，还原真实的销售场景，帮助销售人员发现自身的问题，在不知不觉中强化自己的销售能力，学会用脑拿订单，实现销售业绩的大幅提升。

使用"湛庐阅读"APP，"扫一扫"获取本书更多精彩内容
ISBN 978-7-5502-8795-2

图书在版编目（CIP）数据

新零售的未来 / 翁怡诺著 . —北京：北京联合出版公司，2018.1
ISBN 978-7-5596-1428-5

Ⅰ.①新… Ⅱ.①翁… Ⅲ.①零售业—商业经管 Ⅳ.① F713.32

中国版本图书馆 CIP 数据核字（2017）第 329828 号

上架指导：企业管理 / 零售

新零售的未来

作　　者：翁怡诺
选题策划：
责任编辑：李艳芬
封面设计：零创意文化
版式设计：衣　波

北京联合出版公司出版
（北京市西城区德外大街 83 号楼 9 层　100088）
石家庄继文印刷有限公司印刷　新华书店经销
字数 320 千字　720 毫米 ×965 毫米　1/16　23.5 印张　3 插页
2018 年 1 月第 1 版　2019 年 2 月第 6 次印刷
ISBN 978-7-5596-1428-5
定价：79.90 元